Next Eu Editore

CONCORSO ISTRUTTORE
E COLLABORATORE PROFESSIONALE
Area amministrativa Enti Locali categorie B e C

© Copyright 2023 - Next Eu Concorsi

Tutti i diritti riservati.

Il contenuto di questo libro non può essere riprodotto, duplicato o trasmesso senza un permesso scritto direttamente dall'autore o dall'editore. In nessuna circostanza, qualsiasi colpa o responsabilità legale sarà attribuita all'editore, o all'autore, per eventuali danni, risarcimenti o perdite monetarie dovute direttamente o indirettamente alle informazioni contenute in questo libro.

Avviso legale:

Questo libro è protetto da copyright. Questo libro è solo per uso personale. Non è possibile modificare, distribuire, vendere, utilizzare, citare o parafrasare qualsiasi parte del contenuto, o il contenuto stesso all'interno di questo libro, senza il consenso scritto dell'autore o dell'editore.

INDICE

- INTRODUZIONE 11
- CENNI DI DIRITTO COSTITUZIONALE 13
  - Il diritto: storia, teorie e ordinamento giuridico italiano 13
    - La storia del diritto 13
    - Le teorie del diritto 13
    - L'ordinamento giuridico italiano 13
    - Cos'è la norma giuridica? 14
    - Cos'è il diritto oggettivo, il diritto naturale e il diritto positivo 15
    - Norme derogabili e inderogabili 15
    - Norme perfette e imperfette 16
    - Efficacia e interpretazione delle norme giuridiche 16
    - Interpretazione delle norme giuridiche 16
  - Le fonti 17
    - Fonti di fatto 17
    - Fonti atipiche e fonti rinforzate 18
    - Esistenza, validità ed efficacia delle fonti e delle norme 18
    - Criteri di gerarchia delle fonti 18
  - Lo Stato 18
    - Territorio 19
    - Funzioni e poteri dello Stato 20
    - Forme di Stato e di Governo 20
    - La Costituzione della Repubblica Italiana 22
  - Principi e Costituzione 23
  - Il principio di sovranità popolare 25

- Sovranità popolare e diritti fondamentali 26
- Uguaglianza formale e sostanziale nella Costituzione italiana 26
  - Uguaglianza formale 26
  - Uguaglianza sostanziale 26
  - Il rapporto tra uguaglianza formale e sostanziale 26
  - Il concetto di pluralismo nella Costituzione italiana 27
- Il concetto di solidarietà politica, economica e sociale nella Costituzione italiana 28
- Il ripudio della guerra nella Costituzione italiana 29
  - Il ripudio della guerra e le organizzazioni internazionali 30
- I diritti di prima, seconda, terza e quarta generazione 30
- I rapporti civili sanciti dalla Costituzione 31
- Il processo di integrazione europeo 34
- Le istituzioni dell'Unione Europea 36
- Gli organi costituzionali 37
  - Il corpo elettorale e il voto 37
  - Il Parlamento 38
  - Il bicameralismo perfetto 39
  - Le deliberazioni parlamentari 39
  - Le funzioni 40
- Il Governo 42
  - La sua formazione 42
- Le funzioni 42
- Presidente della Repubblica 43
- La magistratura 46
- Le regioni e lo Stato 49
  - Gli organi regionali 50
- Il presidente della regione 50

CENNI DI DIRITTO AMMINISTRATIVO E FUNZIONI DELLA PUBBLICA AMMINISTRAZIONE 53
Che cos'è la Pubblica Amministrazione? 53
I regolamenti: le fonti del diritto 53
Gli atti amministrativi 55
L'organizzazione a livello amministrativo 55
Il decentramento amministrativo 56
I rapporti tra i vari enti 56
I vari atti e provvedimenti amministrativi 58
La SCIA 60
La concessione e i provvedimenti ablatori 60
Le patologie degli atti 60
L'espropriazione dei beni pubblici 62
I controlli 64
Gli illeciti nella pubblica amministrazione 65
La tutela 65
I principi generali 66
I certificati 66
Le autocertificazioni 67
L'autentica di copie 67
Il quadro normativo della digitalizzazione 68
Il responsabile della transizione digitale 68
Il procedimento amministrativo 72
Il silenzio nella pubblica amministrazione 74
La conferenza dei servizi 75
Gli accordi 76
I pareri 76
Il diritto alla privacy 77

    I principi generali del trattamento dei dati 77
    Il consenso 78
FUNZIONI DEGLI ENTI LOCALI 87
  Il comune 87
  Il sindaco 88
  Il vicesindaco 89
  La giunta 90
    La legge sui piccoli comuni e Decentramento comunale 90
  La provincia 91
    Le funzioni fondamentali e non fondamentali 91
    Il consiglio Provinciale 91
    Assemblea dei Sindaci 92
  Gli amministratori locali 92
    Le modifiche del territorio 94
  I cittadini e la loro partecipazione 94
  I controlli sugli atti e sugli organi 95
PUBBLICO IMPIEGO E LAVORO 97
  Privatizzazione del pubblico 97
    Disciplina sugli enti locali 98
    Piani di contrattazione 99
    Rapporto di lavoro e modalità di reclutamento 99
    Localizzazione del personale 101
    Progressioni economiche e di carriera 102
  Diritti e doveri dei dipendenti 102
  La fine del rapporto di lavoro 107
    La sicurezza sul posto di lavoro 112
GLI UFFICI PUBBLICI E L'AMMINISTRAZIONE 115
PUBBLICA 115

Lo Stato civile e l'ordinamento 115
    I registri dello Stato civile la normativa 115
    Le registrazioni delle unioni civili 116
    L'anagrafe 116
La corruzione e le misure per la prevenzione 117
Il codice relativo al comportamento dei dipendenti del pubblico impiego 118
    Il conflitto di interessi 119
    Contrastare la corruzione nell'ambito lavorativo 119
Diritti e doveri dei cittadini 120
    Il servizio militare 120
    Il voto: le tipologie di elettorato 120

LE FUNZIONI DELLE REGIONI E DEGLI ENTI LOCALI 121
Il federalismo a livello amministrativo 121
    Le attività produttive e l'economia 122
    Uno Sportello Unico per le Attività Produttive 123
    Le funzioni del SUAP 124
    Istanze presentabili al SUAP 124
Economia e attività produttive 125
    L' artigianato 125
    L'industria 125
    Il settore energetico 126
    Miniere ed energia geotermica 127
    Il settore del turismo 128
    Il commercio 128
    Il Decreto Bersani 129
    Il Decreto Bersani-Visco 130
    La disciplina del settore commerciale 131
    I centri commerciali 131

- Il commercio all'ingrosso 132
- Commercio al minuto 132
- Somministrazione di generi alimentari e bevande 135
- Gli orari di esercizio 135
- La tutela del consumatore e il codice del Consumo 137
- I prodotti agricoli 138

Il territorio 139
- Il governo del territorio 139
- L'attività edilizia 142
- Il SUE, lo Sportello unico per l'edilizia 142
- Diritti e abilitazioni alla costruzione 143
- La segnalazione certificata di inizio attività 143
- La super-SCIA 144
- La Comunicazione di inizio lavori asseverata 144
- La segnalazione certificata di agibilità 145
- Utilizzo momentaneo delle strutture 145
- La vigilanza edilizia 146
- L'espropriazione 146
- Edilizia residenziale pubblica 146
- Il Catasto 147
- Protezione ambientale e paesaggistica 148
- L'inquinamento 148
- Protezione del suolo 149
- I rifiuti 149
- Il controllo e la raccolta dei rifiuti 150
- L'inquinamento delle acque 151
- Inquinamento atmosferico 151
- L'inquinamento elettromagnetico 152

L'inquinamento acustico 152
Il Servizio nazionale di protezione civile 153
Le opere pubbliche 153
I trasporti 154
Viabilità 154
LE ENTRATE 155
  Le entrate degli enti locali 156
    L'approvazione dei regolamenti 156
    La gestione dei tributi comunali 157
    Province e metropoli 157
    Entrate locali non tributarie 157
    La politica di coesione regionale Europea 158
    Il regolamento di contabilità 158
    I principi contabili 159
    Il sistema di bilancio 160
    Gli strumenti contabili e di programmazione degli Enti locali 160
    Il rendiconto della gestione 162
    Il bilancio consolidato 162
    Il dissesto degli Enti locali 163
    Le attività contrattuali della Pubblica Amministrazione 163
    L'appalto 165
    Le norme europee 166
    Affidamenti in house providing 168
    Le soglie di rilevanza europea 168
    E-procurement 169
    Aste e cataloghi elettronici 169
    Le centrali di committenza 170
    Aggiudicazione ed esecuzione del contratto 170

- Il contenzioso 171
- Gli appalti per lavori pubblici 171

REATI E PUBBLICA AMMINISTRAZIONE 173
- I reati commessi da pubblici ufficiali 173
  - Il peculato 173
  - La malversazione ai danni dello Stato 173
  - La corruzione e la concussione 173
  - Abuso d'ufficio 174
  - Rivelazione e utilizzo dei segreti d'ufficio 174
  - Rifiuto e omissione in merito agli atti d'ufficio 174
  - L'interruzione del pubblico servizio 175
- I reati commessi dai cittadini 175
  - Violenza o minaccia a pubblico ufficiale 175
  - Resistenza e oltraggio a pubblico ufficiale 175
  - Esercizio abusivo della professione 175
  - Danneggiamento o distruzione del patrimonio dello Stato 176

GLI ATTI 177
- Le deliberazioni 177
- Le determinazioni 181
- Le ordinanze e i decreti 185
- Gli Atti amministrativi 187

INTRODUZIONE

Questo libro nasce con l'intento di fornire al lettore una maggiore chiarezza, la quale riteniamo che sia un elemento indispensabile quando ci si appresta ad acquisire informazioni per un concorso. Leggere una lunga sequela di informazioni serve davvero a poco per superare un esame, in quanto la vera chiave è riuscire a memorizzarle, cosa non del tutto facile quando ci troviamo davanti a un muro di testo.

È fondamentale avere al proprio fianco gli strumenti giusti!

Il libro che avete tra le mani è frutto di uno studio accurato per consentirvi di apprendere senza sforzo e senza nemmeno troppe ansie le conoscenze base imprescindibili per una preparazione completa. Le pagine che seguono presentano delle mappe e delle spiegazioni che vanno dritte al punto, perché dovete sapere che non è essenziale leggere plichi di libri ma piuttosto è bene darsi un metodo che permetta di memorizzare quanto viene letto.

L'intento di questo volume è quello di sintetizzare e strutturare le conoscenze base per la preparazione al concorso per la figura di collaboratore professionale, in modo che sia facile e veloce memorizzarle e averle sott'occhio subito.

Per non fare andare il cervello in stand-by è necessario mantenere l'attenzione alta, in questo modo avrete la certezza di non perdere il vostro tempo e di spenderlo in maniera efficace così da raggiungere l'obiettivo che vi siete preposti, che poi è il seguente:

Superare il concorso.

Ecco a voi il link e il quad-core per accedere alle domande a risposta multipla in formato PDF con le risposte. Ti ricordiamo che se hai dubbi, perplessità o suggerimenti per il nostro prodotto per noi la tua opinione è preziosa.

Siamo una realtà giovane che vuole crescere e vuole aiutare le persone a superare questi scogli e per farlo abbiamo bisogno anche di te e della tua opinione.

Scarica le domande delle edizioni precedenti e se hai suggerimenti lo potrai fare rispondendo alla mail che riceverai con le domande in PDF.

Davvero ancora grazie mille.

https://www.nexteueditore.com/concorsoamministrativo

CENNI DI DIRITTO COSTITUZIONALE

Il diritto: storia, teorie e ordinamento giuridico italiano

Il diritto è un termine che viene utilizzato nella vita di tutti i giorni; eppure, spesso il suo significato vero e proprio non viene compreso appieno. Il termine deriva dal latino "directum" che significa "dirigere".

La storia del diritto
Il diritto è presente nella vita dell'uomo fin dalle prime forme di organizzazione sociale, quando le tribù elaboravano delle regole per organizzare la vita comune. Nel corso della storia, il diritto ha subito profonde evoluzioni, dalle prime codificazioni al diritto romano. In seguito, il diritto bizantino, anglosassone e canonico hanno operato negli ambiti geografici di riferimento, per poi portare all'emergere del diritto moderno e contemporaneo.

Le teorie del diritto
Esistono *due principali teorie sul funzionamento del sistema giuridico:* quella **normativista e quella istituzionalista**. La teoria normativista si concentra sulla creazione delle norme e il loro rapporto con la realtà, mentre quella istituzionalista evidenzia il ruolo delle istituzioni nel sistema giuridico. Entrambe le teorie sono importanti per comprendere il funzionamento del sistema giuridico e il dibattito tra di esse ha portato ad importanti sviluppi nella giurisprudenza moderna.

L'ordinamento giuridico italiano
In Italia, l'ordinamento giuridico è **costituzionalizzato**: la Costituzione stabilisce le norme fondamentali per il funzionamento del nostro sistema giuridico. Nel nostro ordinamento, le regioni e le autonomie locali hanno un importante ruolo nell'elaborazione di norme che riguardano la vita dei cittadini, al pari dello Stato. La legge e la giurisprudenza sono le fonti principali del diritto e posseggono pari importanza. Inoltre, i diritti fondamentali e le garanzie costituzionali sono una caratteristica centrale dell'ordinamento italiano.

Purché vi sia un ordinamento giuridico è indispensabile che vi siano:

- Più soggetti che perseguono un fine comune;
- Un organizzazione;
- Un sistema normativo.

Cos'è la norma giuridica?

La norma giuridica è una regola di condotta che stabilisce ciò che è lecito o illecito, obbligatorio o facoltativo nell'ambito delle relazioni sociali e del vivere civile. Le norme giuridiche sono solitamente emanate da fonti quali lo Stato, le organizzazioni internazionali, gli organi giurisdizionali, le associazioni professionali, ecc.

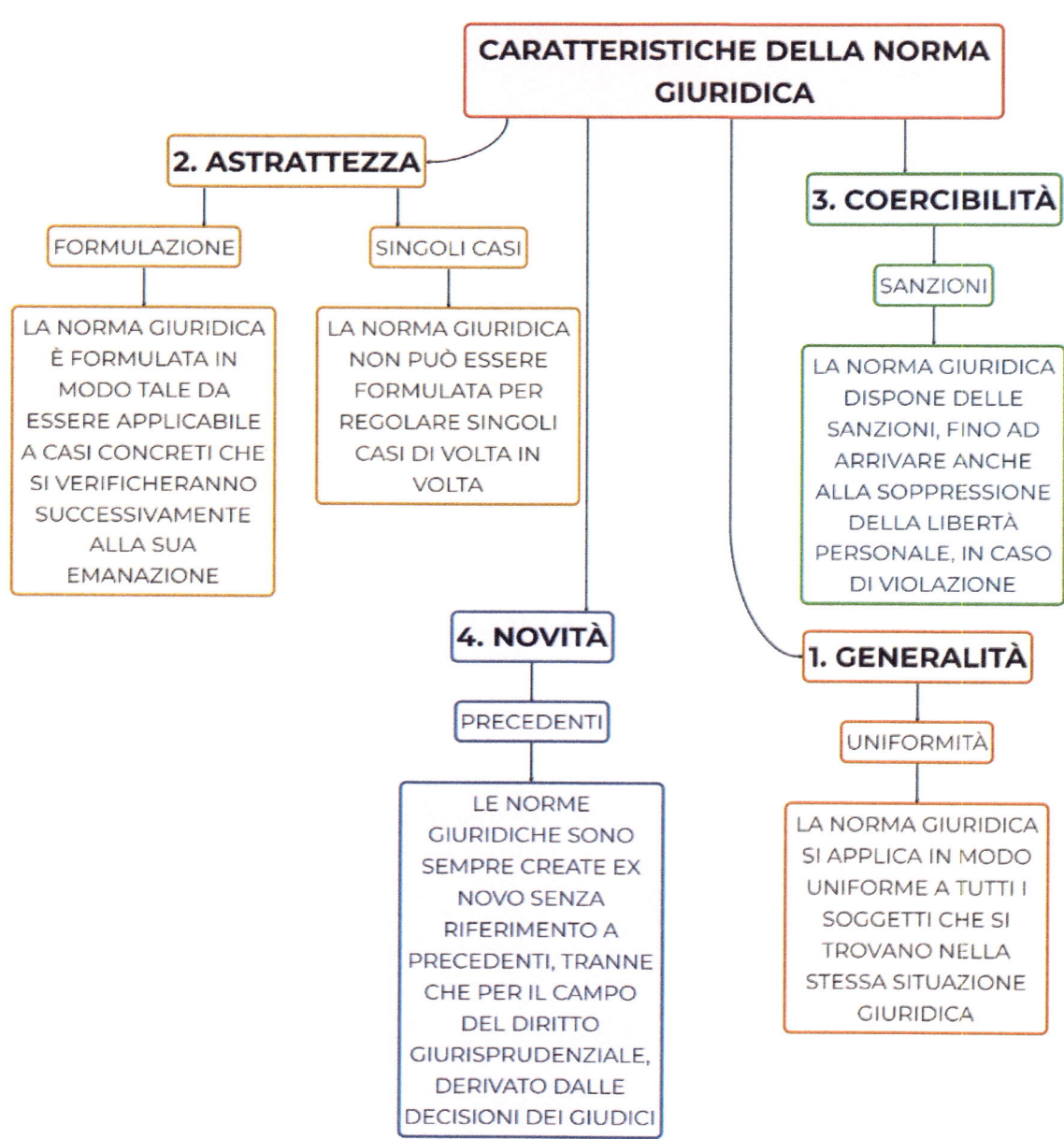

Differenza tra norme giuridiche e norme religiose

Le norme giuridiche e le norme religiose sono entrambe finalizzate a **regolare il comportamento delle persone**, ma vi sono delle differenze. Le norme giuridiche vengono emanate da autorità giuridiche secolari al fine di regolare la coesistenza civile, mentre le norme religiose sono dettate da autorità religiose al fine di regolare la vita spirituale delle persone, l'etica e la morale.

Distinzioni tra norme giuridiche:

- **Norme derogabili** → possono essere modificate da norme di rango superiore
- **Norme inderogabili** → non possono essere modificate nemmeno da norme di rango superiore
- **Norme perfette** → includono i comportamenti consentiti e quelli vietati
- **Norme imperfette** → non prevedono in maniera completa tutti i comportamenti.

Cos'è il diritto oggettivo, il diritto naturale e il diritto positivo

Il diritto **oggettivo** è il complesso delle norme giuridiche, cioè l'insieme delle regole stabilito dalle fonti giuridiche. È il diritto come fatto, che ci dice quali sono le leggi in vigore in un determinato ordinamento giuridico.

Il diritto **naturale** è l'insieme delle regole giuridiche che si ritiene siano universali, immutabili e fondamentali in quanto presunte dalla natura umana. In altre parole, il diritto naturale stabilisce le norme giuridiche fondamentali che si ritiene esistano al di là delle leggi positive.

Il diritto **positivo** è composto dalle regole giuridiche emanate dagli organi di una precisa autorità statale (ad esempio, leggi, regolamenti, ordinanze, etc.). Si oppone al diritto naturale, che invece, si suppone esista al di sopra o al di là della normativa positiva.

Ad esempio, la costituzione italiana rappresenta un esempio di diritto positivo, mentre il diritto naturale è rappresentato, dagli articoli della Dichiarazione Universale dei Diritti dell'Uomo.

Norme derogabili e inderogabili

Le norme giuridiche si distinguono anche in base alla loro derogabilità o inderogabilità.

Le norme **derogabili** sono quelle che possono essere modificate o abrogate attraverso altre norme giuridiche di rango superiore. Tuttavia, la loro derogabilità può essere esclusa espressamente, in tal caso vengono definite norme inderogabili. Le norme **inderogabili** non possono essere modificate o abrogate neanche dalle fonti giuridiche di rango superiore. Sono tipicamente norme ritenute fondamentali per la tutela di specifici interessi come, ad esempio, la tutela dei diritti inviolabili dell'uomo, l'ordinamento giudiziario, etc.

Norme perfette e imperfette

Un'altra distinzione tra norme giuridiche riguarda il loro grado di perfezione. Le norme **perfette** sono quelle che prevedono in modo preciso e completo quali comportamenti siano doverosi e quali siano vietati e le relative sanzioni in caso di violazione.

Le norme **imperfette** sono quelle che non prevedono in modo preciso ed esaustivo tutti i comportamenti doverosi. In altri termini, queste norme concedono un **margine discrezionale all'autorità giudiziaria** nell'interpretazione e nella applicazione delle stesse.

Efficacia e interpretazione delle norme giuridiche

L'efficacia delle norme giuridiche dipende dal fatto che le stesse siano conosciute e rispettate dai soggetti che le devono osservare.

La pubblicazione in Gazzetta Ufficiale rappresenta uno strumento fondamentale per dare conoscenza delle leggi e delle altre norme ai cittadini. Ciò significa che *l'ignoranza della legge non è permessa* e non può essere invocata come giustificazione per la violazione della stessa.

Il principio di **territorialità del diritto**, definito anche come campo spaziale, stabilisce che le norme giuridiche sono valide solo **all'interno dei confini territoriali dello Stato** che le ha emanate, salvo che la legge non disponga diversamente.

Il principio della **retroattività** stabilisce che la norma giuridica può essere applicata anche ai fatti antecedenti alla sua entrata in vigore, ma solo se la stessa norma non vieta espressamente tale applicazione.

Per quanto riguarda **l'abrogazione delle norme giuridiche**, si parla di abrogazione implicita ed espressa. L'abrogazione **implicita** si verifica a causa della derogazione di una norma attraverso una successiva, mentre l'abrogazione **espressa** avviene tramite un atto legislativo che revoca esplicitamente una o più norme.

L'abrogazione **può totale o parziale**: nel primo caso, tutte le disposizioni sono abrogate, mentre nel secondo solo alcune.

Interpretazione delle norme giuridiche

L'interpretazione delle norme giuridiche consente di capirne il significato.

Esistono diversi tipi di interpretazione delle norme giuridiche, tra i quali:

- **Interpretazione letterale**, si basa sulla comprensione del significato letterale delle parole utilizzate nella norma.
- **Interpretazione logica**, tiene conto del contesto in cui viene elaborata la norma, ovvero del preciso ambito in cui essa viene applicata e delle circostanze di fatto che la determinano.

- **Interpretazione schematica**, implica la rappresentazione grafica della norma per rendersi conto del suo schema e dei rapporti tra le varie parti che la compongono.
- **Interpretazione restrittiva**, consiste nell'applicazione della norma a un ambito più limitato rispetto a quello che si evincerebbe dalla sua formulazione. In questo modo, l'efficacia della norma è ridotta, ma si tutelano i diritti di chi si trova in situazioni eccezionali.
- **Interpretazione estensiva**, implica l'applicazione della norma a un ambito più ampio rispetto a quello espressamente previsto dal testo della norma. In questo modo, si allarga il campo di applicazione della norma, ma può essere rischioso se si va in contrasto con l'intento originario del legislatore.

Le fonti

Le fonti normative si distinguono in: fonti di produzione e cognizione.

Le fonti di produzione: trattasi di strumenti che portano all'emanazione della norma.

Tra queste fonti è utile menzionare il Parlamento con il potere legislativo e il governo con quello esecutivo.

Le fonti di cognizione: trattasi di strumenti che portano la norma ad essere conosciuta.

Tra le fonti di cognizione, si possono distinguere la pubblicazione in Gazzetta Ufficiale e le sentenze.

Differenza tra disposizione e norma

La disposizione riguarda il suo **contenuto**. La norma, invece, è l'insieme di regole e di disposizioni finalizzate a disciplinare una specifica area o materia giuridica.

Fonti di fatto

Le fonti di fatto sono le ragioni alla base della produzione delle norme giuridiche. Le fonti di fatto possono essere di diversi tipi.

La **consuetudine** è una fonte di fatto di origine storico-tradizionale, costituita da comportamenti ripetitivi da parte di soggetti di una determinata collettività.

Le **convenzioni internazionali** sono degli impegni intrapresi tra stati o organizzazioni, con il fine di ordinare delle materie giuridiche.

La **necessità è il ricorso alla normazione giuridica** per far fronte ad esigenze pratiche e contingenti non ancora vagliate dalla normativa.

L'equità è uno standard di giustizia che prevede l'applicazione delle norme giuridiche in modo non letterale ma alla luce delle specifiche circostanze di fatto.

Fonti atipiche e fonti rinforzate

Le fonti **atipiche** sono quelle che possono essere utilizzate solo come supporto interpretativo ma **non hanno valore giuridico autonomo**. Hanno una forza passiva e non sono abrogabili da un referendum.

Le fonti **rinforzate** sono le fonti che acquisiscono un particolare **rilievo** in virtù di una **norma di rango superiore** che ne riconosce l'importanza. A differenza delle leggi comuni queste fonti, presentano una forza attiva (abrogazione di leggi con il medesimo contenuto) e una forza passiva (sono abrogate solo da leggi aventi lo stesso provvedimento)

Esistenza, validità ed efficacia delle fonti e delle norme

Le fonti e le norme giuridiche possono essere distinte in base alla loro esistenza, validità ed efficacia.

L'esistenza delle fonti e delle norme giuridiche dipende dal rispetto dei requisiti formali previsti per la loro produzione (ad esempio, l'emanazione da parte di un'istituzione competente).

La validità delle fonti e delle norme giuridiche dipende dalla loro conformità alle disposizioni Costituzionali e alle norme di rango superiore.

L'efficacia delle fonti e delle norme giuridiche dipende dal loro concreto impatto sulla realtà, ovvero dalla loro capacità di regolare e governare i comportamenti delle persone.

Criteri di gerarchia delle fonti

Le fonti giuridiche sono gerarchicamente ordinate in base a tre criteri principali:

- **Criterio cronologico**: le norme giuridiche di data successiva implicitamente abrogano quelle antecedenti.
- **Criterio gerarchico**: alcune fonti giuridiche hanno un rango superiore rispetto ad altre (la Costituzione ha rango superiore rispetto alle leggi, ad esempio).
- **Criterio di competenza**: le fonti giuridiche sono valide solo se emanate dalle autorità competenti.

Fonti del diritto italiano

Le fonti del nostro diritto a livello primario sono la **Costituzione, le leggi dello Stato, i regolamenti, gli atti.**

Lo Stato

Lo Stato è una comunità politica organizzata e riconosciuta a livello internazionale, dotata di una forma di governo e di un territorio delimitato.

Le principali differenze che si possono individuare all'interno del concetto di Stato sono le seguenti:

Stato-ordinamento: è l'insieme delle norme giuridiche che disciplinano gli organi e le competenze dello Stato.

Stato-persona: è la personalità giuridica che rappresenta lo Stato nei rapporti internazionali in termini di diritto pubblico.

Stato-apparato: è l'insieme dei servizi e delle strutture amministrative che consentono al potere statale di esercitare le sue funzioni.

Stato-comunità: è l'insieme degli elementi sociali dello stato.

Lo Stato si compone del:

Popolo: popolazione che forma uno Stato.

Territorio: lo Stato è delimitato in un determinato territorio.

Sovranità: è la capacità dello Stato di imporsi su un determinato territorio e di esercitare un potere autonomo e indipendente.

La sovranità si divide in:

Sovranità suprema: è la massima autorità in uno Stato, non soggetta a un'autorità superiore.

Sovranità esclusiva: l'esercizio del potere senza che vi siano interferenze.

Sovranità originaria: si riferisce alla fonte originaria della sovranità, ovvero al popolo.

Il **concetto di cittadinanza** è legato al popolo e si riferisce alla condizione giuridica di chi appartiene a uno Stato e gode dei diritti e dei doveri riconosciuti dalla Costituzione e dalle leggi.

La **democrazia** è un sistema politico in cui la potestà è esercitata dal popolo o dai suoi rappresentanti elettivi attraverso elezioni libere e periodiche, e in cui sono garantite le libertà fondamentali dei cittadini.

Territorio

Il territorio è il luogo dove lo Stato è sovrano. Si distingue in:

La **terraferma,** ovvero, il territorio.

Il **mare territoriale** è la porzione di mare che si estende per una determinata distanza dalla costa, su cui lo Stato esercita la propria sovranità.

La **zona economica esclusiva** è l'area marina oltre il mare territoriale entro la quale lo Stato esercita diritti esclusivi in materia di pesca, di ricerca e di sfruttamento delle risorse naturali.

Lo **spazio aereo** riguarda lo spazio sopra la terraferma.

Il **sottosuolo** riguarda lo spazio sotto la superficie.

Funzioni e poteri dello Stato

Lo Stato possiede tre principali poteri e funzioni: **legislativo, esecutivo e giurisdizionale.**

Potere legislativo

Il potere legislativo viene esercitato dal Parlamento, dove si producono leggi e norme.

Il Parlamento è **composto** dalla Camera dei deputati e dal Senato. L'attività in Parlamento prevede il dibattito, l'approvazione e la pubblicazione delle leggi, inerenti a qualsiasi ambito della vita sociale e dei rapporti.

Potere esecutivo

Il potere esecutivo è esercitato dal Governo e dalle amministrazioni pubbliche, ed è finalizzato all'applicazione delle leggi e alla gestione dei servizi e delle attività pubbliche. Il Governo è formato dal **Presidente del Consiglio e dai Ministri**, i quali vengono nominati dal Presidente della Repubblica dopo l'approvazione del Parlamento. Tra le funzioni del potere esecutivo vi sono ad esempio la firma dei decreti, la promulgazione delle leggi, la gestione delle risorse finanziarie.

Potere giudiziario

Il potere giudiziario è finalizzato alla risoluzione delle controversie giuridiche. Esso è esercitato dal sistema giudiziario, ovvero dai vari gradi dei tribunali ordinari e delle Corti di giustizia.

Il sistema giudiziario esercita il potere giurisdizionale, che consiste nella capacità di giudicare e dirimere le controversie tra i cittadini o tra questi e lo Stato. Il **giudice** è l'organo chiamato a garantire l'applicazione delle leggi e ad assicurare la tutela dei diritti dei cittadini.

Forme di Stato e di Governo

Esistono diverse forme di Stato e di governo che si distinguono tra loro per la diversa organizzazione del potere politico e delle relazioni tra gli organi costituzionali.

Stato assoluto e Stato costituzionale

Lo Stato assoluto era un tipo di Stato caratteristico dell'epoca prerivoluzionaria e preilluministica, in cui la figura del sovrano era al di sopra della legge e il suo potere era illimitato. In contrasto, lo Stato costituzionale prevede una Costituzione che limita il potere del sovrano e garantisce i diritti dei cittadini.

Forma di governo

La forma di governo si riferisce alla **modalità con cui è esercitato il potere politico** all'interno dello Stato. Le forme di governo sono due: parlamentare e presidenziale.

Nel **governo parlamentare**, il potere esecutivo è esercitato da un governo composto dai membri del Parlamento, a cui il Parlamento stesso conferisce la sua fiducia attraverso una votazione. Il capo dello Stato svolge un compito di rappresentanza ed è garante della Costituzione.

Nel **governo presidenziale**, il potere esecutivo è concentrato nelle mani di un presidente eletto direttamente dal popolo, che ha ampi poteri esecutivi e ha una forte rappresentanza.

Forme di Stato giuridico

In relazione allo stato giuridico, si possono identificare diverse forme di Stato:

Stato patrimoniale: lo Stato è al servizio del sovrano e degli interessi di una classe privilegiata.

Stato di polizia: lo Stato interviene in modo coercitivo per tutelare la sicurezza nazionale e la legalità. Trattasi di una forma di stato affermatasi nel 700' dove i cittadini erano considerati sudditi.

Stato di diritto-liberale: lo Stato garantisce i diritti e le libertà dei cittadini, rispettando le leggi e la separazione dei poteri. Affermatosi nel 800'.

Stato sociale: lo Stato garantisce il benessere e i diritti sociali dei cittadini, grazie all'intervento pubblico nell'economia. Affermatosi a fine 800' e inizio 900'.

Forme di Stato

A livello di architettura, si possono distinguere:

Stati **unitari:** hanno un unico territorio sede del potere politico e una sola Costituzione.

Stati **federali:** sono composti da diverse unità politiche autonome che si federano in un unico Stato.

Stati **sovrani:** hanno una propria indipendenza e sovranità riconosciute a livello internazionale.

Stati **semi-sovrani:** hanno una propria indipendenza e sovranità limitate da vincoli di dipendenza o di alleanza con altri Stati.

La Costituzione della Repubblica Italiana

Il percorso che ha portato alla nascita della Costituzione italiana ha le sue radici nella storia del Risorgimento italiano, che ha portato poi all'unificazione del Paese.

Il 4 marzo del 1848, con la prima guerra d'indipendenza, viene concessa dal Re Carlo Alberto di Savoia la promulgazione della Costituzione detta "Statuto Albertino". Tale statuto stabiliva un sistema di governo costituzionale per il Regno di Sardegna, che prevedeva la separazione dei poteri e il riconoscimento dei diritti dei cittadini.

Il 17 marzo del 1861 con la proclamazione del Regno di Italia, nasce non solo uno Stato unitario ma si estende anche il corpo elettorale.

Durante la Prima guerra mondiale, l'Italia prende parte come Alleato contro le Potenze dell'Intesa. Questo periodo segna un'importante evoluzione politica nel Paese, con lo sviluppo di movimenti politici di area socialista e democratica.

Nel 1922, Benito Mussolini sale al potere con il partito fascista. Il regime fascista sancisce la fine del sistema precedente e la nascita di uno stato totalitario, che dura fino alla fine della Seconda Guerra Mondiale.

Il 25 aprile 1945 viene liberata l'Italia, ponendo fine al regime fascista. Inizia quindi un periodo di ricostruzione economica e politica, culminato nella nascita della Repubblica Italiana.

L'Assemblea costituente, convocata il 2 giugno del 1946, è stata composta da rappresentanti di diverse forze politiche e ha avuto il compito di redigere la nuova Costituzione italiana. Il 22 dicembre del 1947 la Costituzione italiana viene approvata dall'Assemblea costituente e promulgata il 27 dicembre dello stesso anno.

La Costituzione è stata ispirata dai principali movimenti politici che hanno partecipato all'Assemblea costituente e rappresenta la sintesi degli ideali democratici e dei diritti dei cittadini. Essa stabilisce le basi per un sistema democratico parlamentare, garantisce la libertà di pensiero, di religione e di espressione e promuove l'uguaglianza dei cittadini davanti alla legge. La Costituzione italiana ha come obiettivo una società più giusta e solidale.

La costituzione è:

Repubblicana: La Costituzione italiana è repubblicana perché prevede che il Capo dello Stato sia eletto dai rappresentanti del popolo, senza la presenza di una figura ereditaria come nella monarchia. I cittadini sono considerati uguali senza che vi siano dei privilegi.

Democratica: La Costituzione italiana è democratica perché il potere appartiene al popolo, che lo esercita mediante rappresentanti eletti liberamente. Inoltre, garantisce i diritti fondamentali dei cittadini, come il diritto alla libertà di pensiero e di espressione, il diritto alla tutela giudiziaria, il diritto al lavoro, alla salute, all'istruzione.

Regionale: La Costituzione italiana è regionale perché prevede una forma di autonomia territoriale. Ciascuna Regione ha la propria Assemblea elettiva, che esprime il proprio parere in merito alle leggi o ai provvedimenti che riguardano l'organizzazione territoriale, la tutela dell'ambiente, la cooperazione tra diverse Regioni.

Pluralista: La Costituzione italiana è pluralista perché garantisce la libertà di associazione e di partecipazione politica, favorendo la coesistenza di diverse idee e di diversi orientamenti culturali e politici. Inoltre, riconosce il diritto di sciopero quale strumento di tutela dei lavoratori.

Sociale: La Costituzione italiana è sociale perché impegna lo Stato a garantire il benessere e l'equità sociale dei propri cittadini. Riconosce il principio della solidarietà come fondamento della società e dell'economia e promuove la giustizia sociale attraverso servizi pubblici di qualità, la tutela dei lavoratori e la protezione delle fasce più deboli della popolazione.

Principi e Costituzione

Il principio democratico e la Costituzione italiana

Il principio democratico è uno dei pilastri fondamentali della Costituzione italiana, che stabilisce l'organizzazione politica e sociale del Paese. L'art. 1 della Costituzione italiana stabilisce i valori fondamentali su cui si basa lo Stato, L'Italia, infatti, è fondata sul lavoro ed è una Repubblica.

Cosa si intende per "principio democratico"?

Il principio democratico si basa sulla **sovranità popolare**, ovvero sul fatto che il potere politico deriva dal popolo e che lo Stato deve essere al servizio dei cittadini. Questo significa che il popolo partecipa alla vita politica del Paese **attraverso il voto** e che gli organi di governo sono eletti da esso. Il principio democratico prevede la tutela delle libertà, dei diritti, l'uguaglianza nei confronti della legge e la separazione dei poteri.

Quali sono gli articoli della Costituzione che sanciscono il principio democratico?

Il principio democratico è sancito anche in questi articoli:

Art. 1: L'articolo 1 della Costituzione italiana afferma che il nostro Paese è fondato sui principi di democrazia e uguaglianza, ma anche sull'importanza del lavoro come elemento fondamentale per il benessere e la prosperità della nazione.

In particolare, la Costituzione italiana tutela il diritto al lavoro come diritto fondamentale di ogni cittadino italiano. Questo significa che ogni persona ha la possibilità di accedere a un lavoro dignitoso e remunerativo, in grado di garantire un reddito sufficiente per vivere in maniera dignitosa.

La Costituzione italiana prevede inoltre l'importanza del lavoro per lo sviluppo economico del Paese. In questo senso, il lavoro non è solo importante per il singolo individuo, ma anche per l'intera comunità, che beneficia dei frutti della produttività e dell'innovazione.

L'Italia, inoltre, ha sempre avuto un forte legame con il lavoro artigianale e manifatturiero, settori che hanno permesso al Paese di emergere come potenza economica nel dopoguerra. Anche oggi, il nostro Paese continua a sfruttare l'importanza del lavoro manuale, grazie alla qualità e all'eccellenza dei prodotti Made in Italy.

Art. 2: L'articolo 2 della Costituzione italiana afferma il riconoscimento dei diritti inviolabili dell'uomo. Questo significa che lo Stato ha il dovere di proteggere i diritti umani, come ad esempio il diritto alla vita, alla libertà, all'uguaglianza e alla dignità, e di garantire che vengano rispettati e tutelati in ogni ambito della vita sociale, economica e politica.

Inoltre, l'articolo prevede che la Repubblica richieda l'adempimento dei doveri inderogabili di solidarietà politica, economica e sociale. Ciò indica che ogni cittadino ha la responsabilità di contribuire al benessere della comunità in cui vive, partecipando attivamente alla vita sociale, politica ed economica e svolgendo i propri doveri civici, in modo da garantire una società più giusta e solidale.

Art. 3: L'articolo 3 della Costituzione italiana afferma che i cittadini sono uguali davanti alla legge. Questo significa che ogni individuo, indipendentemente dal suo sesso, razza, lingua, religione o opinioni politiche, gode degli stessi diritti e delle stesse opportunità garantiti dallo Stato. Il principio di uguaglianza è alla base della nostra democrazia e della costruzione di una società giusta e inclusiva.

Art. 4: Il principio fondamentale come espresso dall'articolo è la garanzia del diritto a lavorare per i cittadini da parte dello Stato. La Repubblica, infatti, riconosce l'importanza di creare le giuste condizioni affinché ogni individuo possa avere la possibilità di accedere ad un lavoro dignitoso.

Ciò significa che lo Stato ha il compito di promuovere politiche mirate alla creazione di posti di lavoro, di incentivare la nascita di nuove imprese e di sostenere quelle già esistenti, al fine di favorire lo sviluppo economico del Paese.

Inoltre, il diritto al lavoro non si limita solamente alla necessità di avere una fonte di reddito, ma risulta fondamentale anche per garantire il benessere sociale ed economico dell'individuo. Il lavoro, infatti, oltre a garantire un'indipendenza economica, offre anche la possibilità di realizzarsi professionalmente e di sentirsi parte attiva della società.

È importante sottolineare che il diritto al lavoro non è solo una questione di politiche sociali ma è anche sancito a livello internazionale dalla Dichiarazione universale dei diritti dell'uomo, che riconosce il diritto di ogni individuo a scegliere liberamente la propria professione e a godere di condizioni di lavoro eque e favorevoli.

Art. 48: Tale diritto viene esercitato attraverso le modalità previste dalla legge, come ad esempio l'iscrizione nelle liste elettorali e la partecipazione ai referendum. Inoltre, il diritto di voto è universale e uguale per tutti i cittadini italiani, senza alcuna discriminazione o restrizione di sorta. Questo diritto rappresenta uno dei principi fondamentali per la partecipazione attiva dei cittadini alla vita politica del Paese.

Art. 49: Sancisce il diritto di associazione ai vari partiti. Questo diritto è una base essenziale della democrazia, in quanto permette ai cittadini di unirsi per concorrere alla determinazione della politica nazionale.

Grazie a questa disposizione, i cittadini italiani hanno la possibilità di partecipare attivamente alla vita politica del Paese, esprimendo la loro voce e scegliendo rappresentanti che li rappresentino e difendano i loro interessi. Allo stesso tempo, questo articolo della Costituzione impone ai partiti politici di adottare metodi democratici nella loro attività, garantendo così la trasparenza e l'equità delle elezioni.

Il principio di sovranità popolare

Il principio di sovranità popolare è uno dei pilastri fondamentali della democrazia e della Costituzione italiana. Esso stabilisce che il potere politico non risiede nelle mani dei governanti o di un monarca, ma appartiene alla comunità degli individui che formano lo Stato. In altre parole, i cittadini sono i veri detentori del potere e questo potere deve essere esercitato attraverso la partecipazione attiva alla vita politica in modo diretto o rappresentativo.

Origini del principio di sovranità popolare

Il principio di sovranità popolare risale almeno alla Rivoluzione francese del 1789, che rovesciò il potere assoluto della monarchia e inaugurò un nuovo sistema politico basato sulla volontà del popolo. La Dichiarazione dei Diritti dell'Uomo e del Cittadino del 1789 sosteneva che la sovranità non risiedeva in un sovrano ma bensì nel popolo.

La sovranità popolare nella Costituzione italiana

Il principio di sovranità popolare è stato sancito nella Costituzione italiana dall'art. 1.

Ciò significa che il popolo è il detentore del potere politico e che tale potere deve essere esercitato attraverso la partecipazione attiva alla vita politica, il voto e il coinvolgimento diretto. Nello stato democratico, il potere appartiene al popolo e l'organizzazione dell'attività politica è il risultato della volontà popolare.

La Costituzione italiana prevede anche il diritto di referendum popolare, che consente ai cittadini di esprimersi direttamente su materie di particolare importanza o su leggi già approvate dal Parlamento.

Sovranità popolare e diritti fondamentali

La sovranità popolare non è in contrasto con la garanzia dei diritti fondamentali, anzi essi si completano a vicenda. Infatti, il potere politico **deriva dal popolo**, ma allo stesso tempo i diritti fondamentali dei cittadini devono essere tutelati e rispettati. La Costituzione non solo riconosce ma si fa anche da garante in merito a questi diritti, ritenuti fondamentali per la persone.

Uguaglianza formale e sostanziale nella Costituzione italiana

La Costituzione italiana sancisce due principi fondamentali di uguaglianza: **l'uguaglianza formale e l'uguaglianza sostanziale.** Entrambi costituiscono un aspetto centrale dell'ordinamento giuridico italiano e rappresentano la base per garantire un'organizzazione statale equa e democratica.

Uguaglianza formale

L'uguaglianza formale rappresenta il primo livello dell'uguaglianza, ed è sancita dall'art. 3 della Costituzione italiana, il quale stabilisce che "I cittadini sono uguali davanti alla legge, senza alcuna distinzione".

Questo significa che il sistema giuridico italiano riconosce i diritti di tutti i cittadini in modo universale, senza alcuna discriminazione su base personale, ma sulla base di una semplice eguaglianza di trattamento.

Uguaglianza sostanziale

L'uguaglianza sostanziale rappresenta un livello più profondo dell'uguaglianza, che va oltre l'uguaglianza davanti alla legge e si propone di realizzare **una pari distribuzione delle opportunità e delle risorse** per tutti i cittadini.

Nonostante non sia presente un articolo della Costituzione italiana specifico che ne tratti, la giurisprudenza e l'interpretazione costituzionale hanno sviluppato una serie di strumenti e di meccanismi giuridici diretti a garantire l'effettivo raggiungimento dell'uguaglianza sostanziale.

Il rapporto tra uguaglianza formale e sostanziale

L'uguaglianza sostanziale rappresenta un obiettivo fondamentale della Costituzione italiana, ma allo stesso tempo richiede l'adempimento dell'uguaglianza formale. Le discriminazioni di qualsiasi tipo sono vietate dalla Costituzione e devono essere contrastate con la tutela giudiziaria e la vigilanza dei pubblici poteri.

In sintesi, l'uguaglianza formale e sostanziale rappresentano due aspetti distinti della stessa medaglia e richiedono un costante impegno per garantire una società equa e democratica, basata sul rispetto della dignità umana e dei diritti fondamentali di tutti i cittadini.

Il concetto di pluralismo nella Costituzione italiana

Il pluralismo è uno dei pilastri fondamentali del sistema democratico e della Costituzione italiana. Esso si riferisce alla presenza di molteplici idee, valori, culture e punti di vista all'interno della società, nonché alla loro rappresentanza all'interno dei processi politici ed istituzionali.

Il pluralismo nella Costituzione italiana

L'art. 2 riconosce i diritti fondamentali dell'uomo in ogni ambito, individuale e sociale, e ne richiede la condivisione attraverso obblighi di solidarietà politica, economica e sociale.

Inoltre, l'art. 3 La legge afferma l'uguaglianza di ogni cittadino davanti alla legge, garantendo la stessa dignità sociale per tutti, senza discriminazioni.

Questi articoli sanciscono il principio del pluralismo e riconoscono l'importanza della diversità culturale e ideologica all'interno della società, nonché la necessità di rappresentarla andando anche a tutelare i doveri di solidarietà e uguaglianza tra i cittadini.

Il pluralismo politico

La Costituzione italiana riconosce e promuove il pluralismo politico, il quale si esprime attraverso la partecipazione dei cittadini alla vita pubblica e la formazione di organizzazioni politiche, sindacali, culturali e associative.

L'art. 48 della Costituzione riconosce il diritto di voto a tutti i cittadini, a prescindere dalle loro idee e posizioni politiche, e l'art. 49 consente la libera formazione di partiti politici, in modo da partecipare alla vita del paese.

Inoltre, l'art. 21 della Costituzione sancisce il principio della libertà di opinione e di espressione, che rappresentano un aspetto fondamentale della democrazia e del pluralismo politico.

Pluralismo culturale e religioso

La Costituzione italiana riconosce e tutela il pluralismo culturale e religioso della società italiana. Nell'articolo 19 viene espresso che: la Repubblica tutela la libertà di professare la propria religione in forma individuale o associata, garantendone l'esercizio nelle norme di legge, secondo la propria coscienza. Inoltre, la Costituzione italiana consente la libera diffusione della cultura e la tutela delle minoranze linguistiche e culturali, come previsto dall'art. 6, dove è prevista una tutela per le minoranze di lingua.

Il concetto di tutela del lavoro nella Costituzione italiana

Il lavoro è un diritto fondamentale e la tutela del lavoro rappresenta uno dei principi cardine della Costituzione italiana. La Carta costituzionale, infatti, ha l'obiettivo di garantire ai cittadini la possibilità di lavorare e di avere un'occupazione dignitosa, nonché di tutelare coloro che svolgono un'attività lavorativa da eventuali abusi o discriminazioni.

Lavoro e diritti nella Costituzione italiana

L'art. 1 della Costituzione italiana afferma che **il lavoro è il fondamento dell'organizzazione sociale ed economica del Paese** e che in esso si manifesta il valore della **dignità della persona**.

Inoltre, l'art. 4 La Costituzione italiana **assicura il diritto al lavoro a tutti i cittadini e si impegna a creare le opportunità necessarie** per garantire questo diritto.

Tutela del lavoratore

La Costituzione italiana sancisce anche il principio della tutela del lavoro e dei diritti dei lavoratori. Come menzionato dall'art. 35.

Inoltre, l'art. 36 afferma che i lavoratori hanno il diritto di essere pagati in modo equo per garantire la qualità della vita.

La Costituzione italiana tutela anche il lavoratore dalle eventuali discriminazioni legate ad età, sesso, orientamento sessuale, religione e opinioni politiche.

Il diritto di sciopero

L'art. 40 della Costituzione italiana prevede il diritto di sciopero come diritto dei lavoratori e dei sindacati. Esso rappresenta uno strumento di tutela dei diritti dei lavoratori e di rivendicazione delle loro richieste e aspettative nei confronti del datore di lavoro.

Il lavoro e la tutela della salute e della sicurezza

La Costituzione italiana sancisce anche il diritto alla salute e alla sicurezza nei luoghi di lavoro. Con l'art. 32, mentre con l'art 38 si estendono tutele per gli inabili.

Il concetto di solidarietà politica, economica e sociale nella Costituzione italiana

La solidarietà politica, ma anche a livello economico e sociale è un principio fondamentale sancito dalla Costituzione italiana. Rappresenta l'impegno dello Stato e della società civile nel garantire la tutela e la promozione dei diritti e delle libertà individuali, nonché nel fornire il sostegno necessario alle fasce più deboli della popolazione.

Solidarietà politica

Il concetto di solidarietà politica si riferisce alla partecipazione attiva dei cittadini alla vita democratica del Paese, attraverso il pieno esercizio dei diritti di voto e di partecipazione politica. L'art. 48 della Costituzione italiana riconosce infatti il diritto di voto come universale ed eguale.

Inoltre, l'art. 49 sancisce la libertà di formazione di partiti politici e di loro espressione nell'ambito dell'ordinamento democratico, al fine di garantire una rappresentanza pluralistica e l'effettivo esercizio del diritto di partecipazione politica.

Solidarietà economica

Il concetto di solidarietà economica si riferisce alla costruzione di un sistema economico equo e sostenibile, che tenga conto delle esigenze e delle opportunità delle diverse realtà sociali e territoriali.

L'art. 3 della Costituzione italiana afferma che l'obbligo della Repubblica è quello di rimuovere gli ostacoli economici e sociali che impediscono lo sviluppo completo dell'essere umano.

Solidarietà sociale

Il concetto di solidarietà sociale si riferisce alla realizzazione di una società in cui ciascuno possa godere dei propri diritti e della propria dignità, senza discriminazioni di alcun genere. L'art. 2 della Costituzione italiana riconosce infatti la fondamentale importanza della tutela dei diritti umani per far sì che le persone possano esprimersi in virtù della loro personalità. Inoltre, la Costituzione prevede la tutela delle fasce più deboli della popolazione, come i minori, gli anziani e i disabili, attraverso una serie di misure di assistenza e di protezione sociale.

Il rapporto tra solidarietà e democrazia

La solidarietà politica, economica e sociale rappresenta un elemento fondamentale per il corretto funzionamento della democrazia. Essa, infatti, garantisce ai cittadini l'effettivo esercizio dei diritti e delle libertà individuali, nonché il sostegno necessario alle fasce più deboli della popolazione.

Il ripudio della guerra nella Costituzione italiana

Il ripudio della guerra rappresenta un principio fondamentale sancito dalla Costituzione italiana. L'art. 11 della Costituzione italiana stabilisce il ripudio della guerra.

Questo articolo stabilisce in maniera chiara e inequivocabile il ripudio della guerra come strumento di politica e sottolinea l'importanza del dialogo e della cooperazione con gli altri paesi.

Il ripudio della guerra e le organizzazioni internazionali

La Costituzione italiana promuove e favorisce le organizzazioni internazionali rivolte al raggiungimento della pace e della giustizia tra le Nazioni, sottolineando l'importanza del dialogo, della cooperazione e della diplomazia internazionale nella risoluzione dei conflitti. Inoltre, l'Italia è impegnata a rispettare e ad aderire ai trattati internazionali in materia di disarmo nucleare, nonché a promuovere il disarmo a livello internazionale.

I diritti di prima, seconda, terza e quarta generazione

I diritti umani sono universalmente riconosciuti e costituiscono la base dei moderni ordinamenti giuridici. Possiamo distinguere quattro generazioni di diritti, ciascuna delle quali si caratterizza per le specifiche esigenze che intende soddisfare.

Diritti di prima generazione

I diritti di prima generazione, noti anche come **diritti civili e politici**, rappresentano il primo passo verso la costruzione del moderno ordinamento giuridico internazionale. Questi diritti comprendono la libertà personale, la libertà di pensiero, di coscienza, di religione, di espressione e di associazione, il diritto alla proprietà e il diritto al processo equo.

I diritti di prima generazione sono stati affermati nell'ambito delle rivoluzioni liberali e democratiche. Essi rappresentano il fondamento della democrazia liberale e sono stati riconosciuti a livello internazionale dalla Dichiarazione universale dei diritti dell'uomo del 1948.

Diritti di seconda generazione

I diritti di seconda generazione, noti anche come diritti **economici, sociali e culturali**, rappresentano la risposta dell'ordinamento giuridico internazionale alle esigenze di equità sociale e di redistribuzione delle risorse. Questi diritti comprendono il diritto alla salute, all'istruzione, al lavoro, alla previdenza sociale, al riposo e al tempo libero, alla cultura e al progresso scientifico e tecnologico. I diritti di seconda generazione sono stati riconosciuti a livello internazionale dal Patto internazionale sui diritti economici, sociali e culturali del 1966.

Diritti di terza generazione

I diritti di terza generazione, noti anche come diritti **collettivi, ambientali e di pace,** rappresentano la risposta dell'ordinamento giuridico internazionale alle esigenze della nuova era globale. Questi diritti comprendono il diritto alla pace, al progresso dell'umanità, alla solidarietà tra i popoli, alla salvaguardia dell'ambiente e del patrimonio culturale dell'umanità.

I diritti di terza generazione si sono affermati grazie allo sviluppo delle organizzazioni internazionali e in concomitanza della crescita dei movimenti pacifisti e ambientalisti.

4. Diritti di quarta generazione

I diritti di quarta generazione rappresentano un'ulteriore evoluzione del concetto di diritti umani. Essi sono fondati **sul principio della dignità umana** e sulla consapevolezza del rapporto tra l'essere umano e il mondo naturale.

Questi diritti comprendono il diritto alla pace interiore, alla qualità della vita, all'utilizzo delle tecnologie in modo responsabile e al rispetto della biodiversità.

I diritti di quarta generazione sono stati proposti a partire dagli anni '80, in un'epoca contrassegnata dalla globalizzazione e dalla consapevolezza dei limiti del pianeta. Essi rappresentano un'ulteriore evoluzione del concetto di diritti umani e pongono l'accento sulla responsabilità individuale e collettiva nei confronti del pianeta e delle generazioni future.

I rapporti civili sanciti dalla Costituzione

L'articolo 13, 14 e 15 della Costituzione italiana riguardano la libertà personale, il diritto alla privacy e la tutela del diritto di proprietà.

L'art. 13 della Costituzione sancisce la sacralità della libertà personale, come diritto fondamentale dell'individuo. Esso impone il rispetto del principio di legalità e della necessità delle limitazioni della libertà personale, che possono essere disposte solo dall'autorità giudiziaria e nei casi previsti dalla legge.

L'art. 14 della Costituzione garantisce il diritto alla privacy. Esso sancisce l'inviolabilità della casa, la quale può essere perquisita soltanto nei casi e nei modi previsti dalla legge e solo per motivi di sicurezza o di pubblica utilità.

L'art. 15 della Costituzione italiana garantisce il diritto della segretezza della propria corrispondenza.

Gli articoli 16, 35, 17 e 18 della Costituzione italiana **riguardano i diritti in materia di libertà di espressione, di lavoro, di associazione e di sindacato.**

L'art. 16 della Costituzione italiana garantisce la libertà di soggiornare in zone del territorio consentite dalla legge. Non vi possono essere restrizioni per ragioni politiche.

L'art. 35 della Costituzione italiana riconosce il diritto al lavoro come fondamentale per ogni persona, la Repubblica è responsabile di tutelarlo in ogni sua forma. Ciò significa garantire opportunità di formazione e sviluppo professionale, nonché promuovere la ricerca e l'innovazione tecnologica.

Inoltre, la Repubblica deve favorire e regolare gli accordi e le forme di autonomia collettiva nell'ambito delle imprese.

L'art. 17 della Costituzione italiana garantisce il diritto di associarsi liberamente senz'armi.

L'art. 18 della Costituzione italiana garantisce il diritto di associarsi senza bisogno che vi sia un preavviso o autorizzazione, sono vietate in ogni forma le società segrete.

Gli articoli 19, 21 e 24 della Costituzione italiana riguardano i **diritti in materia di libertà di pensiero, di culto, di difesa e assistenza legale e di diritto di voto.**

L'art. 19 della Costituzione italiana garantisce la libertà di credo religioso come diritto fondamentale di ogni persona. Esso afferma la libertà di professare liberamente la propria fede religiosa, di esprimere pubblicamente l'opinione in merito alla fede e di ritenersi al di fuori di ogni confessione religiosa se non lo si desidera.

L'art. 21 della Costituzione italiana garantisce la libertà di esprimere liberamente il proprio pensiero attraverso qualsiasi mezzo di diffusione, compresa la libertà di stampa e la libertà di informazione.

L'art. 24 della Costituzione italiana garantisce il diritto di difendere attraverso la giurisprudenza e la legge i propri diritti. Inoltre, l'articolo garantisce il diritto di difesa d'ufficio a chi non ha le possibilità economiche e materiali di procurarsi un avvocato.

Gli articoli 29, 30, 32, 33 e 34 della Costituzione **italiana riguardano i diritti in materia di famiglia, sicurezza, privacy e libertà personale.**

L'art. 29 della Costituzione italiana riconosce la famiglia come una società costituitasi con l'atto del matrimonio. L'unione matrimoniale prevede parità tra i coniugi.

L'art. 30 della Costituzione italiana garantisce ai genitori, indipendentemente dal fatto che i figli siano nati nel matrimonio o fuori, il dovere e il diritto di mantenere, istruire ed educare i propri figli.

L'art. 32 della Costituzione italiana garantisce la tutela della salute come un diritto fondamentale di ogni persona, anche in relazione alla collettività, nonché la garanzia di cure gratuite agli indigenti. Inoltre, non si può costringere nessuno a un determinato trattamento sanitario, se non per disposizione di legge.

L'art. 33 della Costituzione italiana garantisce il diritto all'istruzione e all'insegnamento.

L'art. 34 della Costituzione italiana garantisce il diritto all'istruzione affermando che la scuola è aperta a tutti, gli obblighi e i benefit per gli studenti meritevoli (borse di studio).

Gli articoli 4, 46, 37 e 38 della Costituzione italiana **riguardano i diritti in materia di lavoro, economia, ambiente e beni culturali.**

L'art. 4 della Costituzione riconosce il diritto al lavoro come un diritto fondamentale dei cittadini, e stabilisce che la Repubblica abbia il compito di promuovere le condizioni affinché tale diritto possa essere effettivamente realizzato. Inoltre, ogni persona ha il dovere di svolgere un'attività o una funzione che contribuisca al progresso materiale o spirituale della società, in base alle proprie possibilità e scelte.

L'art. 46 della Costituzione italiana riconosce il diritto dei lavoratori a collaborare per la gestione delle aziende seguendo le linee proposte dalla legge.

L'art. 37 della Costituzione italiana stabilisce l'importanza dell'uguaglianza di diritti tra il lavoratore e la lavoratrice, sia in termini di retribuzioni che di condizioni di lavoro. Inoltre, viene garantita la tutela della funzione familiare della lavoratrice e la protezione della madre e del bambino.

L'art. 38 della Costituzione italiana sottolinea le garanzie e le tutele per i cittadini inabili al lavoro.

Gli articoli 39, 40, 41, 42, 44, 45 e 47 della Costituzione italiana **riguardano i diritti in materia di economia, lavoro e impresa, nonché la tutela dei diritti dei consumatori.**

L'art. 39 della Costituzione italiana riguarda i sindacati, i quali devono essere registrati e avere un proprio statuto interno.

L'art. 40 della Costituzione italiana parla del diritto allo sciopero.

L'art. 41 della Costituzione italiana garantisce la libertà di iniziativa economica privata, purché essa non sia in contrasto con l'utilità sociale e non rechi danno alla sicurezza, alla libertà e alla dignità umana.

L'art. 42 della Costituzione italiana tutela la proprietà privata o pubblica.

Articolo 44 della costituzione italiana afferma che: al fine di ottenere un utilizzo razionale del suolo e di garantire rapporti sociali equi, la legge impone obblighi e vincoli sulla proprietà terriera privata. Inoltre, sono fissati limiti alla sua estensione in base alle regioni e alle zone agricole, promuovendo e imponendo la bonifica delle terre, la trasformazione del latifondo e la ricostituzione delle unità produttive. La legge sostiene inoltre la piccola e media proprietà.

L'art. 45 della Costituzione italiana afferma che: il ruolo sociale delle cooperazione mutualistica, priva di scopi speculativi, è riconosciuto dalla Repubblica. La legge promuove e ne incoraggia la crescita mediante i mezzi più idonei e controlli adeguati per garantirne il carattere e le finalità. Inoltre, la legge prevede la protezione e lo sviluppo dell'artigianato.

L'art. 47 della Costituzione italiana sancisce il ruolo della Repubblica nella promozione e tutela del risparmio in tutte le sue forme, disciplinando, coordinando e controllando l'esercizio del credito. Inoltre, la Repubblica deve garantire la protezione del patrimonio degli enti pubblici e privati, nonché del risparmio dei cittadini attraverso l'emanazione di norme adeguate.

Gli articoli 48, 49, 50 e 51 della Costituzione italiana **riguardano i diritti elettivi, la rappresentanza politica, il diritto d'asilo e la tutela dell'autonomia delle regioni.**

Il processo di integrazione europeo

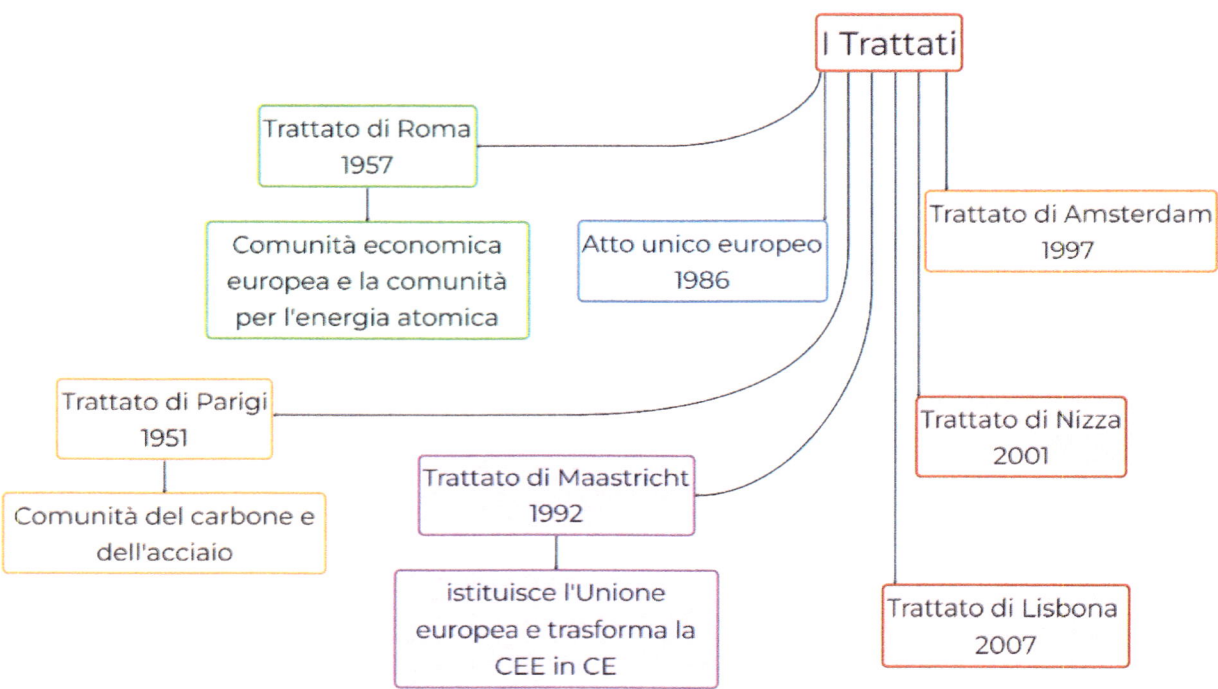

Il processo di integrazione europeo nasce con lo scopo di promuovere la pace e la stabilità in Europa, dopo le devastazioni della Seconda Guerra Mondiale. Il percorso di integrazione è stato caratterizzato da diverse fasi e iniziative, che hanno portato alla creazione dell'Unione Europea.

Trattato di Parigi → trattato che fonda la comunità europea del carbone e dell'acciaio (CECA).

Il Trattato di Parigi del 1951 ha istituito la Comunità europea del carbone e dell'acciaio (CECA), con l'obiettivo di integrare le industrie del carbone e dell'acciaio dei Paesi fondatori. La CECA nasceva allo scopo di creare una comunità economica comune tra Germania, Francia, Italia, Belgio, Paesi Bassi e Lussemburgo.

Trattato sull'Unione Europea

Il Trattato sull'Unione Europea (TUE), firmato nel 1992, ha stabilito i principi fondamentali dell'Unione Europea, tra cui la cittadinanza europea, il principio di sussidiarietà, la cooperazione in materia di giustizia e affari interni e la politica estera e di sicurezza comune (PESC).

Principio di solidarietà

Il principio di solidarietà è alla base del funzionamento dell'Unione Europea. Si tratta dell'obbligo per gli Stati membri di cooperare tra di loro, a sostegno di una politica comune volta a raggiungere gli obiettivi dell'Unione e a tutelare gli interessi dei cittadini europei.

Principio di proporzionalità

Il principio di proporzionalità stabilisce che le azioni intraprese dall'Unione Europea devono essere proporzionate agli obiettivi che si vogliono raggiungere. Ciò significa che le decisioni devono essere effettivamente necessarie e non comportare effetti sproporzionati sulla libertà e sui diritti dei cittadini, o a vantaggio solo di alcuni Stati.

Moneta unica

Il trattato di Maastricht, firmato nel 1992, ha previsto la creazione del Mercato Unico e ha stabilito il percorso per l'introduzione della moneta unica, l'euro. L'euro è stato introdotto nel 2002 e attualmente viene utilizzato da 19 Paesi dell'Unione Europea.

Trattato di Lisbona

Il Trattato di Lisbona, siglato nel 2007 ed entrato in vigore due anni più tardi, ha riformato le istituzioni dell'Unione Europea e ha rafforzato i diritti dei cittadini europei. Rispetto al trattato di Nizza, quest'ultimo va ad abolire quelli che vengono definiti come, i tre pilastri. Inoltre, ha stabilito il principio della flessibilità e della distribuzione delle competenze, questo permette agli Stati membri di cooperare maggiormente in certi settori.

I tre pilastri comprendevano i seguenti ambiti:

Il primo pilastro riguardava la Comunità Europea, oggi Unione Europea, e si occupava delle politiche comunitarie in numerosi campi, tra cui il mercato comune, l'agricoltura, i trasporti e l'ambiente.

Il secondo pilastro riguardava la Politica Estera e di Sicurezza (PESC) ed era finalizzato ad armonizzare e coordinare la politica estera degli Stati membri nell'ambito dell'Unione Europea.

Il terzo pilastro era l'Area di Libertà, Sicurezza e Giustizia (ALSG) e si occupava di questioni relative alla sicurezza dei cittadini europei, come la lotta contro il terrorismo e la criminalità organizzata, la migrazione e la cooperazione giudiziaria.

Con il Trattato di Lisbona, i tre pilastri dell'Unione Europea sono stati soppressi e sostituiti da un'unica base giuridica, consolidando il ruolo dell'Unione Europea nei campi precedentemente disciplinati dai singoli pilastri.

Le istituzioni dell'Unione Europea

Le istituzioni dell'Unione Europea sono le componenti del sistema decisionale dell'UE. Esse agiscono in modo coordinato al fine di definire le politiche dell'Unione e di garantirne l'applicazione nei Paesi membri.

Parlamento Europeo

Il Parlamento Europeo è l'organo legislativo dell'UE ed è composto da 705 membri di cui 76 italiani, eletti direttamente dai cittadini europei ogni cinque anni. Il Parlamento Europeo adotta atti legislativi e di bilancio, svolge attività di controllo sulle altre istituzioni dell'UE e rappresenta i cittadini dell'Unione.

Consiglio Europeo

Il Consiglio Europeo riunisce i capi di Stato o di governo dell'Unione Europea e il Presidente della Commissione europea e definisce le politiche generali e le priorità dell'Unione tramite orientamenti strategici.

Consiglio dell'Unione Europea

Il Consiglio dell'Unione Europea raggruppa i ministri degli Stati membri e adotta atti legislativi, in congiunzione con il Parlamento Europeo. Inoltre, si occupa delle politiche estere e di sicurezza comune e del coordinamento dell'azione degli Stati membri nei vari ambiti di azione dell'Unione.

Commissione Europea

La Commissione Europea è l'organo esecutivo dell'Unione Europea. È composta da un Commissario per ogni Stato che ne fa parte e agisce in modo collegiale. La Commissione ha il compito di proporre leggi e politiche dell'UE, di garantirne l'applicazione e di gestire il bilancio dell'UE.

Corte di Giustizia

La Corte di Giustizia è l'organo giudiziario dell'UE e si occupa di garantire l'applicazione del diritto dell'Unione. La Corte ha il potere di giudicare sulle violazioni del diritto dell'Unione europea e di interpretarlo.

Corte dei conti Europea

La Corte dei conti Europea è l'organo di revisione contabile dell'UE. Essa esamina i conti delle istituzioni dell'Unione e delle organizzazioni da essa finanziate, garantendo il corretto utilizzo dei fondi dell'UE.

Banca Centrale Europea

La Banca Centrale Europea è l'organo che garantisce la stabilità monetaria dell'Unione Europea. Essa agisce per mantenere la stabilità dei prezzi e la solidità finanziaria dell'euro, e ha anche il compito di sostenere la politica economica dell'UE.

Gli organi costituzionali

Organi costituzionali: Parlamento (1) – Governo (2) – Presidente della Repubblica (3) – Corte costituzionale (4)

Gli organi costituzionali sono quegli organismi e istituzioni che, in un ordinamento giuridico basato su una Costituzione, sono previsti e costituiti a garanzia dei diritti fondamentali dei cittadini e del funzionamento equilibrato dei poteri pubblici. Questi organi costituzionali hanno una posizione speciale nell'ordinamento giuridico e sono distinti dagli organi governativi ordinari o dalle altre autorità pubbliche. La loro funzione principale è quella di garantire il rispetto e la salvaguardia dei diritti costituzionali dei cittadini e la regolarità del funzionamento delle istituzioni e del sistema giuridico come un tutto.

Il corpo elettorale e il voto

Il principio del voto è **personale, libero e segreto**, trattasi di uno dei **pilastri fondamentali** delle elezioni libere e democratiche. In particolare:

Personale: **il diritto di voto è strettamente legato all'individuo.** Ciò significa che ogni cittadino maggiorenne ha il diritto di votare in prima persona senza dover subire pressioni o interferenze da parte di altre persone. Non possono votare, quindi, altri individui al posto di un altro cittadino.

Libero: il diritto di voto **deve essere esercitato in modo perfettamente libero e senza alcuna forma di pressione** esterna. Ciò significa che ogni elettore ha la libertà di votare in base alle proprie scelte, preferenze e convinzioni personali. Qualsiasi forma di coercizione, intimidazione o minaccia che impedisca all'elettore di votare liberamente è considerata illegale e punibile.

Segreto: il diritto di voto **deve essere esercitato in modo segreto** per garantire che ogni elettore sia libero di esprimere la propria scelta senza alcuna forma di condizionamento esterno o di ritorsione. L'elettore deve essere protetto dal rischio di subire pressioni, ricatti o altre forme di coercizione che potrebbero compromettere la libera espressione del voto. Per questo motivo, in molti Paesi il voto viene espresso attraverso l'utilizzo di cabine elettorali o altre misure che garantiscano la segretezza del voto e la protezione della privacy dell'elettore.

Votare non costituisce un obbligo ma resta pur sempre un dovere civico del cittadino, chi si astiene dal votare, pertanto, non viene sanzionato.

Il Parlamento

Il Parlamento è un'istituzione fondamentale della democrazia rappresentativa. Generalmente, si tratta di una camera composta da rappresentanti eletti direttamente dal popolo, il cui compito è quello di discutere e approvare leggi e di esercitare la funzione di controllo sul Governo e sull'amministrazione pubblica.

In Italia, il Parlamento è composto da due camere: la Camera dei deputati e il Senato della Repubblica. I membri delle camere sono eletti dal popolo attraverso un sistema proporzionale.

Tra le funzioni e compiti del Parlamento si possono annoverare:

Legislativa: il Parlamento ha la funzione di approvare leggi e regolamenti che riguardano l'insieme della società. In particolare, la Camera dei deputati e il Senato hanno il compito di discutere le proposte di legge presentate dai membri del Parlamento e dal Governo, e di approvarle (ad eccezione di quelle che richiedono l'approvazione referendaria o che riguardano la Costituzione che vanno oltre la competenza delle camere ordinarie). In questo senso, **il Parlamento rappresenta l'espressione della volontà popolare in termini legislativi.**

Controllo sull'esecutivo: il Parlamento ha anche la funzione di controllo sul Governo e sull'amministrazione pubblica, per garantire che operino nel rispetto della legge e dell'interesse pubblico. Questo controllo si attua attraverso la convocazione di ministri e altri funzionari pubblici, la richiesta di documenti, la costituzione di commissioni d'inchiesta, l'approvazione di mozioni di sfiducia e altre forme di controllo previste dalla Costituzione e dalle leggi.

Rappresentanza dei cittadini: il Parlamento rappresenta il popolo elettorale e deve, perciò, **rappresentare gli interessi e le opinioni delle diverse fasce della società**. In tal senso, i membri del Parlamento svolgono un **ruolo di mediazione** tra gli interessi dei cittadini e le politiche dell'esecutivo.

Partecipazione alla vita politica e istituzionale: il Parlamento rappresenta uno dei principali luoghi di discussione e di riflessione sulla vita politica e istituzionale del

Paese. **Le sedute delle camere sono aperte al pubblico** e spesso trasmesse dai media, per favorire un'ampia partecipazione dei cittadini alla vita politica.

Il bicameralismo perfetto

Il bicameralismo perfetto è una forma di organizzazione del Parlamento in cui vi sono due camere legislative, che hanno funzioni e competenze paritetiche e indipendenti. Nel bicameralismo perfetto, entrambe le camere sono elette a suffragio universale e diretto, e le decisioni devono essere prese con la maggioranza dei voti di ciascuna camera.

In Italia, il bicameralismo perfetto è garantito dalla Costituzione, in quanto il Parlamento è composto dalla Camera dei deputati e dal Senato della Repubblica, che hanno poteri paritari e indipendenti.

Le **commissioni** sono organi interni del Parlamento che si occupano di studiare e approfondire specifiche tematiche relative all'attività delle camere, allo scopo di preparare bozze di legge o di formulare idee e proposte da sottoporre al dibattito dell'assemblea. Le commissioni sono presiedute da un membro del Parlamento e sono composte da rappresentanti di tutte le forze politiche presenti al suo interno, con il compito di studiare congiuntamente i dossier sulla base delle competenze dei membri, le cui audizioni e i cui pareri sono indispensabili nella critica e nella valutazione dei progetti di legge.

La **convocazione delle camere**, di regola, è fissata dalla Costituzione italiana nel primo giorno non festivo di febbraio e di ottobre, tuttavia, possono esservi convocazioni straordinarie delle camere, sia in seduta comune che separatamente, qualora siano necessarie per discutere e approvare leggi e regolamenti importanti, o per affrontare emergenze o problemi particolari.

Le deliberazioni parlamentari

Le deliberazioni parlamentari sono quelle decisioni che il Parlamento, tra cui la Camera dei deputati e il Senato, prendono riguardo alle questioni politiche e istituzionali.

Quorum strutturale: Serve ad assicurare il numero minimo di presenti al fine di raggiungere una deliberazione valida. Il quorum strutturale è il requisito minimo previsto dalla Costituzione affinché la seduta e la votazione delle leggi possano essere valide.

Quorum funzionale: Si riferisce invece al numero minimo di voti necessari per fare passare una decisione in aula. Quando la decisione riguarda questioni particolarmente importanti e delicate, quasi sempre richiede un voto in maggioranza assoluta o unanimità, a seconda del tipo di delibera da votare.

Principio di pubblicità e sedute segrete: La Costituzione italiana prevede che le sedute del Parlamento siano pubbliche, a meno che la sicurezza o le esigenze di privacy dei singoli lo richiedano. In casi come questo, il Presidente della Camera o del Senato può decidere di convocare una seduta segreta.

Diritto di astensione: Gli eletti in Parlamento hanno il diritto di astenersi dal voto e ciò non pregiudica la validità delle deliberazione adottata dalla camera in cui siedono. In altre parole, i parlamentari hanno il diritto di non partecipare al voto o di astenersi dal votare su una questione se ritengono che il loro conflitto di interessi o la loro posizione politica non li consenta di partecipare alla votazione in modo imparziale e trasparente.

Legislatura: La legislatura è il periodo di tempo durante il quale i membri del Parlamento eletti esercitano i propri mandati. In Italia, la legislatura dura generalmente cinque anni. Alla scadenza di ogni legislatura, vengono indette nuove elezioni per rinnovare il Parlamento.

Proroga: La proroga della durata di una sessione parlamentare può essere decisa in via eccezionale, per esempio quando il Parlamento non riesce a esaurire l'elenco completo delle questioni da trattare entro la data prevista.

Prorogatio: La prorogatio, invece, è una proroga ordinaria della legislatura decisa dal Parlamento su richiesta del Governo.

Prerogative parlamentari: Le prerogative parlamentari sono i poteri conferiti alle camere del Parlamento per svolgere le loro funzioni di governo. In sintesi, si potrebbero definire come delle garanzie di indipendenza in merito all'operato del parlamento.

Le funzioni

La funzione di indirizzo politico è una delle principali funzioni del Parlamento, che consiste nell'indicazione delle linee guida e dei principi generali della politica del Paese. In pratica, gli eletti nel Parlamento si riuniscono e formulano raccomandazioni al Governo su questioni di interesse nazionale, in modo da guidare l'azione politica ed economica del Paese.

La funzione di controllo del Parlamento, invece, mira a verificare che il Governo e l'amministrazione pubblica agiscano nell'interesse del Paese e nel rispetto della legge. Il Parlamento esercita la funzione di controllo attraverso strumenti come l'interrogazione, l'interpellanza e le inchieste parlamentari.

Interrogazione: L'interrogazione è un atto parlamentare che consente ai membri del Parlamento di formulare domande scritte o orali al Governo, al fine di chiedere contezza o informazioni sulle questioni di pubblico interesse. L'interrogazione può essere presentata sia all'interno che all'esterno del periodo di sessione parlamentare e può essere diretta a uno o più ministri.

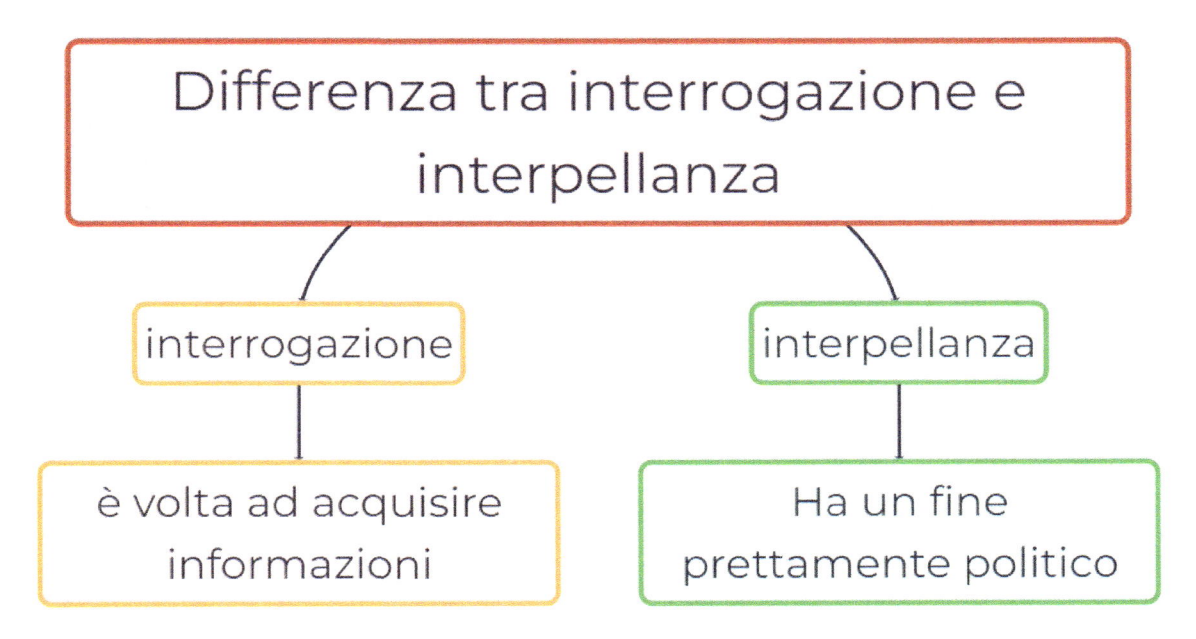

Differenza tra interrogazione e interpellanza

- **interrogazione**: è volta ad acquisire informazioni
- **interpellanza**: Ha un fine prettamente politico

Interpellanza: L'interpellanza parlamentare è uno strumento a disposizione dei parlamentari per rivolgere richieste di informazioni e spiegazioni al governo e ai ministri. In pratica, è una forma di controllo parlamentare sulle attività del governo. Può essere presentata da un singolo parlamentare o da un gruppo di parlamentari ed è rivolta a un ministro o al governo nel suo complesso. Generalmente, l'interpellanza viene presentata per chiedere chiarimenti su una determinata questione o per richiedere l'avvio di nuove politiche in un determinato settore.

L'interpellanza parlamentare può essere scritta o orale. Nel caso della prima, il parlamentare presenta un'interrogazione scritta al governo, alla quale viene data una risposta entro un certo termine. Nel caso dell'interpellanza orale, il parlamentare presenta la sua richiesta direttamente in sessione pubblica, davanti ai ministri o al governo, e riceve una risposta immediata. Ad oggi, rappresenta uno strumento fondamentale per il controllo dell'operato del governo e per garantire la piena trasparenza delle attività politiche. Tramite di essa, i parlamentari possono richiedere chiarimenti e sollecitare l'attivazione di politiche in merito a questioni di grande rilevanza per il paese e per i cittadini.

Inchiesta parlamentare: L'inchiesta parlamentare è un'indagine condotta dalle commissioni parlamentari sulla base di un mandato espresso dall'assemblea. L'inchiesta ha lo scopo di esaminare determinate questioni di interesse pubblico, raccogliendo informazioni, elementi e testimonianze utili. L'inchiesta parlamentare ha poteri di accesso ai documenti e di acquisizione di prove, e può chiedere la convocazione di ministri, funzionari pubblici e di esperti. Al termine dell'inchiesta, la commissione redige una relazione da presentare alla Camera o al Senato, contenente le conclusioni dell'inchiesta.

② Il Governo

Al governo spetta la direzione politica del paese, il potere esecutivo viene esercitato da:

- Il Presidente del Consiglio;
- Il Consiglio dei ministri;
- I Ministri.

La forma in essere in Italia è quella di tipo **Parlamentare**, dove il governo per poter esercitare le sue funzioni deve ottenere la fiducia. La funzione politica è attuata per mezzo di:

- Un programma definito di governo;
- Decreti-legge;
- Esercizio delle funzioni amministrative.

La sua formazione

In Italia, la formazione del governo avviene in seguito alle elezioni politiche, che si svolgono ogni cinque anni.

I passaggi per la formazione del governo sono i seguenti:

Consultazioni del Presidente della Repubblica: Dopo le elezioni, il Presidente della Repubblica avvia le consultazioni con i rappresentanti dei partiti politici e le forze parlamentari per individuare il candidato alla carica di Presidente del Consiglio dei ministri, ovvero il capo del governo italiano.

Nomina del Presidente del Consiglio dei ministri: Il Presidente della Repubblica nomina il candidato alla carica di Presidente del Consiglio dei ministri, che entro dieci giorni deve presentare il programma di governo e l'elenco dei ministri che intende nominare.

Voto di fiducia: Il governo deve poi sottoporsi al voto di fiducia della Camera dei deputati e del Senato della Repubblica. Il voto di fiducia è una procedura prevista dalla Costituzione italiana che permette al governo di verificare se la maggioranza del Parlamento ha fiducia nel suo programma e nelle sue politiche.

Nomina dei ministri: Dopo il voto di fiducia, il Presidente del Consiglio dei ministri nomina i ministri del governo.

Programma di governo: Il governo presenta il proprio programma di governo alla Camera dei deputati e al Senato della Repubblica per essere discusso e votato.

Le funzioni

Il Presidente del Consiglio dei ministri è il capo del governo italiano e ha il compito di disporre l'attività del Consiglio dei ministri e di dirigere l'azione del governo. Tra le sue principali funzioni si trovano: la presentazione del programma di governo alla Camera dei deputati e al Senato, la direzione dei lavori del Consiglio dei ministri, la definizione delle politiche e delle strategie del governo e la rappresentanza dell'Italia nelle relazioni internazionali.

Il Consiglio dei ministri è l'organo principale del governo italiano e ha il compito di definire le politiche del governo e di **coordinare l'operato dei vari ministeri**. Tra le sue funzioni principali si trovano: l'approvazione dei progetti di legge e dei decreti, la definizione delle politiche economiche e fiscali, la gestione delle crisi nazionali, la nomina di importanti cariche pubbliche e la definizione delle politiche estere.

I ministri sono i **membri del governo** incaricati di dirigere i singoli ministeri e di gestire le risorse del Paese per conseguire gli obiettivi stabiliti dal governo. Ogni ministro ha una sfera di competenza specifica, che può riguardare settori come l'economia, la giustizia, la difesa, l'ambiente, le infrastrutture o la cultura. Tra le loro funzioni principali si trovano: la definizione delle politiche di settore, la gestione delle risorse finanziarie e la rappresentanza del proprio ministero in sede di Consiglio dei ministri.

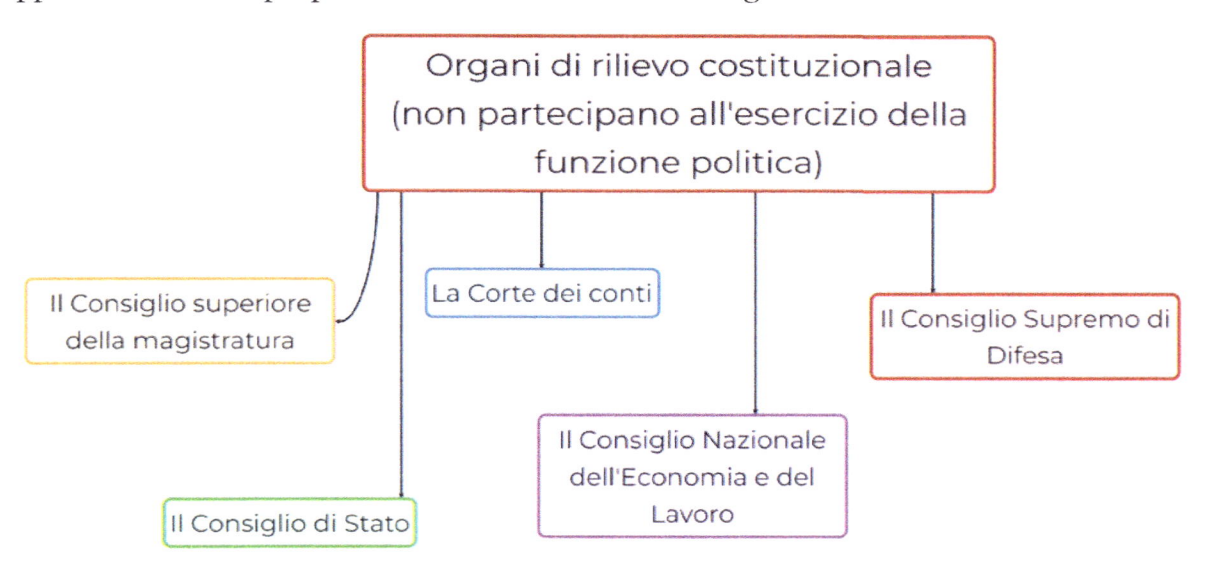

```
                Organi di rilievo costituzionale
                (non partecipano all'esercizio della
                         funzione politica)
                                 |
   ┌─────────────────┬───────────┼──────────────┬─────────────────┐
   │                 │                          │                 │
Il Consiglio    La Corte dei conti      Il Consiglio        Il Consiglio Supremo
superiore della                         Nazionale           di Difesa
magistratura                            dell'Economia e
                                        del Lavoro
   │
Il Consiglio di Stato
```

③ Presidente della Repubblica

Il Presidente della Repubblica è il Capo dello Stato italiano e ha un ruolo chiave nella Costituzione e nella vita politica del Paese.

Requisiti di eleggibilità: Il Presidente della Repubblica deve avere la cittadinanza italiana e un'età minima di 50 anni. Inoltre, deve godere dei diritti civili e politici e non dev'essere stato condannato per reati.

Elezione: Il Presidente della Repubblica è eletto dai membri del Parlamento, congiuntamente alle rappresentanze delle Regioni, in seduta comune, a scrutinio segreto e a maggioranza dei 2/3 dell'assemblea. La maggioranza qualificata è domandata per evitare che il presidente sia legato alla maggioranza politica. Il limite è posto a tre scrutini in modo da evitare votazioni troppo lunghe.

Durata del mandato: Il mandato del Presidente della Repubblica dura sette anni ed è incompatibile con tutte le altre cariche.

Cessazione del mandato: Il mandato del Presidente della Repubblica può cessare in caso di dimissioni, decadenza o morte. La destituzione può essere dichiarata dal Parlamento in caso di violazione della Costituzione o di alto tradimento.

Il ruolo del Presidente della Repubblica nella Costituzione italiana è molto ampio e comprende molte funzioni. In particolare, il Presidente della Repubblica ha il compito di rappresentare l'unità nazionale, di promuovere l'armonia tra gli organi costituzionali e di garantire il rispetto della Costituzione. Inoltre, il Presidente della Repubblica ha il potere di promulgare le leggi, di nominare il Presidente del Consiglio dei ministri, di sciogliere le Camere del Parlamento in determinate circostanze e di concedere la grazia e l'amnistia. In generale, il Presidente della Repubblica ha un ruolo di **garanzia costituzionale e di equilibrio dei poteri**, svolgendo un'attività di mediazione tra le istituzioni e di rappresentanza del Paese a livello nazionale e internazionale.

Gli atti presidenziali si dividono in due categorie: atti presidenziali propri e partecipazione all'esercizio di altri poteri.

Gli atti presidenziali propri comprendono:
- l'invio di messaggi alle Camere;
- la nomina di 5 senatori a vita, del Primo Ministro e di 5 giudici della Corte costituzionale;
- lo scioglimento delle Camere, la convocazione delle Camere, la promulgazione di leggi e regolamenti;
- il conferimento della cittadinanza italiana e delle onorificenze della Repubblica, il ricevimento di rappresentanti diplomatici.

La partecipazione al potere legislativo comprende la convocazione delle elezioni delle Camere, lo scioglimento delle Camere a determinate condizioni, la convocazione straordinaria delle Camere, la promulgazione di leggi e regolamenti.

La partecipazione al potere esecutivo comprende il comando delle Forze armate e dei Consigli militari, la dichiarazione dello stato di guerra deliberata dalle Camere, la nomina di funzionari statali indicati dalla legge, la concessione della grazia o la commutazione delle pene.

La partecipazione al potere giudiziario comprende la presidenza del Consiglio superiore della magistratura e la concessione della grazia o della commutazione delle pene.

Il Presidente non può essere tenuto responsabile per le sue azioni quando svolge le sue funzioni, a meno che non commetta alto tradimento o attentato alla Costituzione. La controfirma serve come strumento di controllo per garantire la legittimità e la responsabilità.

Impedimenti temporanei si verificano nel caso di sospensione, malattia o assenza. L'impedimento permanente si verifica in caso di morte, decadimento, infermità, perdita dei diritti politici.

La Corte costituzionale

La Corte costituzionale è uno dei pilastri dell'ordinamento giuridico di un Paese, essendo il suo compito quello di **garantire il rispetto della Costituzione** e di supervisionare i procedimenti giudiziari. Essa è composta da giudici costituzionali, esperti in materia di diritto costituzionale, i quali sono nominati da differenti autorità (quali il Capo dello Stato o l'Assemblea nazionale, a seconda delle normative vigenti in ogni Paese).

È importante sottolineare che l'autorità che nomina il giudice costituzionale determina anche lo status di quest'ultimo, ovvero il livello di potere e di autorevolezza all'interno della Corte. In alcuni casi, infatti, coloro che dimostrano qualifiche eccezionali e una vasta esperienza nel settore giuridico, possono ricevere maggiori poteri e competenze.

La Corte costituzionale si occupa di prendere decisioni su questioni fondamentali relative alla Costituzione e al rispetto dei diritti fondamentali dei cittadini. In particolare, essa **si pronuncia su questioni costituzionali e su eventuali conflitti tra enti pubblici**, al fine di garantire una equa gestione della giustizia.

La Corte costituzionale si compone di 15 giudici, nominati in questo modo:

-5 dal parlamento in seduta comune

-5 dal presidente della repubblica

-5 dalle supreme magistrature ordinarie e amministrative

Il giudice costituzionale gode di:

-immunità penale

-inamovibilità (la sospensione dev'essere deliberata dalla Corte costituzionale)

-retribuzione (corrispondente a quella del primo presidente della corte di cassazione)

La magistratura

Il potere giudiziario è uno dei poteri fondamentali dello Stato e ha come scopo principale quello di garantire la tutela dei diritti e delle libertà individuali e collettive dei cittadini.

Esso si articola in diverse giurisdizioni che hanno competenze specifiche:

Giurisdizione ordinaria: è il ramo del potere giudiziario che ha il compito di giudicare le controversie tra privati, oppure tra i cittadini e lo Stato o tra le varie pubbliche amministrazioni. Essa è composta da tribunali, corti d'appello e Corte di Cassazione.

Giurisdizioni speciali: sono organi giudiziari creati per risolvere questioni specifiche in alcuni ambiti particolari, come ad esempio la Corte dei conti, il Tribunale per i Minori, la giurisdizione sportiva, solo per citarne alcuni.

Giurisdizione civile: ha la competenza di giudicare sui rapporti privati che riguardano le persone, gli affari di famiglia, i danni, i contratti e così via.

Giurisdizione penale: ha la competenza di giudicare la violazione di leggi penali, ad esempio crimini contro la persona, il patrimonio, l'ambiente e la sicurezza pubblica.

Giurisdizione amministrativa: ha la competenza di giudicare sui contenziosi riguardanti la pubblica amministrazione, come ad esempio le controversie relative ai concorsi pubblici, ai bandi di gara e ai tributi.

Le funzioni del potere giudiziario sono principalmente due:

Controllo della legalità: i giudici hanno la funzione di garantire che la legge sia applicata in maniera corretta e uniforme, tutelando tutti i soggetti coinvolti in un procedimento.

Risoluzione delle controversie: i giudici hanno il compito di risolvere le controversie tra le parti coinvolte, stabilendo quale sia la verità dei fatti e applicando la legge al caso concreto.

Esercitano la giurisdizione ordinaria sia civile che penale:

- il Giudice di Pace;
- il Tribunale;
- il Tribunale per i Minorenni;
- il Tribunale di Sorveglianza;
- la Corte d'Appello;
- la Corte d'Appello per i Minorenni;
- la Corte d'Assise;
- la Corte d'Assise d'Appello;
- la Corte di Cassazione.

La giurisdizione speciale è esercitata da:

- i Tribunali militari;
- i Tribunali amministrativi regionali (TAR);
- le sezioni giurisdizionali del Consiglio di Stato e della Corte dei conti;
- le Commissioni tributarie.

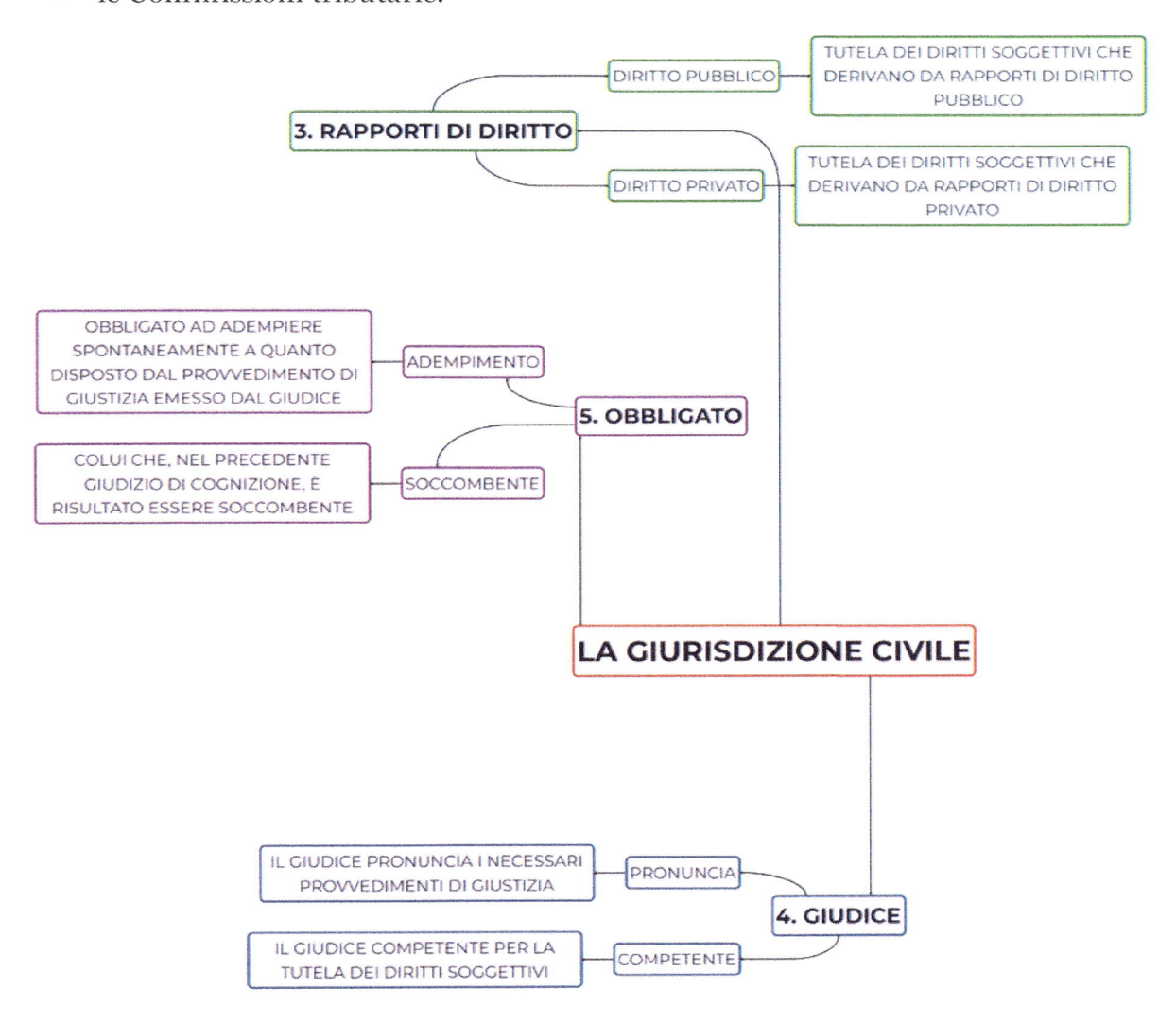

LA GIURISDIZIONE CIVILE

3. RAPPORTI DI DIRITTO
- DIRITTO PUBBLICO → TUTELA DEI DIRITTI SOGGETTIVI CHE DERIVANO DA RAPPORTI DI DIRITTO PUBBLICO
- DIRITTO PRIVATO → TUTELA DEI DIRITTI SOGGETTIVI CHE DERIVANO DA RAPPORTI DI DIRITTO PRIVATO

5. OBBLIGATO
- ADEMPIMENTO → OBBLIGATO AD ADEMPIERE SPONTANEAMENTE A QUANTO DISPOSTO DAL PROVVEDIMENTO DI GIUSTIZIA EMESSO DAL GIUDICE
- SOCCOMBENTE → COLUI CHE, NEL PRECEDENTE GIUDIZIO DI COGNIZIONE, È RISULTATO ESSERE SOCCOMBENTE

4. GIUDICE
- PRONUNCIA → IL GIUDICE PRONUNCIA I NECESSARI PROVVEDIMENTI DI GIUSTIZIA
- COMPETENTE → IL GIUDICE COMPETENTE PER LA TUTELA DEI DIRITTI SOGGETTIVI

LA GIURISDIZIONE CIVILE

2. PROCESSO CIVILE

- **DIRITTO D'AZIONE** — IL DIRITTO DI PROVOCARE L'ESERCIZIO DELLA FUNZIONE GIURISDIZIONALE, ATTRAVERSO LA PROPOSIZIONE DELLA DOMANDA
- **IMPULSO DI PARTE** — IL GIUDIZIO DEVE PROPORRE DOMANDA AL GIUDICE COMPETENTE
- **ATTORE** — COLUI CHE AGISCE
- **CONVENUTO** — CHI RESISTE ALLA DOMANDA
- **PRINCIPIO DELLA DOMANDA** — IL GIUDICE PUÒ PRONUNCIARSI SOLTANTO A SEGUITO DI UNA RICHIESTA DI TUTELA GIURISDIZIONALE

1. TIPI DI ATTIVITÀ

- **GIURISDIZIONE DI COGNIZIONE** — IL GIUDICE CONFERISCE CERTEZZA A UNA SITUAZIONE GIURIDICA CONTROVERSA, AFFERMANDO O NEGANDO L'ESISTENZA DI UN DIRITTO
- **GIURISDIZIONE VOLONTARIA** — IL SUO SCOPO È MODIFICARE O DARE PRATICA ATTUAZIONE A SITUAZIONI GIURIDICHE SOTTRATTE ALLA LIBERA DISPONIBILITÀ DEI PRIVATI
- **GIURISDIZIONE ESECUTIVA** — IL DESTINATARIO DI UNA PRONUNCIA A SÉ FAVOREVOLE PUÒ OTTENERE L'ESECUZIONE COATTIVA DEI PROPRI DIRITTI
- **GIURISDIZIONE CAUTELARE** — IL SUO SCOPO È CONSERVARE IMMUTATA, PER IL TEMPO NECESSARIO A DEFINIRE IL GIUDIZIO, LA SITUAZIONE DI FATTO OGGETTO DELLA CONTROVERSIA

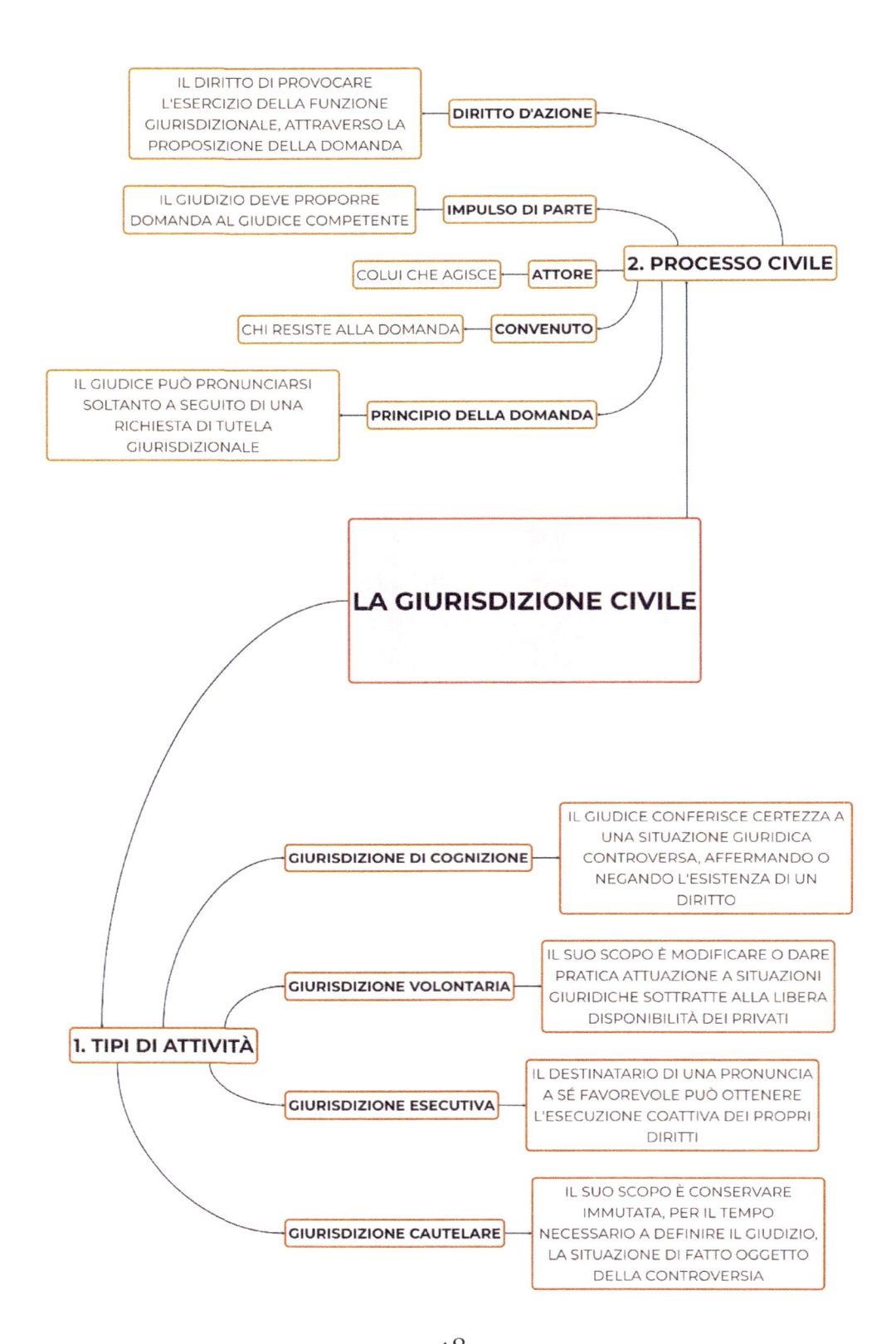

Gli organi ausiliari sono:

- Il consiglio di Stato
- La Corte dei conti;
- Il consiglio Nazionale dell'Economia e del Lavoro
- Il consiglio supremo di difesa

Il Consiglio di Stato è un organo costituzionale italiano che ha il compito di esercitare funzioni consultive e giurisdizionali.

Funzioni consultive: Il Consiglio di Stato è uno degli organi consultivi dello Stato e, come tale, ha il compito di esprimere parere su richiesta del Governo, del Parlamento e degli enti locali, in ordine alla corretta applicazione delle leggi e alla loro interpretazione. In particolare, si occupa di diritto amministrativo, edilizia pubblica, urbanistica, lavoro, conti pubblici, politiche del territorio, ecc.

Funzioni giurisdizionali: Il Consiglio di Stato grazie all'istituzione del TAR, funziona come giudice di secondo grado. Ha il compito di giudicare le controversie che riguardano le funzioni amministrative.

La Corte dei conti è un organo di controllo della gestione finanziaria degli enti pubblici italiani. Essa ha il compito di verificare la regolarità, la gestione economica e finanziaria dello Stato e degli enti locali, la legittimità sugli atti del governo e il rendiconto annuale del governo.

Composizione: La Corte dei conti è composta da membri provenienti dalle professioni giuridiche ed economiche, nominati dal Presidente della Repubblica su proposta del Consiglio superiore della magistratura e del Consiglio di Stato. Essa è guidata dal Presidente della Corte dei conti.

La Corte dei conti ha anche funzioni consultive e giurisdizionali, in quanto può emettere pareri su richiesta del governo, del Parlamento e di altri enti pubblici in riferimento alla gestione finanziaria e contabile dei fondi pubblici. Inoltre, la Corte dei conti è un organo giurisdizionale che ha la competenza di giudicare e sanzionare eventuali irresponsabilità.

Le regioni e lo Stato

L'ordinamento giuridico italiano si basa sul riconoscimento e sulla valorizzazione delle autonomie locali, come stabilito dall'articolo 5 della Costituzione. Questo articolo non solo rafforza l'unità e l'indivisibilità dello Stato, ma prevede anche una devoluzione amministrativa in cui i poteri vengono trasferiti a entità regionali o comunali che operano a livello locale.

Le regioni rappresentano un collegamento essenziale tra le aree periferiche, i territori più piccoli e le strutture centrali dello Stato, offrendo ai cittadini una comunicazione diretta con le istituzioni governative. Grazie a questo modello policentrico, la produzione legislativa può essere decongestionata e le unità decentralizzate possono procedere a un'ulteriore riqualificazione dall'interno.

Ogni regione ha un proprio insieme di regole e poteri, garantiti dalla Costituzione. Le regioni si dividono in due categorie: quelle a **statuto ordinario**, e quelle **autonome**, che hanno uno statuto speciale e una maggiore autonomia.

Cinque di queste regioni autonome sono state create dall'Assemblea costituente: Sicilia e Sardegna nel 1946, Valle d'Aosta nel 1948, Trentino-Alto Adige/Südtirol nel 1963 e Friuli-Venezia Giulia nel 1972.

Tutti i cittadini residenti nella regione ne fanno parte. Le Regioni sono essenziali per amministrare il decentramento, oltre che per identificare e perseguire gli obiettivi della comunità sociale che rappresentano.

Gli organi regionali

Gli organi regionali sono gli organi del governo locale delle regioni e sono costituiti dal **Consiglio regionale e dalla Giunta regionale.**

- **Consiglio regionale: è l'organo legislativo della regione** ed è composto da consiglieri eletti dai cittadini. Tra le funzioni del Consiglio regionale ci sono l'approvazione del bilancio regionale, la definizione delle politiche regionali e l'approvazione delle leggi regionali.

- **Giunta regionale:** è l'organo esecutivo della regione ed è composta dal Presidente della giunta e dagli Assessori, nominati dal Presidente della giunta stessa. Tra le funzioni della Giunta Regionale ci sono la definizione delle politiche regionali, la gestione delle risorse finanziarie, l'elaborazione dei progetti di legge da sottoporre al Consiglio regionale, l'adozione di atti esecutivi e regolamentari, la conduzione delle attività amministrative.

Il Consiglio regionale ha funzione legislativa ed ha il compito di definire le politiche regionali e di approvare le leggi regionali. Inoltre, il Consiglio regionale esercita un controllo sull'operato della Giunta regionale e approva il bilancio della regione.

La Giunta regionale, d'altra parte, è responsabile dell'attuazione delle politiche regionali e applica le leggi e i regolamenti regionali. Inoltre, gestisce le risorse finanziarie della regione e predispone il progetto di bilancio da sottoporre all'approvazione del Consiglio regionale. In generale, gli organi regionali hanno la responsabilità di definire le politiche regionali e di gestire le risorse finanziarie della regione, fornendo servizi ai cittadini, come ad esempio la sanità, l'istruzione, i trasporti e lo sviluppo economico del territorio.

Il presidente della regione

Il Presidente della regione ha una doppia funzione riveste la carica di rappresentante regionale ed è anche presidente della giunta.

Tra le principali funzioni del Presidente della regione ci sono la definizione delle politiche regionali, la gestione delle risorse finanziarie della regione, la nomina degli Assessori, le iniziative per il welfare, lo sviluppo economico del territorio e la rappresentanza istituzionale della propria regione.

Regioni ed enti locali

Le regioni e gli enti locali sono soggetti fondamentali del decentramento amministrativo in Italia. Possono collaborare in vari modi, e ci sono strutture e organismi a livello nazionale che coordinano questi rapporti.

In primo luogo, la disciplina statutaria è il complesso di norme che stabiliscono le relazioni tra lo Stato e le regioni. Il governo centrale e le regioni collaborano in relazione alle politiche, ma le regioni hanno uno spazio di autonomia da esercitare nei limiti previsti dalla Costituzione. Le leggi regionali possono integrare e specificare le leggi dello Stato senza entrarne in contrasto.

Il Consiglio delle autonomie locali (CAL) è un organismo di rappresentanza e di raccordo tra regioni e Stato. Il CAL è composto da rappresentanti degli enti locali e da rappresentanti delle regioni.

La Conferenza stato-regioni e province autonome è stata creata per garantire un dialogo istituzionale tra il governo centrale e le regioni, per porre le basi di una stretta cooperazione nell'ambito delle decisioni amministrative e delle risorse finanziarie disponibili. La Conferenza si occupa infatti di coordinare le politiche sociali, sanitarie, scolastiche e culturali, al fine di garantire un'approfondita convergenza tra Stato e regioni, sulla base di principi di solidarietà e di sussidiarietà.

La Conferenza stato-città e autonomie locali (ASCAL) è un organismo che rappresenta gli interessi dei comuni e delle altre entità locali nei confronti del governo centrale. Il suo obiettivo cardine è quello di assicurare che le questioni riguardanti le competenze locali vengano gestite correttamente. In particolare, la Conferenza monitora e garantisce l'applicazione delle leggi e dei regolamenti che riguardano i comuni e gli altri enti locali.

CENNI DI DIRITTO AMMINISTRATIVO E FUNZIONI DELLA PUBBLICA AMMINISTRAZIONE

Che cos'è la Pubblica Amministrazione?

La Pubblica Amministrazione è l'insieme degli organi e degli enti che svolgono compiti di interesse pubblico in nome e per conto dello Stato, tra cui ministeri, prefetture, comuni, regioni e altri enti pubblici.

Trattasi di uno strumento fondamentale dello Stato perché permette di garantire l'ordine, la sicurezza e il benessere comune, dal momento che ha il compito di svolgere funzioni che sono essenziali per il funzionamento della società.

Il diritto amministrativo è il ramo del diritto che regola l'attività della Pubblica Amministrazione. Esso tratta del complesso delle norme giuridiche che disciplinano l'organizzazione, il funzionamento e i poteri della Pubblica Amministrazione, nonché i rapporti tra la Pubblica Amministrazione e altri soggetti.

Le disposizioni del Codice civile sono valide o applicabili per la Pubblica Amministrazione?

La risposta è sì, infatti, la Pubblica amministrazione è tenuta al rispetto dei contratti/accordi tra soggetti pubblici e privati.

All'interno della Costituzione gli articoli 97 e 98, disciplinano i principi dell'attività nella Pubblica Amministrazione e quella degli impiegati pubblici che vi operano all'interno.

La Pubblica amministrazione è soggetta alle leggi in ottemperanza al principio della legalità e opera seguendo anche quello dell'imparzialità.

I regolamenti: le fonti del diritto

I regolamenti sono una delle fonti del diritto amministrativo. Trattasi di atti adottati dalla Pubblica Amministrazione per disciplinare le proprie attività e organizzazione, per l'attuazione di leggi o per regolare i rapporti giuridici tra la Pubblica Amministrazione e i cittadini.

I regolamenti possono essere classificati in diverse categorie, a seconda della loro applicazione. Tra i principali tipi di regolamenti vi sono:

- i regolamenti statali, inerenti alle materie statali

- i regolamenti regionali, inerenti alle materie regionali
- i regolamenti degli enti locali, volti a disciplinare le varie funzioni

I regolamenti sono emanati sulla base del principio di legalità, che impone alla Pubblica Amministrazione di agire sempre in conformità con le leggi esistenti. Inoltre, i regolamenti devono rispettare i principi generali del diritto amministrativo.

In caso di conflitto tra un regolamento e una legge, quest'ultima ha sempre la precedenza e il regolamento dev'essere adeguato alla normativa superiore. I regolamenti possono anche essere impugnati e annullati dai giudici amministrativi se vengono riscontrati vizi.

Inoltre, in merito alla loro tipologia, si hanno:

- i regolamenti di esecuzione
- i regolamenti di attuazione
- i regolamenti indipendenti
- i regolamenti di organizzazione
- i regolamenti di riordino
- i regolamenti di delegificazione
- i regolamenti di attuazione in materia di direttive europee

Il procedimento di formazione dei primi quattro regolamenti (esecuzione, attuazione, indipendenti, organizzazione) prevede:

1. Il parere del Consiglio di Stato
2. La deliberazione del Consiglio dei ministri e adozione tramite decreto del Presidente della repubblica
3. Prima della loro pubblicazione devono subire una revisione dalla Corte dei conti
4. L'ultimo punto riguarda il fatto che devono recare nel loro titolo la denominazione di "regolamento", così da distinguerli dagli altri atti.

N.b i regolamenti di attuazione in merito alle direttive europee sono deliberati tramite proposta dal Presidente del consiglio o dal ministro degli affari esteri, seguono il procedimento sopra descritto. I regolamenti ministeriali, interministeriali o similari sono adottati con decreti in relazione alle materie di competenza dei vari ministri.

Per quanto riguarda i regolamenti regionali si fa riferimento all'art 117 della costituzione. Le regioni hanno una competenza legislativa nelle materie non esclusive dello Stato o in quelle dove vi è stata fatta una delega. La maggior parte dei regolamenti regionali rientrano negli atti amministrativi, in posizione subordinata alla legge regionale.

Gli statuti regionali hanno queste tipologie di regolamenti:

- Attuativi/integrativi
- Di delegificazione

- Di delega dello Stato

Gli atti amministrativi

Questa tipologia di atti si differenzia in merito al contenuto, che viene espresso in maniera puntuale e motivata, un carattere questo non appartenente agli atti normativi che risultano essere astratti.

Gli atti amministrativi hanno in comune con quelli normativi il principio di generalità ma non quello relativo all'astrattezza. Un esempio è il concorso.

Le ordinanze (disciplina contenente obblighi e divieti), in taluni casi possono avere un carattere di urgenza così da far fronte a determinate situazioni. Le ordinanze sono degli atti amministrativi, atipici e straordinari, la loro efficacia e circoscritta e non possono andare in contrasto con la Costituzione.

La prassi ordinaria della pubblica amministrazione prevede anche gli atti interni e le circolari. Le circolari non possono andare in contrasto con le fonti del diritto o con le norme imperative, la loro inosservanza produce una responsabilità disciplinare.

Le circolari si distinguono in:

- Organizzative
- Interpretative
- Normative
- Informative

L'organizzazione a livello amministrativo

Con il termine **ente** si va a definire una struttura che ha come obiettivo il perseguimento di **scopi collettivi.** Questo trova una più ampia spiegazione nell'articolo 2 della costituzione, dove viene indicata l'esigenza di optare per una forza unitaria quando si vogliono raggiungere dei fini rilevanti per l'interesse pubblico.

Gli enti pubblici si differenziano in uffici e organi. Ogni organo amministrativo possiede dei compiti decisionali e liberativi, questo significa che è titolare di una competenza. Per esercitare tale competenza si avvale di persone e di beni.

Gli elementi principali sono: il titolare, conosciuto come "funzionario" e i poteri che derivano dall'esercizio dell'attività.

Le tipologie di organi sono:

- Monocratici (es, i ministri)
- Collegiali (es, il Consiglio dei ministri)
- Centrali (es, il governo)
- Periferici (es, i comuni)

- Attivi, ovvero che possono prendere decisioni
- Consultivi, ovvero deputati a esprimere un parere
- Di controllo, ovvero deputati a effettuare dei controlli, come, ad esempio, la Corte dei conti.

In merito alla competenza questa può esprimersi:

- Per materia e può essere di tipo esclusivo o concorrente, in quest'ultimo caso sono presenti decisioni da più organi
- Per territorio
- Per grado in relazione alla gerarchia

Nell'esercizio della competenza è possibile trovarsi in queste situazioni:

- Delega, la quale proviene da un altro organo
- L'avocazione, dove l'organo subordinato è tenuto a dare competenza all'organo gerarchicamente superiore
- La sostituzione, simile alla precedente dove però in questo caso si contempla l'ingiustificata inerzia.

Il decentramento amministrativo

Come recita l'articolo 5 della Costituzione è possibile dislocare competenze e attribuzioni tra più soggetti, in particolare verso le articolazioni periferiche per un miglior funzionamento della macchina burocratica. Le forme di decentramento possibili sono tre:

- Burocratico- dove vi è una migrazione di competenze verso gli uffici periferici
- Istituzionale – dove vi è una ripartizione orizzontale delle funzioni amministrative
- Territoriale – dove le competenze sono affidate agli enti presenti su un dato territorio

I rapporti tra i vari enti

Tra i vari rapporti giuridici o relazioni si distingue:

- la strumentalità = ovvero, poteri di ingerenza, indirizzo, direttivi, approvazione e vigilanza
- la vigilanza = ovvero, poteri di ingerenza, indirizzo, direttivi, approvazione e vigilanza (è possibile annullare gli atti amministrativi dove il titolare esercita il proprio potere sull'ente vigilato, ma vi è anche un annullamento straordinario da parte del governo, previa denuncia da parte di un ufficio oppure concernente il parere di un altro ente.
- Tutela, dove si applicano i controlli di merito
- La direzione con rapporti di indirizzo
- L'avvalimento avviene quando un ente usufruisce degli uffici di un altro ente

- La sostituzione, quando un ente applica i diritti che detiene su un altro ente
- La delega delle funzioni, opera in ragione del principio di sussidiarietà tra Stato e regioni
- Le federazioni, forme associative con finalità di coordinamento
- I consorzi, strutture che perseguono un obiettivo comune

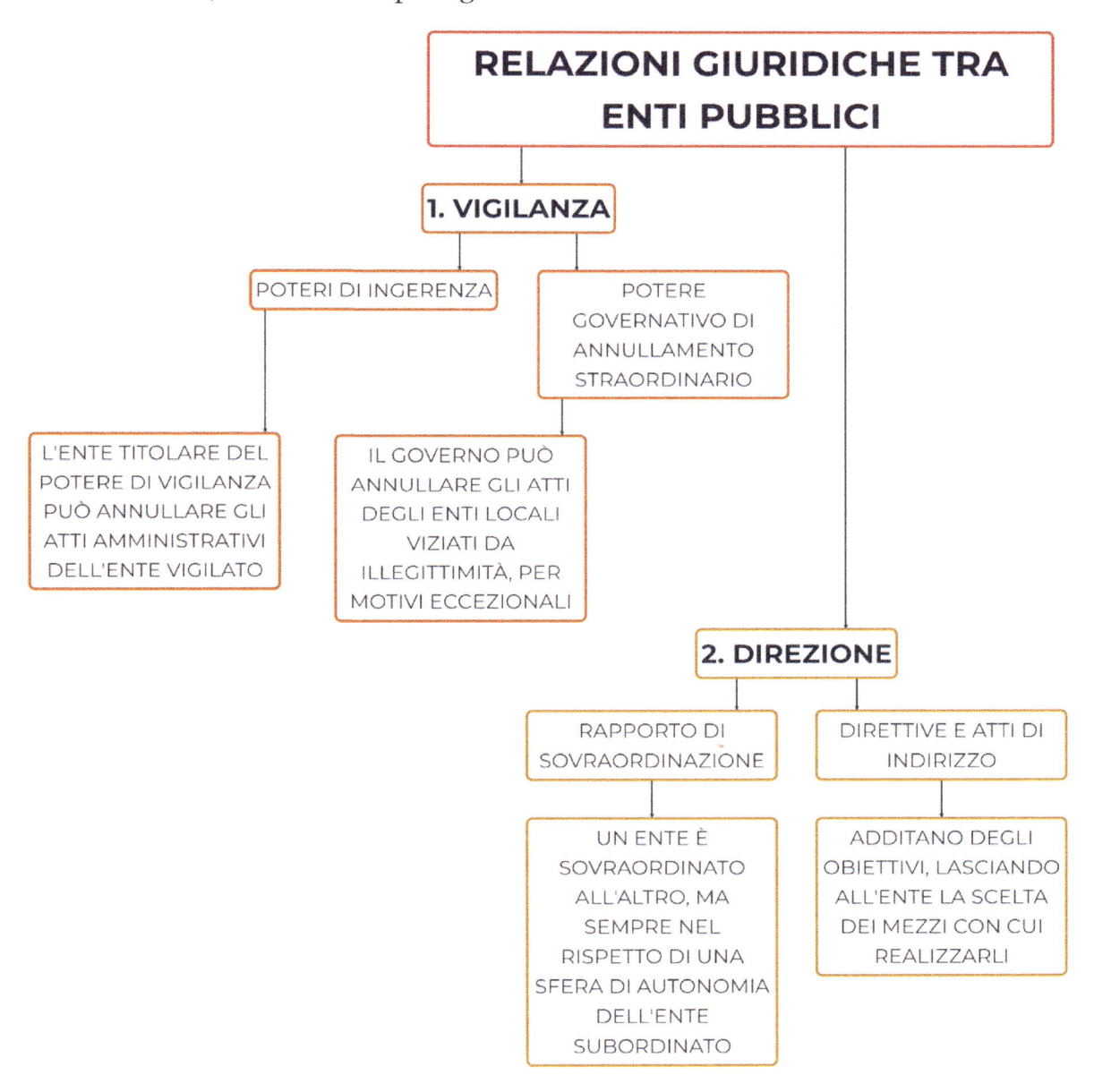

RELAZIONI GIURIDICHE TRA ENTI PUBBLICI

1. VIGILANZA

POTERI DI INGERENZA
L'ENTE TITOLARE DEL POTERE DI VIGILANZA PUÒ ANNULLARE GLI ATTI AMMINISTRATIVI DELL'ENTE VIGILATO

POTERE GOVERNATIVO DI ANNULLAMENTO STRAORDINARIO
IL GOVERNO PUÒ ANNULLARE GLI ATTI DEGLI ENTI LOCALI VIZIATI DA ILLEGITTIMITÀ, PER MOTIVI ECCEZIONALI

2. DIREZIONE

RAPPORTO DI SOVRAORDINAZIONE
UN ENTE È SOVRAORDINATO ALL'ALTRO, MA SEMPRE NEL RISPETTO DI UNA SFERA DI AUTONOMIA DELL'ENTE SUBORDINATO

DIRETTIVE E ATTI DI INDIRIZZO
ADDITANO DEGLI OBIETTIVI, LASCIANDO ALL'ENTE LA SCELTA DEI MEZZI CON CUI REALIZZARLI

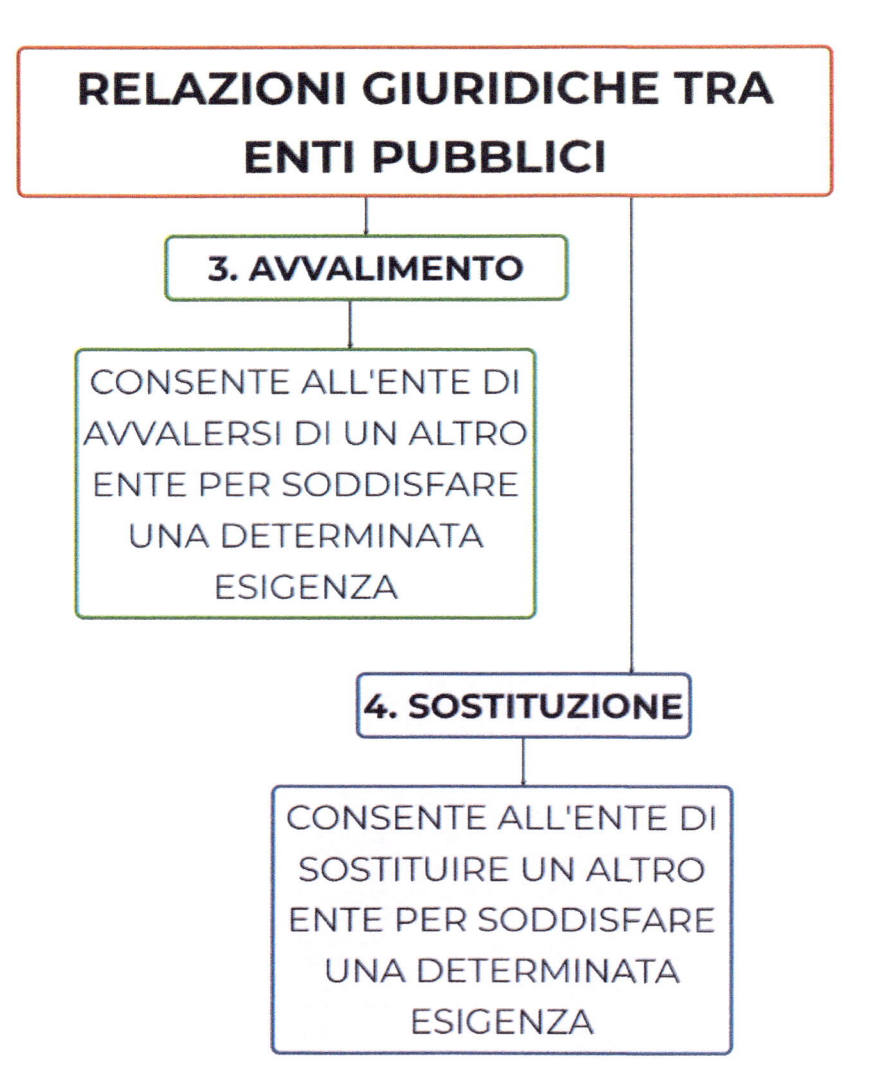

```
┌─────────────────────────┐
│ RELAZIONI GIURIDICHE TRA│
│      ENTI PUBBLICI      │
└─────────────────────────┘
         │
    ┌─────────────┐
    │ 3. AVVALIMENTO │
    └─────────────┘
         │
    ┌─────────────────────┐
    │ CONSENTE ALL'ENTE DI│
    │ AVVALERSI DI UN ALTRO│
    │ ENTE PER SODDISFARE │
    │ UNA DETERMINATA     │
    │ ESIGENZA            │
    └─────────────────────┘

    ┌─────────────┐
    │ 4. SOSTITUZIONE │
    └─────────────┘
         │
    ┌─────────────────────┐
    │ CONSENTE ALL'ENTE DI│
    │ SOSTITUIRE UN ALTRO │
    │ ENTE PER SODDISFARE │
    │ UNA DETERMINATA     │
    │ ESIGENZA            │
    └─────────────────────┘
```

I vari atti e provvedimenti amministrativi

L'atto **consiste in una manifestazione di volontà, di giudizio o di conoscenza** che la pubblica amministrazione utilizza nell'esercizio delle sue funzioni.

Gli atti si distinguono in amministrazione attiva, consultiva e di controllo.

Amministrazione **attiva** = significa che influisce nell'ambito giuridico delle altre persone

Amministrazione **consultiva** = riguarda le consultazioni contenenti elementi di giudizio

Amministrazione di **controllo** = riguarda il controllo di legittimità o di merito

Il provvedimento amministrativo comprende queste caratteristiche:

- Atto atipico = ovvero, previsto
- Atto nominativo = a cui segue un provvedimento amministrativo
- Atto autoritativo = viene fatto anche con la volontà contraria di chi lo riceve
- Atto unilaterale = è basato sulla sola volontà della pubblica amministrazione
- Atto esecutorio = può essere eseguito nell'immediato

I provvedimenti possono essere di natura ampliativa, quando danno delle concessioni, o restrittiva quando tolgono.

Quali sono gli elementi essenziali che un atto deve includere?

1. Il soggetto
2. La volontà
3. L'oggetto
4. La causa
5. La forma

Tra questi menzionati vi sono anche **degli elementi accidentali** (se inseriti ne divengono parte integrante, se mancanti si deve considerare l'atto comunque valido)

1. Il termine
2. La condizione
3. L'onere
4. Le riserve

Il provvedimento viene redatto seguendo una struttura formale dove si evince; l'intestazione, il preambolo, la motivazione, il dispositivo. A cui si aggiunge la data e il luogo. Il contenuto può essere:

- Naturale, ovvero indica la natura dell'atto
- Implicito, inerente a delle disposizioni di legge
- Eventuale, dove vengono menzionate ipotesi o aggiunte

La motivazione disciplinata dall'art. 3 della legge 241/1990, è importante perché con essa si vanno a precisare, i presupposti di fatto e le ragioni giuridiche a sostegno. Un atto privo di motivazione è da considerarsi viziato.

Un atto è efficace in quanto produce degli effetti in chi lo riceve, in base a questo si distinguono gli atti costitutivi, dove in sostanza si modifica o si crea, e gli atti dichiarativi, dove vi è un puro accertamento, senza che vi sia un'influenza.

In merito all'autorizzazione vi sono delle figure affini che comprendono:

- L'abilitazione, come nel caso della patente di guida

- L'approvazione, si configura come un atto di controllo
- La registrazione, ovvero un'autorizzazione vincolata
- La dispensa, similare a un atto di delega
- Il nulla osta

La SCIA

La SCIA- Segnalazione Certificata di Inizio Attività è un'autocertificazione necessaria alle imprese per iniziare, modificare o cessare un'attività produttiva. Per presentare la SCIA è necessario possedere tutti i requisiti soggettivi e oggettivi richiesti. Inoltre, deve essere presentata per via telematica tramite un intermediario abilitato o direttamente di persona.

I costi associati alla presentazione della SCIA variano a seconda dell'attività scelta. Dopo la presentazione della SCIA, questa viene sottoposta ad istruttoria da parte del SUAP e degli altri Enti e Uffici della PA competenti entro 60 giorni; se vengono riscontrate anomalie, assenza di requisiti o carenza di documentazione, viene inviata una richiesta di integrazione.

La presentazione della SCIA comporta alcuni costi da sostenere. Ogni comune ha un proprio regolamento riguardante la tassazione delle SCIA; pertanto, i costi potrebbero variare in base alla zona in cui si vuole svolgere l'attività. In generale, i costi associati alla presentazione della SCIA sono legati alla tipologia di attività che si vuole svolgere, alla superficie dell'immobile ove si vuole avviarla e al numero dei dipendenti. In caso di mancato rispetto dei requisiti necessari, l'ufficio può negare l'autorizzazione all'avvio dell'attività.

La concessione e i provvedimenti ablatori

La **concessione** si configura come un atto ampliativo, dove non si va solo a togliere un limite ma si integra la posizione grazie a nuove funzionalità. Nello specifico vi sono le concessioni traslative, dove viene trasferita una titolarità, le concessioni costitutive, dove al privato viene concesso un diritto che non trova corrispondenza in altri diritti, come ad esempio le onorificenze.

I **provvedimenti ablatori** vanno a incidere in modo sfavorevole nella vita di un soggetto privato, i provvedimenti personali possono riguardare il sacrificio di un diritto di godimento personale, come, ad esempio il divieto di accesso in una strada pubblica. Poi vi sono quelli obbligatori, come, ad esempio un'imposizione tributaria su un soggetto specifico.

Le patologie degli atti

Gli atti che rientrano in questa specifica possono presentare:

- L'imperfezione (es, procedura lasciata a metà)

- L'irregolarità (dove vi sono dei difetti marginali che non vanno a inficiare sulla validità)
- L'inefficacia (dove l'atto non produce nessun effetto perché non ha ancora passato i controlli necessari)
- L'invalidità configurabile con la nullità dell'atto stesso, in questo caso può essere considerato nullo, oppure annullabile.

L'atto viene **considerato in regime di nullità** quando vi è una mancanza di elementi, vi è un difetto, vi è una violazione, o sono presenti altri fattori di nullità previsti dalla legge (definita anche come nullità testuale).

In merito ai **vizi di legittimità** quest'ultima può presentarsi come: parziale (che interessa una sola parte del provvedimento), originaria (in origine dell'atto), derivata (quando risulta non valido un altro atto posto come presupposto).

l'atto può essere annullato per **eccesso di potere**, in questo caso occorre che, l'atto sia di natura discrezionale, vi sia un fine differente da quello previsto dalla legge, si possa provare l'eccesso di potere.

L'espropriazione dei beni pubblici

BENI PUBBLICI: CARATTERISTICHE E REGOLE

1. BENI DEMANIALI

- **INALIENABILI**
  - NON POSSONO ESSERE TRASFERITI AD ALTRI SOGGETTI

- **NON TOLLERANO LA COSTITUZIONE DI DIRITTI A FAVORE DI TERZI**
  - RESTA PRECLUSA L'USUCAPIONE QUALE MODO D'ACQUISTO DI DIRITTI REALI E IN GENERALE L'APPLICAZIONE DELLA DISCIPLINA PRIVATISTICA DELLA PROPRIETÀ

- **NON POSSONO ESSERE ESPROPRIATI**
  - POSSONO FORMARE OGGETTO DI DIRITTI A FAVORE DI TERZI SOLTANTO NEI MODI E NEI LIMITI STABILITI DALLE LEGGI CHE LI RIGUARDANO

- **POSSONO ESSERE TRASFERITI AD ALTRO ENTE TERRITORIALE, SEMPRE CHE NON SIANO INDISSOLUBILMENTE LEGATI AL TERRITORIO DELL'ENTE CUI APPARTENGONO E PURCHÉ PERMANGA LA LORO DESTINAZIONE PUBBLICA**

2. BENI PATRIMONIALI INDISPONIBILI

- **INCOMMERCIABILI**
  - ALCUNI IN SENSO ASSOLUTO IN QUANTO RISERVATI, ALTRI SOLO IN QUANTO PERDURI LA DESTINAZIONE PUBBLICA, ALTRI BENI ANCORA POSSONO ESSERE ALIENATI SOLO PREVIO PERMESSO AMMINISTRATIVO

- **POSSONO FORMARE OGGETTO DI DIRITTI PARZIARI A FAVORE DI TERZI PURCHÉ COMPATIBILI CON LA DESTINAZIONE E LE PRESCRIZIONI DI LEGGE**

- **SUSCETTIBILI DI ESPROPRIAZIONE PER IL PERSEGUIMENTO DI UN INTERESSE SUPERIORE RISPETTO A QUELLO SODDISFATTO CON L'ORIGINARIA DESTINAZIONE**

BENI PUBBLICI: CARATTERISTICHE E REGOLE

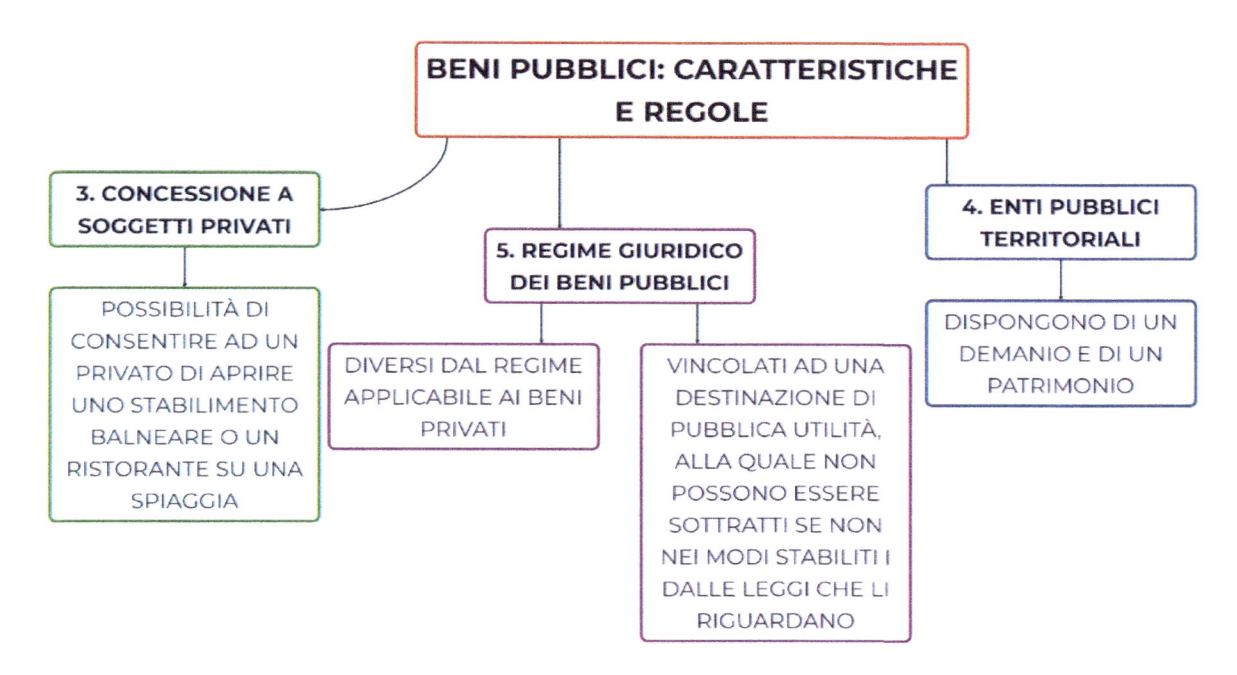

3. CONCESSIONE A SOGGETTI PRIVATI
- POSSIBILITÀ DI CONSENTIRE AD UN PRIVATO DI APRIRE UNO STABILIMENTO BALNEARE O UN RISTORANTE SU UNA SPIAGGIA

5. REGIME GIURIDICO DEI BENI PUBBLICI
- DIVERSI DAL REGIME APPLICABILE AI BENI PRIVATI
- VINCOLATI AD UNA DESTINAZIONE DI PUBBLICA UTILITÀ, ALLA QUALE NON POSSONO ESSERE SOTTRATTI SE NON NEI MODI STABILITI DALLE LEGGI CHE LI RIGUARDANO

4. ENTI PUBBLICI TERRITORIALI
- DISPONGONO DI UN DEMANIO E DI UN PATRIMONIO

I privati possono utilizzare il bene o i beni pubblici in modo diretto (es. il demanio militare) o promiscuo (es. le strade militari, dove vi circolano anche altri veicoli).

L'uso generale, si contrappone a quello diretto, un esempio ne sono i pedaggi delle autostrade. L'uso particolare riguarda dei soggetti specifici che hanno ottenuto una concessione sul bene.

I beni privati possono essere acquisiti in modo coatto dalla pubblica amministrazione, attraverso la procedura della pubblica espropriazione per utilità. Questo provvedimento garantisce un indennizzo al legittimo proprietario del bene. I soggetti inclusi in questa disciplina sono:

- L'espropriato
- L'autorità predisposta a espropriare
- Il beneficiario dell'operazione
- Il promotore dell'espropriazione

Nella disciplina dell'espropriazione prevale sempre l'interesse pubblico su quello privato, è possibile che si verifichi anche il caso di una cessione volontaria, la quale si qualifica come un contratto di diritto pubblico.

L'occupazione legittima consente all'autorità espropriante di occupare il bene, in modo da utilizzarlo secondo le finalità pubbliche.

L'occupazione senza titolo si verifica quando un soggetto senza titolo o con un titolo nullo o annullabile occupa un immobile altrui. In sostanza, tre sono i casi in cui si parla di occupazione senza titolo: quello in cui un terzo occupi e disponga dell'immobile senza che sia mai stato stipulato un contratto, quello in cui terzo e proprietario dell'immobile abbiano stipulato un contratto legittimamente la detenzione del bene ma il contratto stesso sia stato annullato o risulti invalido e infine quello in cui il terzo occupi l'immobile in virtù di un contratto che non è stato mai stipulato con il proprietario.

Il **procedimento espropriativo semplificato** viene adottato quando si verificano i giusti presupposti, ad esempio, quando la pubblica amministrazione occupa un bene senza che disponga di un titolo. La questione può essere risolta per mezzo di un atto dove si dichiara la pubblica utilità, indennizzando il proprietario dell'immobile.

Le requisizioni vanno ad operare sul diritto di proprietà del detentore del bene; infatti, segue tale azione un soddisfacimento immediato in virtù dell'interesse pubblico, dove viene corrisposta sempre un'indennità.

I controlli

Con il termine controllo ci si riferisce alla verifica della regolarità di un atto. I controlli possono essere:

- Interni = eseguiti da un organo interno
- Esterni = eseguiti da un organo esterno
- Di vigilanza = per la verifica della conformità
- Di tutela = quando riguarda il merito
- Di efficienza = quando vi è la comparazione
- Di efficacia = in relazione dei fini

I controlli sugli atti sono:

- Preventivi
- Successivi
- Quando vi è il riesame

Dagli anni Novanta in avanti si è cercato di cambiare la cultura insita in certi ambienti, passando da una cultura dell'adempimento a una della valutazione. Il concetto della valutazione e del merito ha prodotto una maggiore responsabilità. Tra le tipologie di controllo il Decreto legislativo 286/1999 racchiude quattro tipologie di controllo orientate allo sviluppo di attitudini collaborative. Nello specifico si distinguono:

- I controlli di regolarità contabile e amministrativa = comprendono verifiche di regolarità, legittimità e correttezza
- I controlli di gestione = comprendono le verifiche dell'efficacia, dell'economicità e dell'efficienza
- Le valutazioni della dirigenza = hanno l'obiettivo di migliorare il servizio e le prestazioni del personale

- I controlli strategici = sono volti a un analisi preventiva o successiva in relazione agli obiettivi intrapresi

Gli illeciti nella pubblica amministrazione

La responsabilità nella pubblica amministrazione fa a capo alla disciplina del diritto privato. In particolare, si ha:

- la condotta che produce un fatto illecito
- la colpevolezza dell'agente per dolo o colpa
- il nesso tra la condotta e il danno
- il danno in sé, senza il danno non vi è responsabilità civile, per essere ingiusto non vi devono essere cause giustificative. Il danno può essere patrimoniale, non patrimoniale, biologico, morale, esistenziale

Altre responsabilità della pubblica amministrazione

La responsabilità per atto illecito = presupponendo che la pubblica amministrazione abbia agito per il bene comune e non con una consapevole volontà di arrecare un danno, si dà luogo alla possibilità per la parte danneggiata di ricevere un indennizzo derivante da una lesione senza colpa.

Il danno causato da un ritardo, il quale dà luogo a un risarcimento.

Il danno da disturbo, si caratterizza per la lesione di un interesse legittimo di tipo oppositivo. Per dare luogo a un risarcimento è richiesto che la pubblica amministrazione abbia agito violando delle norme, e che vi sia un nesso di casualità insito nel comportamento.

La tutela

La tutela in merito ai diritti e agli interessi dei cittadini è disciplinata da una doppia giurisdizione ordinaria e amministrativa. I **ricorsi amministrativi** sono istanze che il diretto interessato può presentare all'autorità amministrativa, si distinguono:

- il ricorso gerarchico
- il ricorso in opposizione
- il ricorso del capo dello Stato

Il ricorso viene definito ordinario quando trattasi di provvedimenti non definitivi, il ricorso straordinario rivolto al Presidente della Repubblica, comporta una tutela inerente agli atti definiti. Un atto è definitivo quando vi è stato il rigetto del ricorso gerarchico, quelli definitivi sono quelli adottati dalla pubblica amministrazione in tutti i provvedimenti di carattere urgente (es. le espropriazioni). Il ricorso al Presidente della Repubblica deve avvenire entro 120 giorni. Il procedimento oggetto del ricorso può cessare per; rinuncia, carenza di interesse o per le ragioni che hanno condotto all'impugnazione dell'atto in particolar modo quando vengono meno.

I principi generali

La pubblica amministrazione è l'insieme delle organizzazioni che rappresentano lo Stato e svolgono funzioni pubbliche. È tenuta a rispettare alcuni principi fondamentali, tra cui quello di buon andamento e imparzialità.

Il principio di buon andamento implica che l'azione della pubblica amministrazione deve essere volta al perseguimento dell'interesse pubblico, garantendo l'efficienza, l'efficacia e l'economicità delle sue attività. Inoltre, la pubblica amministrazione deve rispettare il principio di imparzialità, che significa agire in modo equo e neutrale nei confronti di tutti i cittadini, senza alcuna discriminazione.

Inoltre, la pubblica amministrazione deve seguire alcuni principi come il principio di ragionevolezza, che richiede che le decisioni adottate siano basate su una valutazione della situazione complessiva e che siano proporzionate agli obiettivi perseguiti. Il principio di sussidiarietà richiede che le funzioni pubbliche siano svolte, ove possibile, dalle autorità locali o regionali anziché dallo Stato centrale.

Il principio di pubblicità e trasparenza è fondamentale nella pubblica amministrazione perché essa deve rendere noto al pubblico l'attività svolta e le decisioni adottate. La trasparenza è un requisito essenziale per garantire il controllo democratico sulla pubblica amministrazione e per la partecipazione dei cittadini alla vita amministrativa.

Il principio di collaborazione e buona fede richiede che la pubblica amministrazione collabori con i cittadini e le altre autorità pubbliche per garantire il raggiungimento dell'interesse pubblico. Inoltre, deve agire in buona fede nell'esercizio delle sue funzioni e nell'interesse pubblico.

Infine, il principio di responsabilità obbliga la pubblica amministrazione a rispondere dei suoi atti, esercitando il controllo su se stessa e rendendosi responsabile dei suoi errori o incapacità. La trasparenza e la pubblicità sono essenziali per garantire che tutti gli atti compiuti dalla pubblica amministrazione siano soggetti a verifica da parte dei cittadini e delle altre autorità pubbliche.

I certificati

Per comprendere la nozione di certificato, bisogna innanzi tutto specificare che si tratta di un documento il cui scopo è attestare o dimostrare la veridicità di un dato o di un fatto rilevante. Essi sono rilasciati da enti terzi, allo scopo di garantire l'autenticità e la conformità di un'informazione. Tra le tipologie abbiamo quelli propri e quelli impropri, i primi si definiscono in questo modo perché nella loro natura riportano certezze e dati facilmente consultabili. Nei secondi l'oggetto del certificato coincide con quanto viene accertato, per fare un esempio ne sono prova i certificati medici. Per quanto concerne la validità, quelli non soggetti a modificazioni hanno una validità illimitata, quelli soggetti a modificazioni hanno una validità di sei mesi.

Le autocertificazioni

Le autocertificazioni sono documenti in cui una persona attesta la veridicità di una propria affermazione, senza dover ricorrere ad attestazioni di terzi o a documenti che comprovino quanto dichiarato. Questi documenti sono riconosciuti dalla legge italiana e vengono utilizzati in diverse situazioni, ad esempio in occasione di richieste di prestazioni previdenziali, assistenziali e di lavoro.

La dichiarazione sostitutiva di certificazione, invece, è un documento attraverso il quale una persona attesta di avere una particolare qualità o condizione, senza dover produrre certificati di terzi o documentazione comprovante. Ad esempio, è possibile richiedere l'emissione di una dichiarazione sostitutiva di certificazione per attestare di non essere stati sanzionati per violazione del codice della strada, in occasione di una richiesta di rilascio della patente di guida.

Infine, la dichiarazione sostitutiva di atti di notorietà è un documento attraverso il quale una persona attesta la verità di un fatto che è di dominio pubblico o che comunque è noto a tutti. Ad esempio, può essere utilizzata per attestare la data di nascita di una persona, se quest'ultima risulta essere nota a tutti o è facilmente verificabile.

Le autocertificazioni e le dichiarazioni sostitutive sono documenti molto utili, in quanto semplificano le procedure burocratiche e riducono i tempi di attesa per il rilascio di determinati documenti. Tuttavia, è importante che chi si avvale di queste dichiarazioni sostitutive conosca bene le regole e le conseguenze di eventuali dichiarazioni non veritiere, in quanto tale comportamento può essere punito dalla legge attraverso l'imposizione di sanzioni amministrative, civili e penali.

L'autentica di copie

L'autentica di copie è un procedimento che attesta la conformità e la veridicità di una copia di un documento rispetto all'originale. In altre parole, si tratta di un atto ufficiale redatto da un pubblico ufficiale, ad esempio un notaio o un impiegato comunale, che dichiara la validità della copia di un documento originale.

La procedura di autenticazione può essere richiesta per diverse finalità, come ad esempio per la presentazione di documenti a un ente pubblico o a un tribunale, per la stipula di un contratto o per la richiesta di un finanziamento. In questi casi, la presentazione di una copia autenticata del documento richiesto costituisce una prova legale dell'esistenza e della validità dell'originale.

Nel processo di autenticazione di copie, il pubblico ufficiale ha il compito di verificare che la copia sia effettivamente corrispondente all'originale e di apporre una marca di autenticazione sul documento. Questa marca attesta la validità della copia e la rende ufficiale e valida ai fini richiesti.

Va sottolineato che la procedura di autenticazione ha un costo e che non tutti i documenti possono essere autenticati, ad esempio nel caso in cui la copia sia stata prodotta da un privato e non da un ufficio pubblico. Inoltre, la copia autenticata non può sostituire l'originale del documento, ma soltanto attestarne la conformità.

Il quadro normativo della digitalizzazione
Tutte le disposizioni in materia di digitale sono racchiuse nel CAD inerente al Decreto legislativo 82 del 2005, tale codice è stato poi modificato nel 2016 e nel 2017 dai decreti legislativi 179 e 217. Fra gli aspetti più rilevanti vi sono:

- il domicilio digitale espresso in un indirizzo elettronico
- una normativa in merito all'invio di documenti tra le amministrazioni e i privati
- la creazione di un indice di riferimento per gli indirizzi digitali (INI-PEC)
- un utilizzo crescente dei canali telematici

Il codice prevede dei nuovi diritti per i cittadini, come, ad esempio:

- il diritto all'uso delle tecnologie
- il diritto ad avere un domicilio digitale
- il diritto a pagare con delle modalità informatiche
- il diritto a dei sevizi on line
- il diritto alla partecipazione democratica elettronica

Tutti questi diritti concorrono a delineare una carta di cittadinanza digitale, l'accesso fisico agli uffici si è potuto ridurre anche grazie allo spid e al sistema pubblico di connettività, denominato SPC.

Il responsabile della transizione digitale
Il Responsabile per la Transizione al Digitale (RTD) è una figura fondamentale all'interno della Pubblica Amministrazione, il cui ruolo consiste nel garantire la trasformazione digitale dell'ente attraverso un coordinamento rigoroso e un'efficace gestione delle risorse.

In particolare, il RTD si occupa di sviluppare e implementare servizi pubblici digitali, al fine di semplificare e rendere più efficace il rapporto tra cittadini e amministrazione. Questo compito richiede un costante aggiornamento e un'attenzione costante agli ultimi sviluppi tecnologici, per offrire soluzioni innovative e coerenti con le esigenze del contesto.

La piattaforma ReTeDigitale, gestita da AgID, rappresenta uno strumento prezioso per favorire la condivisione di informazioni e strumenti di lavoro tra i RTD e i loro collaboratori, agevolando così il processo di semplificazione e digitalizzazione a livello amministrativo. Inoltre, su questa piattaforma è prevista la figura del **difensore civico digitale**, (art. 82/2005), i cittadini, pertanto, possono presentare segnalazioni o presunte violazioni commesse nell'ambito digitale.

Le segnalazioni vengono prese in carico dal difensore , il quale invita la parte responsabile della violazione a porvi rimedio entro trenta giorni.

Attraverso la piattaforma, i Responsabili per la Transizione al Digitale possono accedere a una vasta gamma di risorse e aggiornamenti riguardanti le ultime novità tecnologiche e le migliori pratiche da adottare in materia di digitalizzazione della Pubblica Amministrazione. In questo modo, è possibile collaborare attivamente per garantire una trasformazione digitale efficace e sostenibile per il futuro della Pubblica Amministrazione.

Il responsabile della transizione digitale risponde in via diretta all'organo di vertice politico o a quello amministrativo dell'ente quando il primo è assente.

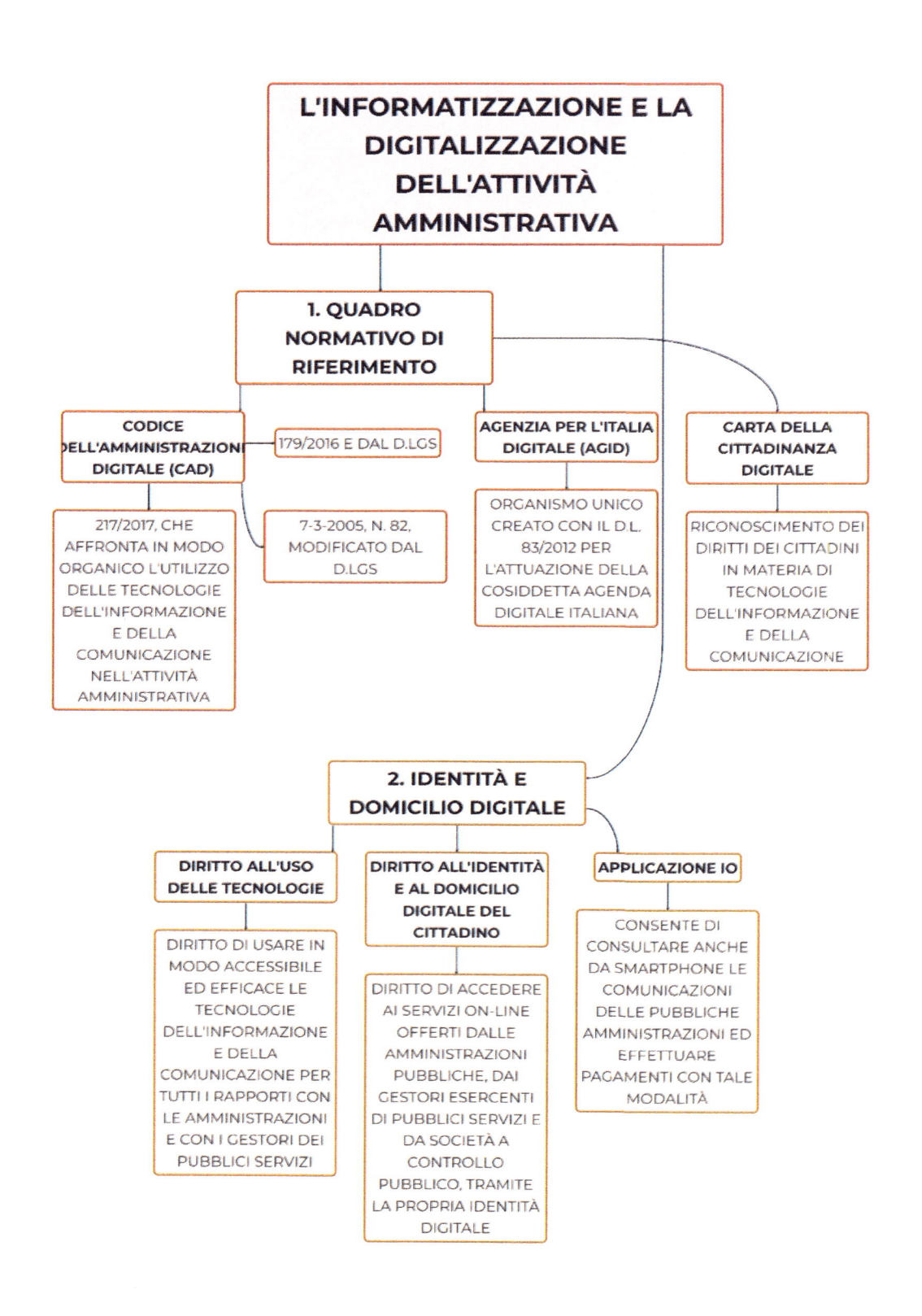

L'INFORMATIZZAZIONE E LA DIGITALIZZAZIONE DELL'ATTIVITÀ AMMINISTRATIVA

1. QUADRO NORMATIVO DI RIFERIMENTO

CODICE DELL'AMMINISTRAZIONE DIGITALE (CAD)

7-3-2005, N. 82, MODIFICATO DAL D.LGS 179/2016 E DAL D.LGS 217/2017, CHE AFFRONTA IN MODO ORGANICO L'UTILIZZO DELLE TECNOLOGIE DELL'INFORMAZIONE E DELLA COMUNICAZIONE NELL'ATTIVITÀ AMMINISTRATIVA

AGENZIA PER L'ITALIA DIGITALE (AGID)

ORGANISMO UNICO CREATO CON IL D.L. 83/2012 PER L'ATTUAZIONE DELLA COSIDDETTA AGENDA DIGITALE ITALIANA

CARTA DELLA CITTADINANZA DIGITALE

RICONOSCIMENTO DEI DIRITTI DEI CITTADINI IN MATERIA DI TECNOLOGIE DELL'INFORMAZIONE E DELLA COMUNICAZIONE

2. IDENTITÀ E DOMICILIO DIGITALE

DIRITTO ALL'USO DELLE TECNOLOGIE

DIRITTO DI USARE IN MODO ACCESSIBILE ED EFFICACE LE TECNOLOGIE DELL'INFORMAZIONE E DELLA COMUNICAZIONE PER TUTTI I RAPPORTI CON LE AMMINISTRAZIONI E CON I GESTORI DEI PUBBLICI SERVIZI

DIRITTO ALL'IDENTITÀ E AL DOMICILIO DIGITALE DEL CITTADINO

DIRITTO DI ACCEDERE AI SERVIZI ON-LINE OFFERTI DALLE AMMINISTRAZIONI PUBBLICHE, DAI GESTORI ESERCENTI DI PUBBLICI SERVIZI E DA SOCIETÀ A CONTROLLO PUBBLICO, TRAMITE LA PROPRIA IDENTITÀ DIGITALE

APPLICAZIONE IO

CONSENTE DI CONSULTARE ANCHE DA SMARTPHONE LE COMUNICAZIONI DELLE PUBBLICHE AMMINISTRAZIONI ED EFFETTUARE PAGAMENTI CON TALE MODALITÀ

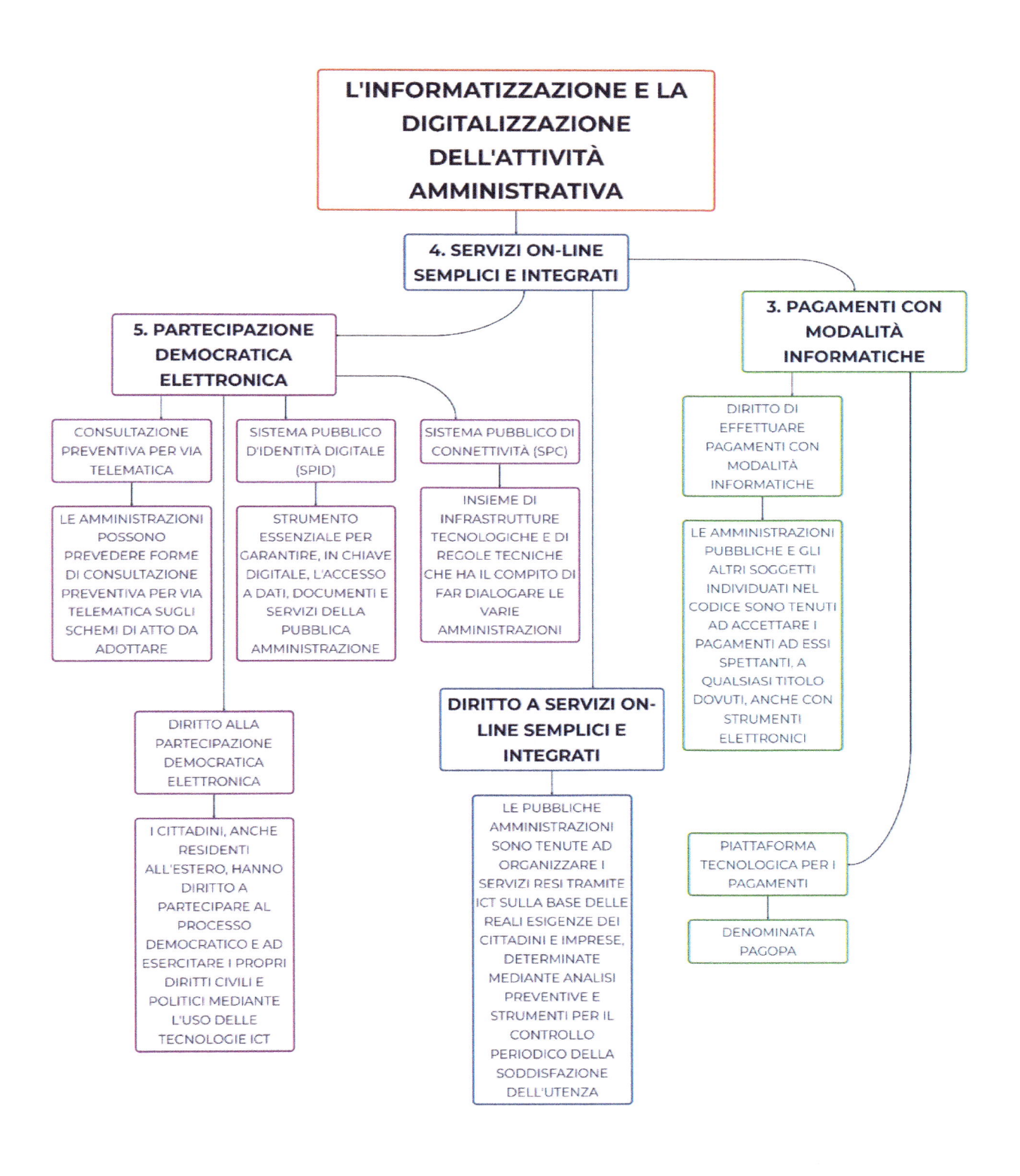

L'INFORMATIZZAZIONE E LA DIGITALIZZAZIONE DELL'ATTIVITÀ AMMINISTRATIVA

4. SERVIZI ON-LINE SEMPLICI E INTEGRATI

5. PARTECIPAZIONE DEMOCRATICA ELETTRONICA

- **CONSULTAZIONE PREVENTIVA PER VIA TELEMATICA**
  - LE AMMINISTRAZIONI POSSONO PREVEDERE FORME DI CONSULTAZIONE PREVENTIVA PER VIA TELEMATICA SUGLI SCHEMI DI ATTO DA ADOTTARE

- **SISTEMA PUBBLICO D'IDENTITÀ DIGITALE (SPID)**
  - STRUMENTO ESSENZIALE PER GARANTIRE, IN CHIAVE DIGITALE, L'ACCESSO A DATI, DOCUMENTI E SERVIZI DELLA PUBBLICA AMMINISTRAZIONE

- **SISTEMA PUBBLICO DI CONNETTIVITÀ (SPC)**
  - INSIEME DI INFRASTRUTTURE TECNOLOGICHE E DI REGOLE TECNICHE CHE HA IL COMPITO DI FAR DIALOGARE LE VARIE AMMINISTRAZIONI

- **DIRITTO ALLA PARTECIPAZIONE DEMOCRATICA ELETTRONICA**
  - I CITTADINI, ANCHE RESIDENTI ALL'ESTERO, HANNO DIRITTO A PARTECIPARE AL PROCESSO DEMOCRATICO E AD ESERCITARE I PROPRI DIRITTI CIVILI E POLITICI MEDIANTE L'USO DELLE TECNOLOGIE ICT

DIRITTO A SERVIZI ON-LINE SEMPLICI E INTEGRATI

- LE PUBBLICHE AMMINISTRAZIONI SONO TENUTE AD ORGANIZZARE I SERVIZI RESI TRAMITE ICT SULLA BASE DELLE REALI ESIGENZE DEI CITTADINI E IMPRESE, DETERMINATE MEDIANTE ANALISI PREVENTIVE E STRUMENTI PER IL CONTROLLO PERIODICO DELLA SODDISFAZIONE DELL'UTENZA

3. PAGAMENTI CON MODALITÀ INFORMATICHE

- **DIRITTO DI EFFETTUARE PAGAMENTI CON MODALITÀ INFORMATICHE**
  - LE AMMINISTRAZIONI PUBBLICHE E GLI ALTRI SOGGETTI INDIVIDUATI NEL CODICE SONO TENUTI AD ACCETTARE I PAGAMENTI AD ESSI SPETTANTI, A QUALSIASI TITOLO DOVUTI, ANCHE CON STRUMENTI ELETTRONICI

- **PIATTAFORMA TECNOLOGICA PER I PAGAMENTI**
  - DENOMINATA PAGOPA

Il procedimento amministrativo

Il procedimento amministrativo riguarda diversi atti, in grado di manifestare degli effetti giuridici.

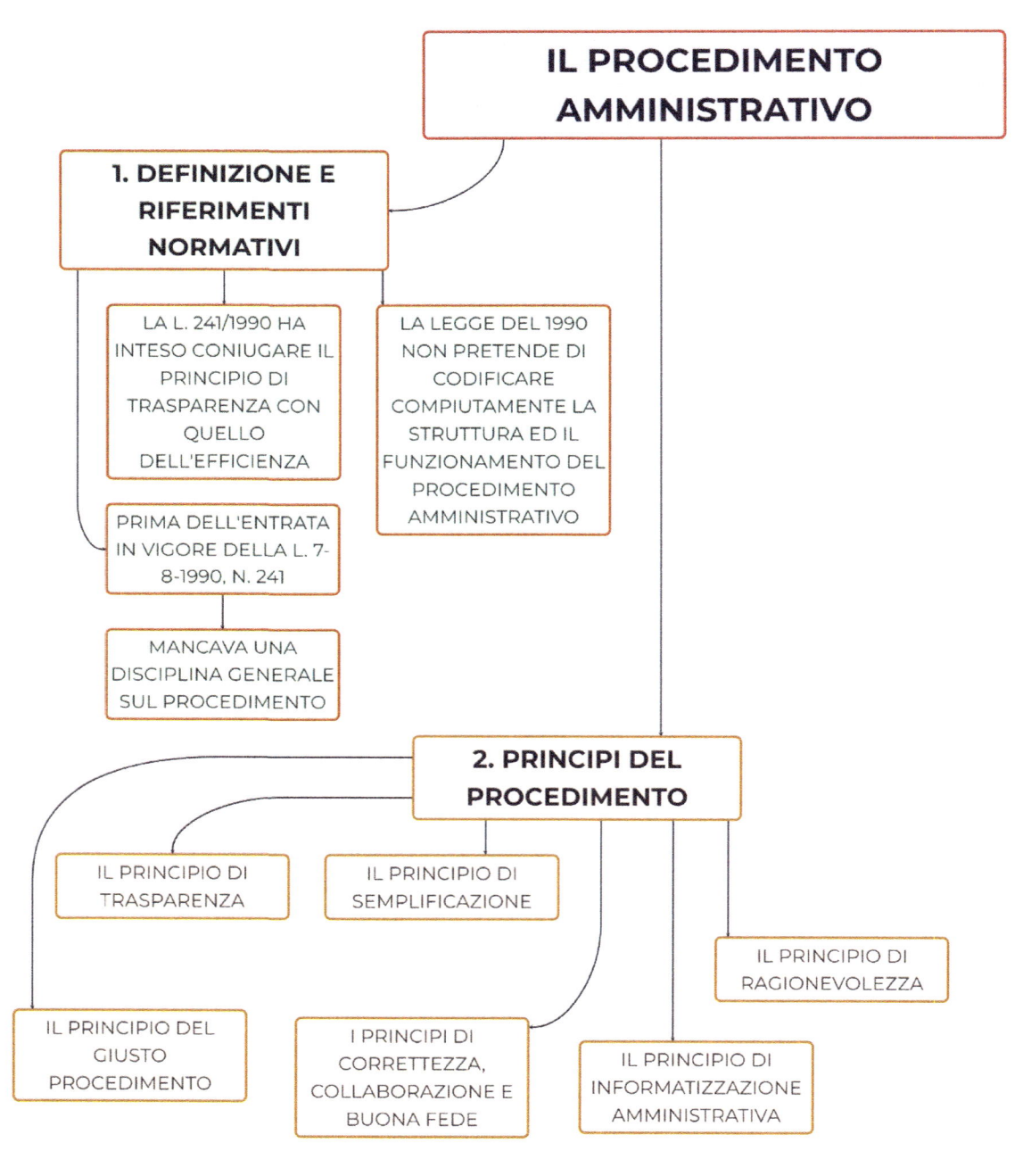

IL PROCEDIMENTO AMMINISTRATIVO

1. DEFINIZIONE E RIFERIMENTI NORMATIVI

- LA L. 241/1990 HA INTESO CONIUGARE IL PRINCIPIO DI TRASPARENZA CON QUELLO DELL'EFFICIENZA
- PRIMA DELL'ENTRATA IN VIGORE DELLA L. 7-8-1990, N. 241
- MANCAVA UNA DISCIPLINA GENERALE SUL PROCEDIMENTO
- LA LEGGE DEL 1990 NON PRETENDE DI CODIFICARE COMPIUTAMENTE LA STRUTTURA ED IL FUNZIONAMENTO DEL PROCEDIMENTO AMMINISTRATIVO

2. PRINCIPI DEL PROCEDIMENTO

- IL PRINCIPIO DI TRASPARENZA
- IL PRINCIPIO DI SEMPLIFICAZIONE
- IL PRINCIPIO DI RAGIONEVOLEZZA
- IL PRINCIPIO DEL GIUSTO PROCEDIMENTO
- I PRINCIPI DI CORRETTEZZA, COLLABORAZIONE E BUONA FEDE
- IL PRINCIPIO DI INFORMATIZZAZIONE AMMINISTRATIVA

```
                        IL PROCEDIMENTO
                         AMMINISTRATIVO
                    ┌──────────┴──────────┐
           4. RESPONSABILITÀ         5. CONFLITTO DI
           DEL RESPONSABILE            INTERESSI
           DEL PROCEDIMENTO
```

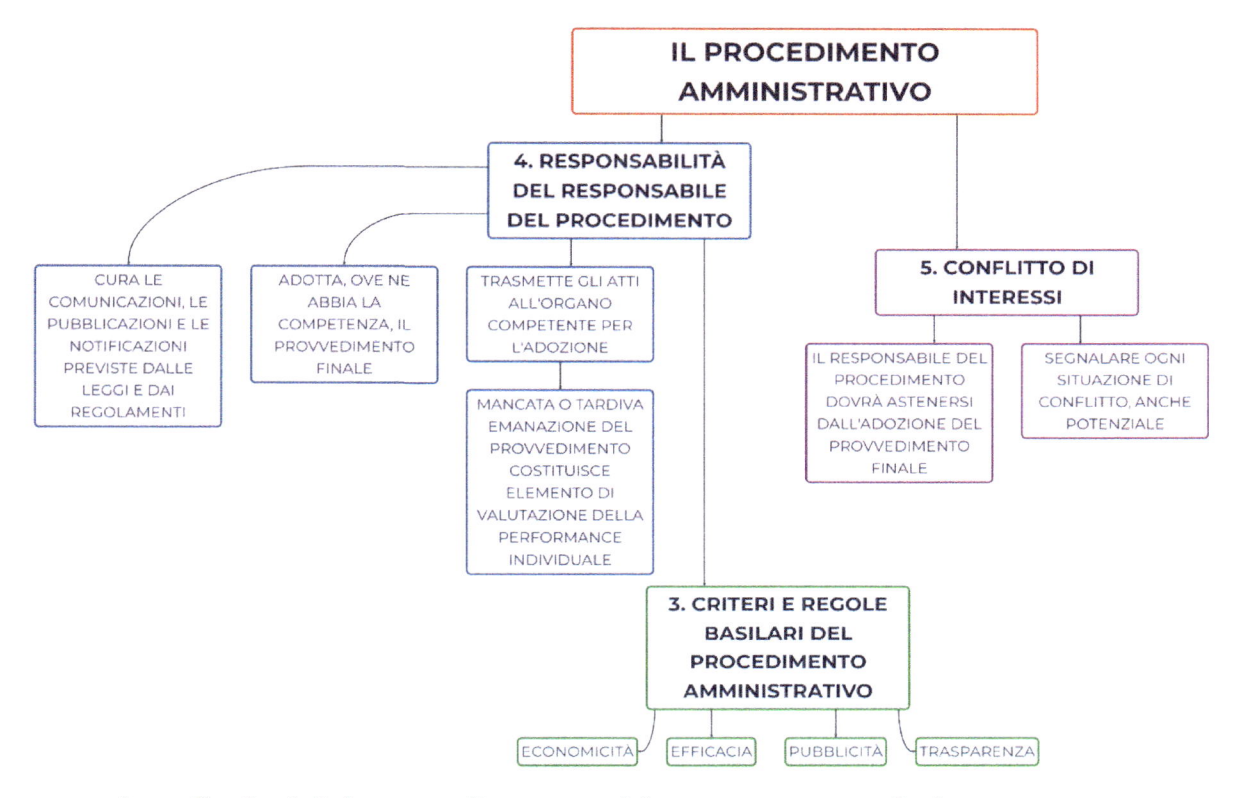

- **4. RESPONSABILITÀ DEL RESPONSABILE DEL PROCEDIMENTO**
  - CURA LE COMUNICAZIONI, LE PUBBLICAZIONI E LE NOTIFICAZIONI PREVISTE DALLE LEGGI E DAI REGOLAMENTI
  - ADOTTA, OVE NE ABBIA LA COMPETENZA, IL PROVVEDIMENTO FINALE
  - TRASMETTE GLI ATTI ALL'ORGANO COMPETENTE PER L'ADOZIONE
    - MANCATA O TARDIVA EMANAZIONE DEL PROVVEDIMENTO COSTITUISCE ELEMENTO DI VALUTAZIONE DELLA PERFORMANCE INDIVIDUALE

- **5. CONFLITTO DI INTERESSI**
  - IL RESPONSABILE DEL PROCEDIMENTO DOVRÀ ASTENERSI DALL'ADOZIONE DEL PROVVEDIMENTO FINALE
  - SEGNALARE OGNI SITUAZIONE DI CONFLITTO, ANCHE POTENZIALE

- **3. CRITERI E REGOLE BASILARI DEL PROCEDIMENTO AMMINISTRATIVO**
  - ECONOMICITÀ
  - EFFICACIA
  - PUBBLICITÀ
  - TRASPARENZA

In merito alle fasi del procedimento si hanno quattro fasi:

1. l'iniziativa, la quale avviene con un atto dell'interessato
2. l'istruttoria, in questa fase viene raccolto tutto quello che può essere rilevante.
3. La fase decisoria, dove si delibera il contenuto del provvedimento
4. La fase integrativa, dove si conferisce efficacia al provvedimento emanato, l'efficacia può derivare da ulteriori controlli o procedure.

Il **responsabile del procedimento** viene individuato attraverso l'individuazione del team responsabile dell'istruttoria in merito al provvedimento. La mancata nomina può comportare un vizio, pertanto se non vi è un sostituto questo incarico passa al dirigente generale o in sua mancanza al funzionario più elevato.

Il responsabile deve accogliere quanto gli viene proposto per poi procedere a un esame/valutazione, al fine di produrre una decisione finale. Per l'individuazione specifica di tutti i suoi compiti rimando la lettura all'art. 6.L. 241/90.

L'avvio del procedimento avviene con una comunicazione a tutti i soggetti interessati. È fondamentale che la comunicazione includa:

- L'amministrazione competente
- L'oggetto del procedimento

- La persona responsabile del procedimento
- Il soggetto titolare del potere sostitutivo
- La data e i termini
- Indennizzo e varie modalità
- L'istanza e l'ufficio dove gli atti sono visibili per la consultazione.

Vi sono dei casi in cui la comunicazione iniziale non è obbligatoria per legge, nello specifico:

1. Quando vi è un procedimento cautelare
2. Dove vi possono sussistere delle ragioni di impedimento, provenienti dallo stesso procedimento come disciplina l'art. 7, comma 1.

Il procedimento non facente parte dei due punti menzionati qui sopra, è **dichiarato illegittimo** se non ne viene data opportuna comunicazione.

Inoltre, il mancato accoglimento della domanda da parte del responsabile da luogo al preavviso di rigetto. I termini per la conclusione del procedimento si configurano in:

- 90 giorni se l'amministrazione adotta l'atto come propria competenza
- 180 giorni qualora vi siano degli interessi pubblici o trattasi di procedimenti alquanto complessi.

Se l'amministrazione dovesse causare un ritardo è chiamata ad espletare una procedura di indennizzo, qui di seguito i casi specifici:

- Quando il procedimento riguarda l'avvio o comunque l'esercizio di un'attività
- Quando il procedimento non si conclude nei termini previsti di legge
- Quando è comprovato un'inerzia dell'amministrazione.

Il silenzio nella pubblica amministrazione

Il silenzio della pubblica amministrazione rappresenta un comportamento omissivo in quanto non produce un'azione nei tempi stabiliti dalla legge. Ciò è sancito dall'art. 2, comma 1 e 5, insieme all'art. 20, della Legge n. 241 del 1990.

In modo specifico, l'ordinamento giuridico prevede **diverse tipologie di silenzio**: in riferimento alle ipotesi legislativamente qualificate, si possono distinguere il silenzio assenso (ovvero, il provvedimento implicito che si può dedurre dal mancato riscontro dell'amministrazione entro il termine stabilito), il silenzio diniego (quando l'amministrazione si astiene dal prendere una decisione in merito alla richiesta) e il silenzio rigetto (quando l'amministrazione nega espressamente la richiesta avanzata).

Esistono poi situazioni in cui non è possibile effettuare una qualificazione giuridica del silenzio, come ad esempio nel caso del silenzio per inadempimento, ovvero quando l'amministrazione non riesce ad adempiere al proprio obbligo di provvedere entro il termine stabilito dalla legge.

Questi aspetti sono di particolare rilievo per comprendere le conseguenze derivanti dalla mancata risposta dell'amministrazione alle istanze dei cittadini, alle quali il sistema giuridico cerca di porre rimedio mediante una serie di provvedimenti e norme specifiche.

La conferenza dei servizi

La conferenza di servizi rappresenta uno strumento fondamentale per semplificare l'operato della pubblica amministrazione e garantire una maggiore efficienza del sistema. Questo strumento è stato istituito appositamente per consentire alle istituzioni di consultarsi tra loro e ottenere il consenso necessario per portare avanti i propri procedimenti amministrativi.

Il procedimento della conferenza di servizi prevede la partecipazione di diverse amministrazioni pubbliche, che si confrontano al fine di coordinare le proprie attività e tutelare gli interessi delle parti coinvolte. Questo strumento si configura come un'occasione unica per acquisire intese, accordi, nulla osta o assensi da parte delle diverse parti, garantendo così una maggiore trasparenza e un impatto positivo sull'efficacia dell'azione amministrativa.

La conferenza di servizi istruttoria ha il compito di acquisire informazioni utili per l'istruttoria del procedimento. Durante questa fase, le diverse amministrazioni coinvolte possono esprimere il proprio parere sull'iter da seguire e sulla valutazione delle opzioni disponibili.

La conferenza di servizi decisoria viene convocata per decidere l'adozione dell'atto amministrativo finale e prevede la partecipazione di tutte le amministrazioni coinvolte nel procedimento. Durante questa fase, gli enti partecipanti possono esprimere le proprie opinioni sul provvedimento finale e sulle eventuali modifiche da apportare.

La conferenza di servizi preliminare si tiene in fase di programmazione del procedimento amministrativo e serve per coordinare il lavoro delle diverse amministrazioni interessate. In questa fase viene stabilito il ruolo di ciascun ente, il termine per la conclusione del procedimento e le modalità di collaborazione tra le diverse parti coinvolte.

La conferenza di servizi è uno strumento importante per il corretto coordinamento delle attività amministrative e la sua attuazione consente di minimizzare i tempi di istruttoria e di adozione degli atti amministrativi finali, garantendo una migliore tutela degli interessi coinvolti.

Gli accordi

Gli accordi nella pubblica amministrazione sono dei **mezzi per regolare le relazioni tra le diverse parti coinvolte.** La loro finalità può variare, ma in genere mirano a garantire la **corretta attuazione delle politiche pubbliche**, la tutela dei diritti dei cittadini e il perseguimento dell'interesse generale.

Tra le diverse tipologie di accordi possiamo distinguere gli **accordi procedimentali e sostitutivi.** I primi sono strumenti con cui le autorità pubbliche definiscono le modalità di esecuzione di specifici provvedimenti, senza modificare la loro sostanza. Gli accordi sostitutivi, invece, sono utilizzati per disciplinare una materia in modo completo e definitivo, prevedendo regole che si sostituiscono alle disposizioni di legge.

Esistono poi gli **accordi tra pubbliche amministrazioni**, che hanno l'obiettivo di coordinare e razionalizzare le loro attività, evitando duplicazioni e ridondanze. Questi accordi pongono le basi per una collaborazione proficua tra le diverse amministrazioni pubbliche, che può portare a una maggiore efficienza nella gestione delle risorse pubbliche.

Infine, **gli accordi di programma** sono strumenti che regolano la collaborazione fra diverse parti, tra cui pubbliche amministrazioni, enti, associazioni e imprese. Tali accordi disciplinano l'attuazione di interventi su temi specifici, come l'ambiente, la cultura, il turismo, la ricerca scientifica e tecnologica, e prevedono obiettivi di medio e lungo termine, con modalità di realizzazione definite. In questo modo, gli accordi di programma rappresentano un efficace strumento per la pianificazione e la gestione dell'azione pubblica, tenendo conto dei bisogni e delle esigenze del territorio e dei cittadini.

I pareri

Nella pubblica amministrazione, uno degli strumenti utilizzati per la valutazione del materiale istruttorio acquisito durante il procedimento amministrativo è l'attività consultiva. Questa attività consiste nell'emissione di atti da parte di uffici o organi appositamente preposti, i quali rilasciano dei pareri nell'ambito del procedimento amministrativo.

In particolare, esistono diverse tipologie di pareri che possono essere emessi. Tra questi, si possono distinguere i **pareri obbligatori, i pareri facoltativi, i pareri conformi, i pareri semi vincolanti e i pareri vincolanti.**

I pareri obbligatori sono quelli ai quali l'organo competente deve conformarsi, in quanto previsti dalla legge, dal regolamento o da specifiche disposizioni di carattere normativo.

I pareri facoltativi, invece, non sono vincolanti ma possono essere richiesti dagli uffici competenti per ottenere un'ulteriore valutazione sulle questioni in esame.

I pareri conformi sono quelli che rispecchiano in modo coerente il contenuto del provvedimento amministrativo che si intende adottare.

I pareri semi vincolanti, invece, sono quelli che impongono l'obbligo di fornire una adeguata motivazione qualora l'organo competente decida di non conformarsi al parere espresso.

Infine, i pareri vincolanti sono quelli ai quali l'organo competente è obbligato a conformarsi, in quanto esercitano un effetto vincolante sull'adozione del provvedimento amministrativo. In sintesi, i pareri assumono un ruolo importante nella pubblica amministrazione, in quanto consentono di assicurare una maggiore trasparenza e imparzialità nelle decisioni che vengono prese. La loro adozione deve avvenire nel rispetto dei criteri di legalità e nel pieno rispetto dei diritti dei cittadini.

Il diritto alla privacy

Il diritto alla privacy è un principio fondamentale che riguarda la protezione dei dati personali di ogni individuo. In particolare, nella pubblica amministrazione è un valore da tutelare con la massima attenzione, in quanto gli enti pubblici gestiscono una grande quantità di informazioni personali dei cittadini, che vanno dalla tassazione al sistema sanitario.

La **riservatezza e la protezione dei dati personali** sono garantiti da specifiche normative, a partire dal Regolamento Europeo per la protezione dei dati personali (GDPR). Inoltre, la pubblica amministrazione deve rispettare la legge sulla trasparenza e l'accesso ai documenti amministrativi che prevede, tra le altre cose, l'obbligo da parte degli enti pubblici di pubblicare online tutti i documenti rilevanti per la gestione delle attività pubbliche.

In ogni caso, in presenza di informazioni personali, questi dati possono essere utilizzati solo per **scopi specifici, limitati e legittimi**, e solo con il consenso dell'interessato. La pubblica amministrazione deve garantire la protezione di queste informazioni attraverso misure adeguate, in modo da prevenire il rischio di accesso non autorizzato, manipolazione, perdita, distruzione o divulgazione.

I principi generali del trattamento dei dati

Il trattamento dei dati avviene nel rispetto dei principi generali previsti dalla normativa in materia di protezione dei dati personali.

Tra questi principi, il primo e il più importante è quello della **liceità del trattamento**, che implica che il trattamento dei dati personali deve avvenire solo in presenza di una specifica base giuridica prevista dalla legge. In particolare, il trattamento dei dati personali può essere effettuato solo se il soggetto interessato ha espresso il proprio consenso, se il trattamento è necessario per l'esecuzione di un contratto, per l'adempimento di un obbligo legale, per la tutela di un interesse vitale del soggetto interessato, per l'esecuzione di un compito di interesse pubblico o per l'esercizio di pubblici poteri di cui è investita la pubblica amministrazione.

Altro principio fondamentale è quello della **finalità del trattamento**, ovvero i dati personali devono essere trattati solo per le finalità specificamente indicate al momento della raccolta dei dati. Non è consentito il trattamento dei dati per finalità diverse da quelle originariamente indicate, a meno che non sia previsto un ulteriore consenso del soggetto interessato o che la nuova finalità sia compatibile con quella originaria.

Inoltre, la pubblica amministrazione è chiamata a **garantire la minimizzazione dei dati**, ovvero deve trattare solo i dati strettamente necessari per il perseguimento delle finalità indicate. I dati personali devono essere conservati solo per il tempo necessario alla realizzazione delle finalità, a meno che non siano previste ragioni specifiche previste dalla legge.

La pubblica amministrazione, infine, deve adottare adeguate misure di sicurezza a tutela dei dati personali, al fine di prevenire perdite, accessi non autorizzati, modifiche o divulgazioni illecite. Le misure di sicurezza devono essere adeguate al livello di rischio del trattamento, alla natura dei dati e alle tecnologie utilizzate.

Il consenso

Nella pubblica amministrazione, il consenso al trattamento dei dati dei cittadini è disciplinato dal GDPR (Regolamento UE 2016/679). In generale, il consenso deve essere espresso in modo "libero, specifico, informato ed esplicito" dall'interessato e deve riguardare finalità determinate e specifiche del trattamento.

Le caratteristiche del consenso al trattamento dei dati implica da parte dell'interessato l'adozione di un atteggiamento attivo e consapevole. Gli utenti hanno il diritto di chiedere informazioni sulla finalità del trattamento dei dati personali, la loro durata e i soggetti al quale questi dati saranno trasmessi. Inoltre, devono in ogni momento essere in grado di modificare o revocare il consenso prestato.

In termini di durata, il consenso ha validità fino alla conclusione della finalità per cui è stato concesso. Tuttavia, il consenso dell'interessato è sempre revocabile in qualsiasi momento, sebbene la revoca del consenso potrebbe rendere impossibile o almeno più difficoltoso per la pubblica amministrazione svolgere alcune attività importanti ai fini del servizio pubblico.

La durata del trattamento dei dati è legata alla finalità concordata con l'utente e, in ogni caso, non può essere superiore alla durata della necessità per la quale i dati sono stati raccolti.

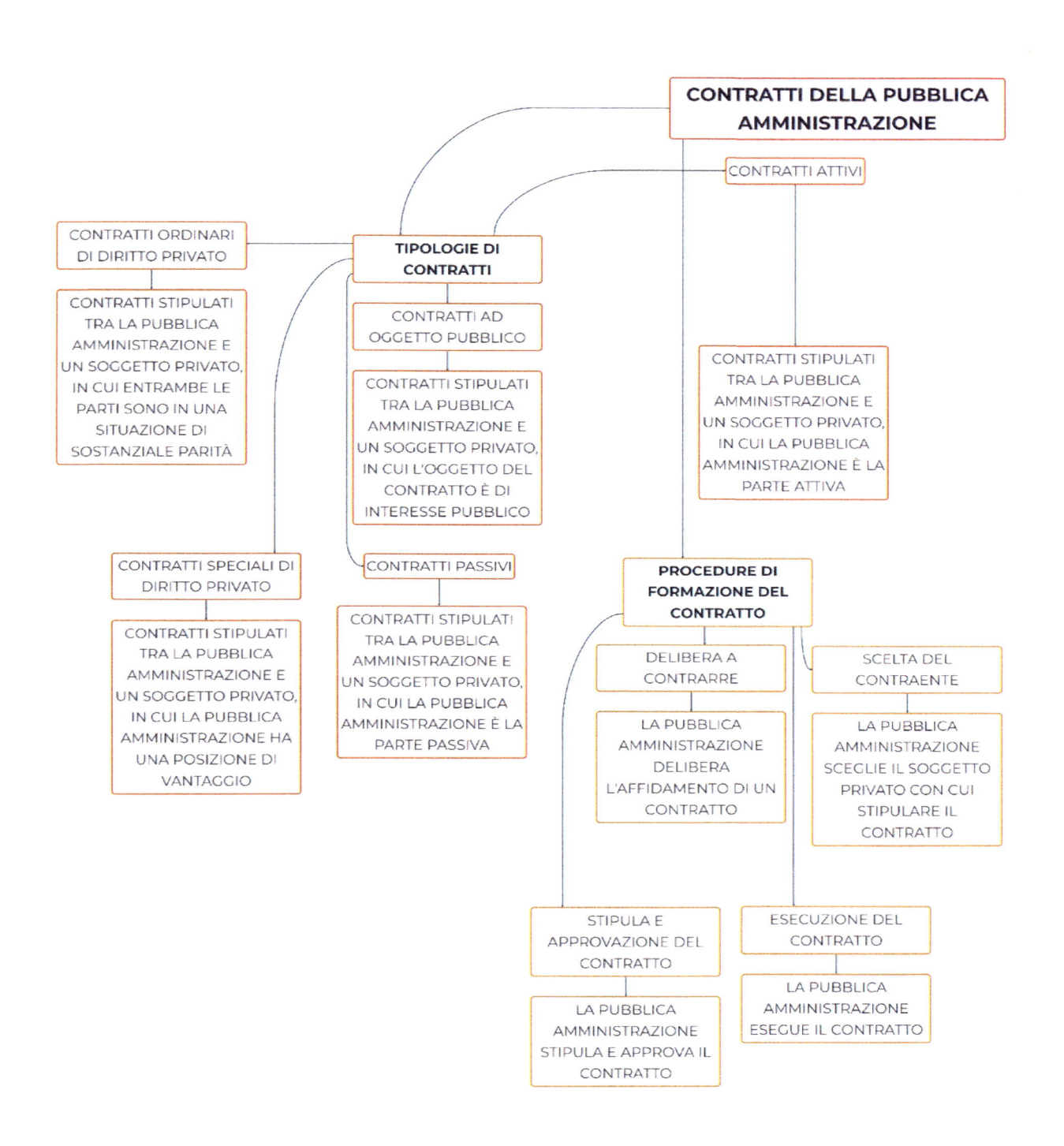

CONTRATTI DELLA PUBBLICA AMMINISTRAZIONE

TIPOLOGIE DI CONTRATTI

- **CONTRATTI ORDINARI DI DIRITTO PRIVATO**
  - CONTRATTI STIPULATI TRA LA PUBBLICA AMMINISTRAZIONE E UN SOGGETTO PRIVATO, IN CUI ENTRAMBE LE PARTI SONO IN UNA SITUAZIONE DI SOSTANZIALE PARITÀ

- **CONTRATTI SPECIALI DI DIRITTO PRIVATO**
  - CONTRATTI STIPULATI TRA LA PUBBLICA AMMINISTRAZIONE E UN SOGGETTO PRIVATO, IN CUI LA PUBBLICA AMMINISTRAZIONE HA UNA POSIZIONE DI VANTAGGIO

- **CONTRATTI AD OGGETTO PUBBLICO**
  - CONTRATTI STIPULATI TRA LA PUBBLICA AMMINISTRAZIONE E UN SOGGETTO PRIVATO, IN CUI L'OGGETTO DEL CONTRATTO È DI INTERESSE PUBBLICO

- **CONTRATTI PASSIVI**
  - CONTRATTI STIPULATI TRA LA PUBBLICA AMMINISTRAZIONE E UN SOGGETTO PRIVATO, IN CUI LA PUBBLICA AMMINISTRAZIONE È LA PARTE PASSIVA

- **CONTRATTI ATTIVI**
  - CONTRATTI STIPULATI TRA LA PUBBLICA AMMINISTRAZIONE E UN SOGGETTO PRIVATO, IN CUI LA PUBBLICA AMMINISTRAZIONE È LA PARTE ATTIVA

PROCEDURE DI FORMAZIONE DEL CONTRATTO

- **DELIBERA A CONTRARRE**
  - LA PUBBLICA AMMINISTRAZIONE DELIBERA L'AFFIDAMENTO DI UN CONTRATTO

- **SCELTA DEL CONTRAENTE**
  - LA PUBBLICA AMMINISTRAZIONE SCEGLIE IL SOGGETTO PRIVATO CON CUI STIPULARE IL CONTRATTO

- **STIPULA E APPROVAZIONE DEL CONTRATTO**
  - LA PUBBLICA AMMINISTRAZIONE STIPULA E APPROVA IL CONTRATTO

- **ESECUZIONE DEL CONTRATTO**
  - LA PUBBLICA AMMINISTRAZIONE ESEGUE IL CONTRATTO

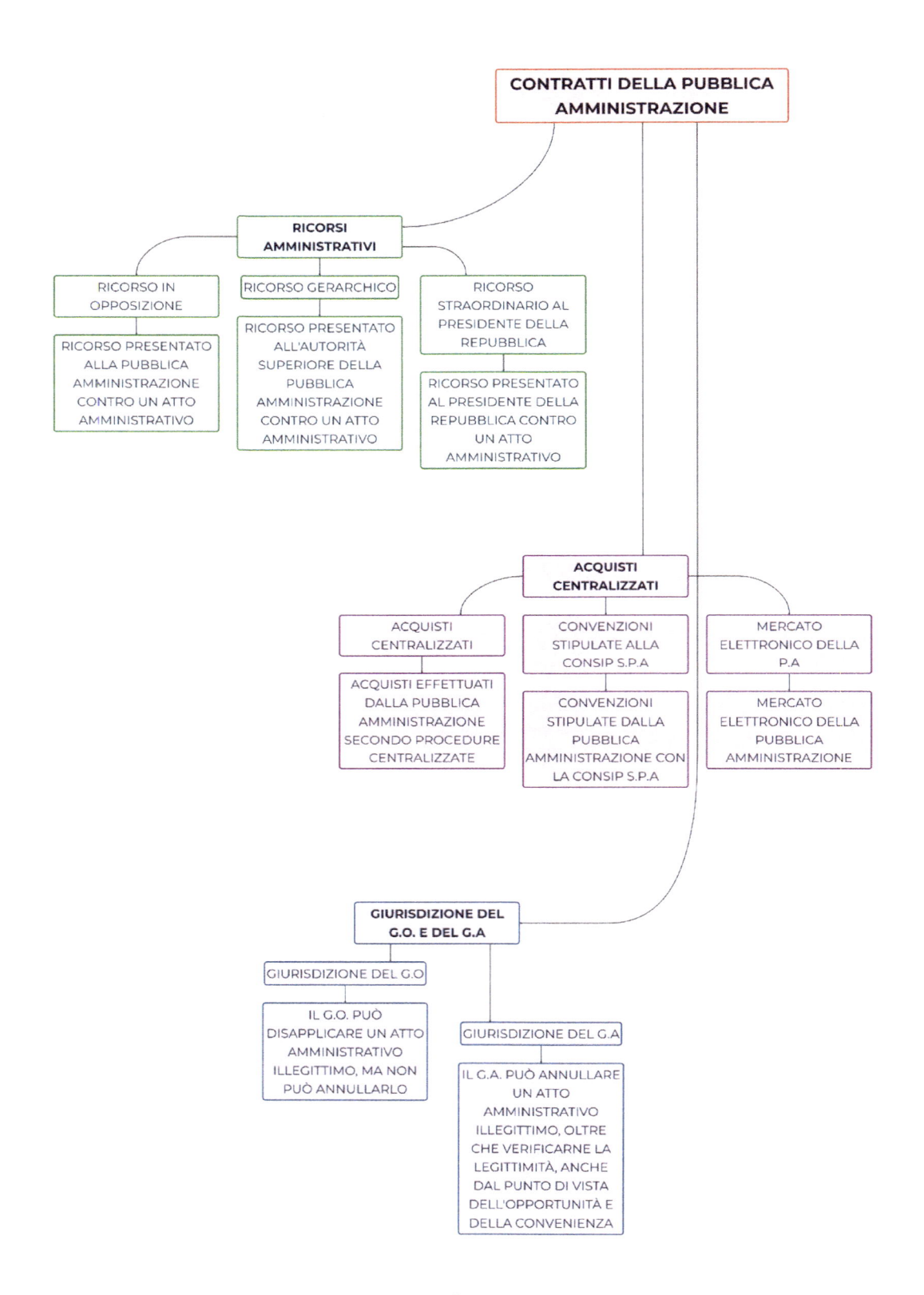

CONTRATTI DELLA PUBBLICA AMMINISTRAZIONE

RICORSI AMMINISTRATIVI

- **RICORSO IN OPPOSIZIONE**
  - RICORSO PRESENTATO ALLA PUBBLICA AMMINISTRAZIONE CONTRO UN ATTO AMMINISTRATIVO

- **RICORSO GERARCHICO**
  - RICORSO PRESENTATO ALL'AUTORITÀ SUPERIORE DELLA PUBBLICA AMMINISTRAZIONE CONTRO UN ATTO AMMINISTRATIVO

- **RICORSO STRAORDINARIO AL PRESIDENTE DELLA REPUBBLICA**
  - RICORSO PRESENTATO AL PRESIDENTE DELLA REPUBBLICA CONTRO UN ATTO AMMINISTRATIVO

ACQUISTI CENTRALIZZATI

- **ACQUISTI CENTRALIZZATI**
  - ACQUISTI EFFETTUATI DALLA PUBBLICA AMMINISTRAZIONE SECONDO PROCEDURE CENTRALIZZATE

- **CONVENZIONI STIPULATE ALLA CONSIP S.P.A**
  - CONVENZIONI STIPULATE DALLA PUBBLICA AMMINISTRAZIONE CON LA CONSIP S.P.A

- **MERCATO ELETTRONICO DELLA P.A**
  - MERCATO ELETTRONICO DELLA PUBBLICA AMMINISTRAZIONE

GIURISDIZIONE DEL G.O. E DEL G.A

- **GIURISDIZIONE DEL G.O**
  - IL G.O. PUÒ DISAPPLICARE UN ATTO AMMINISTRATIVO ILLEGITTIMO, MA NON PUÒ ANNULLARLO

- **GIURISDIZIONE DEL G.A**
  - IL G.A. PUÒ ANNULLARE UN ATTO AMMINISTRATIVO ILLEGITTIMO, OLTRE CHE VERIFICARNE LA LEGITTIMITÀ, ANCHE DAL PUNTO DI VISTA DELL'OPPORTUNITÀ E DELLA CONVENIENZA

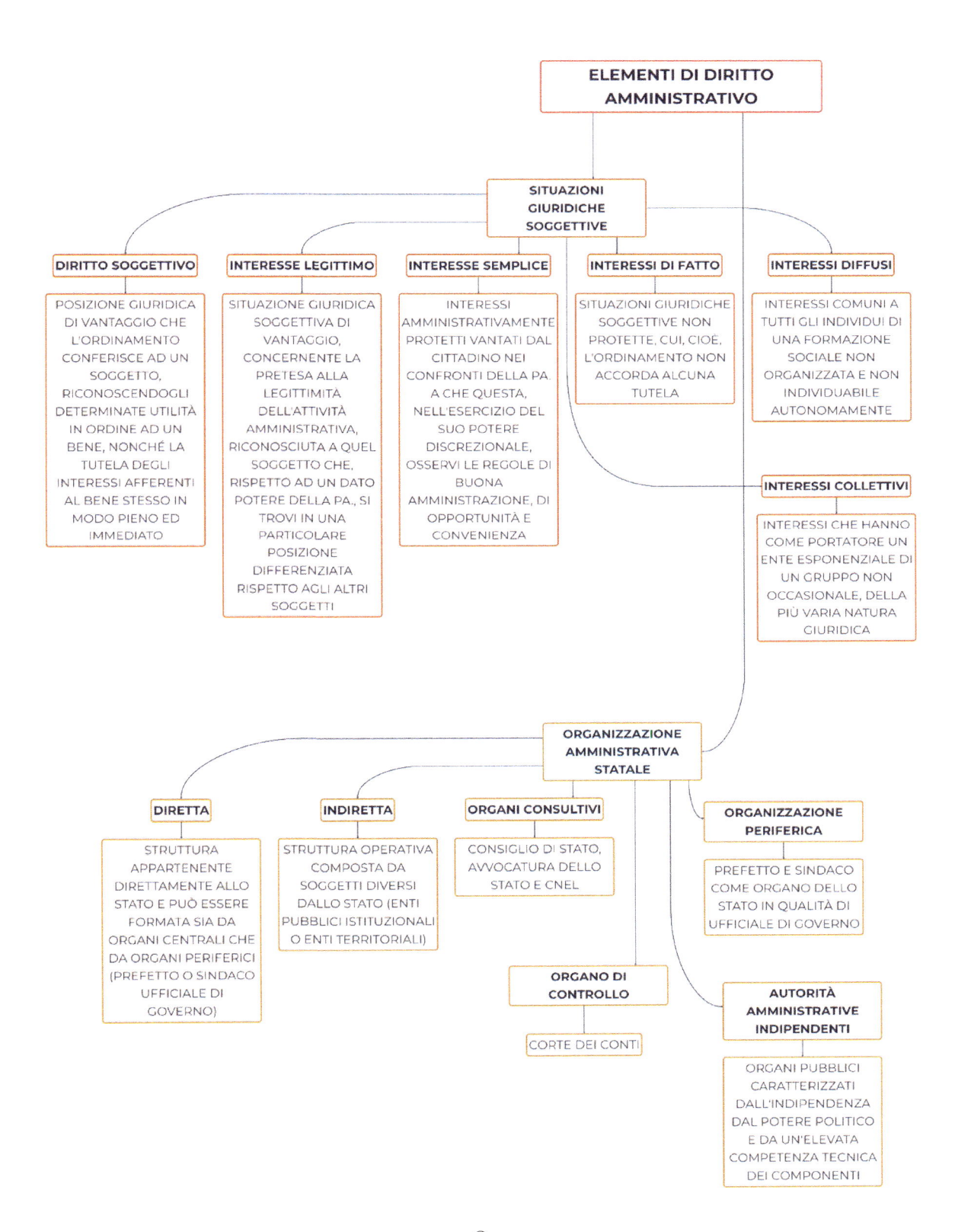

ELEMENTI DI DIRITTO AMMINISTRATIVO

SITUAZIONI GIURIDICHE SOGGETTIVE

DIRITTO SOGGETTIVO
POSIZIONE GIURIDICA DI VANTAGGIO CHE L'ORDINAMENTO CONFERISCE AD UN SOGGETTO, RICONOSCENDOGLI DETERMINATE UTILITÀ IN ORDINE AD UN BENE, NONCHÉ LA TUTELA DEGLI INTERESSI AFFERENTI AL BENE STESSO IN MODO PIENO ED IMMEDIATO

INTERESSE LEGITTIMO
SITUAZIONE GIURIDICA SOGGETTIVA DI VANTAGGIO, CONCERNENTE LA PRETESA ALLA LEGITTIMITÀ DELL'ATTIVITÀ AMMINISTRATIVA, RICONOSCIUTA A QUEL SOGGETTO CHE, RISPETTO AD UN DATO POTERE DELLA PA., SI TROVI IN UNA PARTICOLARE POSIZIONE DIFFERENZIATA RISPETTO AGLI ALTRI SOGGETTI

INTERESSE SEMPLICE
INTERESSI AMMINISTRATIVAMENTE PROTETTI VANTATI DAL CITTADINO NEI CONFRONTI DELLA PA. A CHE QUESTA, NELL'ESERCIZIO DEL SUO POTERE DISCREZIONALE, OSSERVI LE REGOLE DI BUONA AMMINISTRAZIONE, DI OPPORTUNITÀ E CONVENIENZA

INTERESSI DI FATTO
SITUAZIONI GIURIDICHE SOGGETTIVE NON PROTETTE, CUI, CIOÈ, L'ORDINAMENTO NON ACCORDA ALCUNA TUTELA

INTERESSI DIFFUSI
INTERESSI COMUNI A TUTTI GLI INDIVIDUI DI UNA FORMAZIONE SOCIALE NON ORGANIZZATA E NON INDIVIDUABILE AUTONOMAMENTE

INTERESSI COLLETTIVI
INTERESSI CHE HANNO COME PORTATORE UN ENTE ESPONENZIALE DI UN GRUPPO NON OCCASIONALE, DELLA PIÙ VARIA NATURA GIURIDICA

ORGANIZZAZIONE AMMINISTRATIVA STATALE

DIRETTA
STRUTTURA APPARTENENTE DIRETTAMENTE ALLO STATO E PUÒ ESSERE FORMATA SIA DA ORGANI CENTRALI CHE DA ORGANI PERIFERICI (PREFETTO O SINDACO UFFICIALE DI GOVERNO)

INDIRETTA
STRUTTURA OPERATIVA COMPOSTA DA SOGGETTI DIVERSI DALLO STATO (ENTI PUBBLICI ISTITUZIONALI O ENTI TERRITORIALI)

ORGANI CONSULTIVI
CONSIGLIO DI STATO, AVVOCATURA DELLO STATO E CNEL

ORGANIZZAZIONE PERIFERICA
PREFETTO E SINDACO COME ORGANO DELLO STATO IN QUALITÀ DI UFFICIALE DI GOVERNO

ORGANO DI CONTROLLO
CORTE DEI CONTI

AUTORITÀ AMMINISTRATIVE INDIPENDENTI
ORGANI PUBBLICI CARATTERIZZATI DALL'INDIPENDENZA DAL POTERE POLITICO E DA UN'ELEVATA COMPETENZA TECNICA DEI COMPONENTI

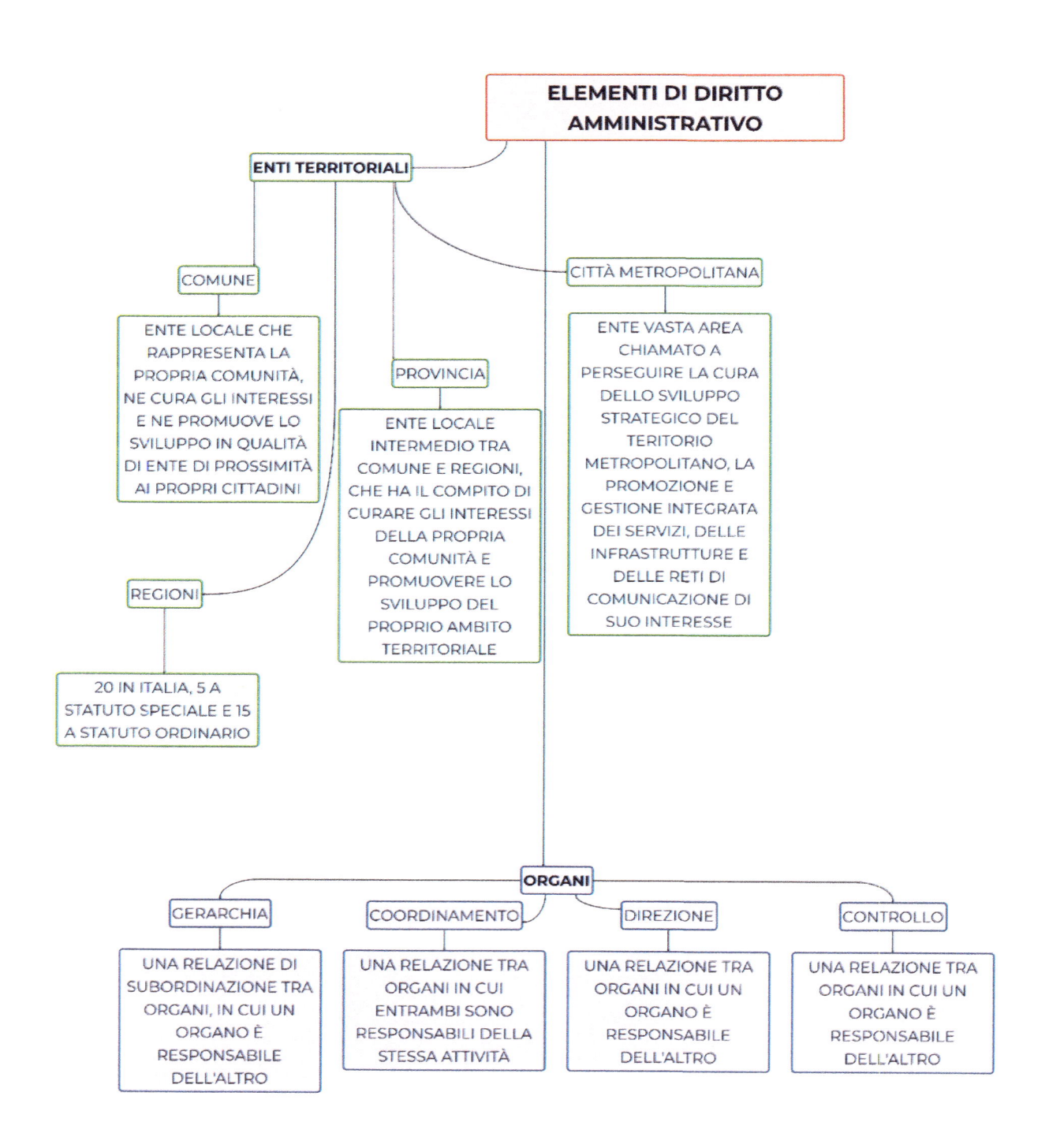

ELEMENTI DI DIRITTO AMMINISTRATIVO

ENTI TERRITORIALI

COMUNE
ENTE LOCALE CHE RAPPRESENTA LA PROPRIA COMUNITÀ, NE CURA GLI INTERESSI E NE PROMUOVE LO SVILUPPO IN QUALITÀ DI ENTE DI PROSSIMITÀ AI PROPRI CITTADINI

PROVINCIA
ENTE LOCALE INTERMEDIO TRA COMUNE E REGIONI, CHE HA IL COMPITO DI CURARE GLI INTERESSI DELLA PROPRIA COMUNITÀ E PROMUOVERE LO SVILUPPO DEL PROPRIO AMBITO TERRITORIALE

CITTÀ METROPOLITANA
ENTE VASTA AREA CHIAMATO A PERSEGUIRE LA CURA DELLO SVILUPPO STRATEGICO DEL TERITORIO METROPOLITANO, LA PROMOZIONE E GESTIONE INTEGRATA DEI SERVIZI, DELLE INFRASTRUTTURE E DELLE RETI DI COMUNICAZIONE DI SUO INTERESSE

REGIONI
20 IN ITALIA, 5 A STATUTO SPECIALE E 15 A STATUTO ORDINARIO

ORGANI

GERARCHIA
UNA RELAZIONE DI SUBORDINAZIONE TRA ORGANI, IN CUI UN ORGANO È RESPONSABILE DELL'ALTRO

COORDINAMENTO
UNA RELAZIONE TRA ORGANI IN CUI ENTRAMBI SONO RESPONSABILI DELLA STESSA ATTIVITÀ

DIREZIONE
UNA RELAZIONE TRA ORGANI IN CUI UN ORGANO È RESPONSABILE DELL'ALTRO

CONTROLLO
UNA RELAZIONE TRA ORGANI IN CUI UN ORGANO È RESPONSABILE DELL'ALTRO

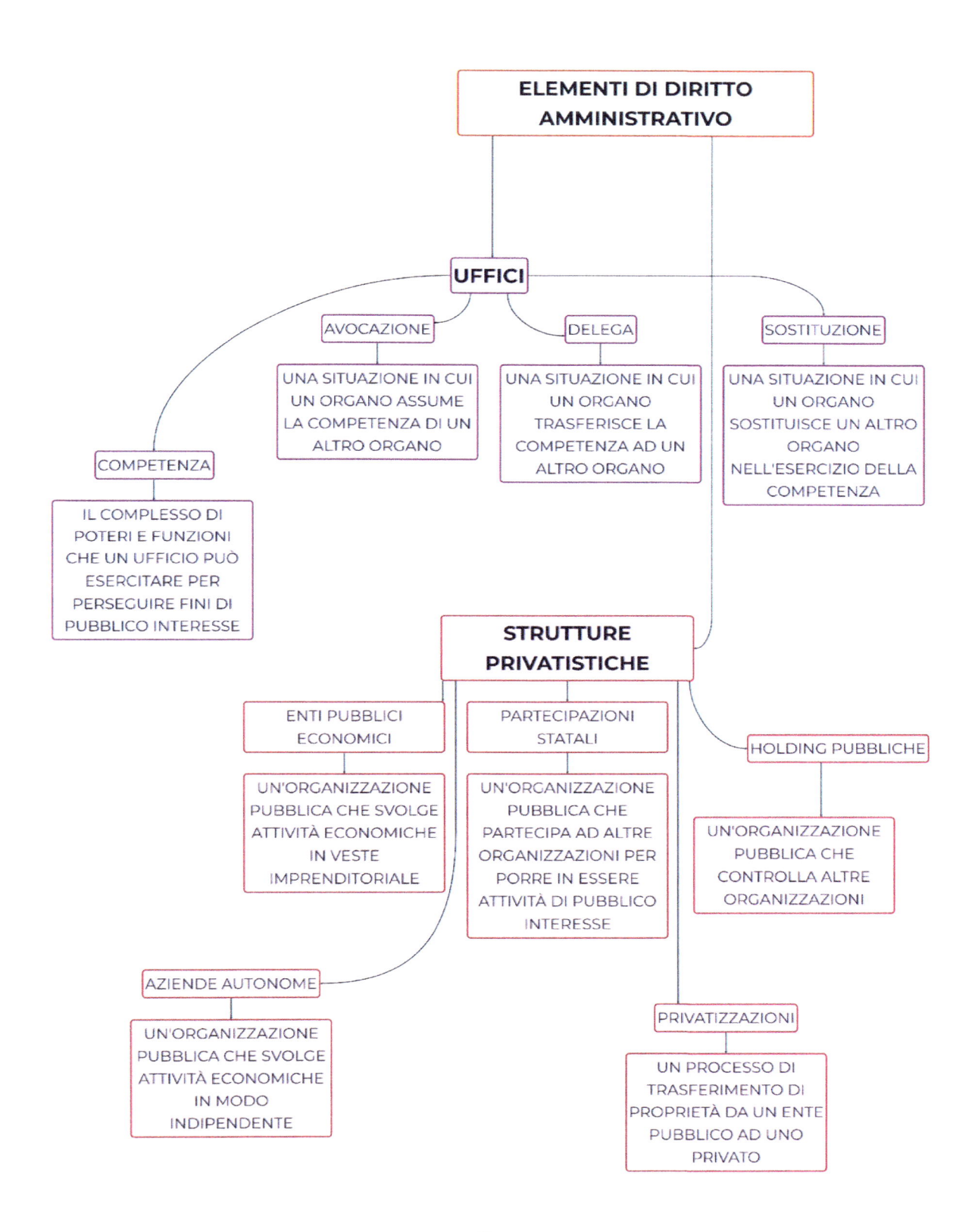

ELEMENTI DI DIRITTO AMMINISTRATIVO

UFFICI

- **AVOCAZIONE**: UNA SITUAZIONE IN CUI UN ORGANO ASSUME LA COMPETENZA DI UN ALTRO ORGANO
- **DELEGA**: UNA SITUAZIONE IN CUI UN ORGANO TRASFERISCE LA COMPETENZA AD UN ALTRO ORGANO
- **SOSTITUZIONE**: UNA SITUAZIONE IN CUI UN ORGANO SOSTITUISCE UN ALTRO ORGANO NELL'ESERCIZIO DELLA COMPETENZA
- **COMPETENZA**: IL COMPLESSO DI POTERI E FUNZIONI CHE UN UFFICIO PUÒ ESERCITARE PER PERSEGUIRE FINI DI PUBBLICO INTERESSE

STRUTTURE PRIVATISTICHE

- **ENTI PUBBLICI ECONOMICI**: UN'ORGANIZZAZIONE PUBBLICA CHE SVOLGE ATTIVITÀ ECONOMICHE IN VESTE IMPRENDITORIALE
- **PARTECIPAZIONI STATALI**: UN'ORGANIZZAZIONE PUBBLICA CHE PARTECIPA AD ALTRE ORGANIZZAZIONI PER PORRE IN ESSERE ATTIVITÀ DI PUBBLICO INTERESSE
- **HOLDING PUBBLICHE**: UN'ORGANIZZAZIONE PUBBLICA CHE CONTROLLA ALTRE ORGANIZZAZIONI
- **AZIENDE AUTONOME**: UN'ORGANIZZAZIONE PUBBLICA CHE SVOLGE ATTIVITÀ ECONOMICHE IN MODO INDIPENDENTE
- **PRIVATIZZAZIONI**: UN PROCESSO DI TRASFERIMENTO DI PROPRIETÀ DA UN ENTE PUBBLICO AD UNO PRIVATO

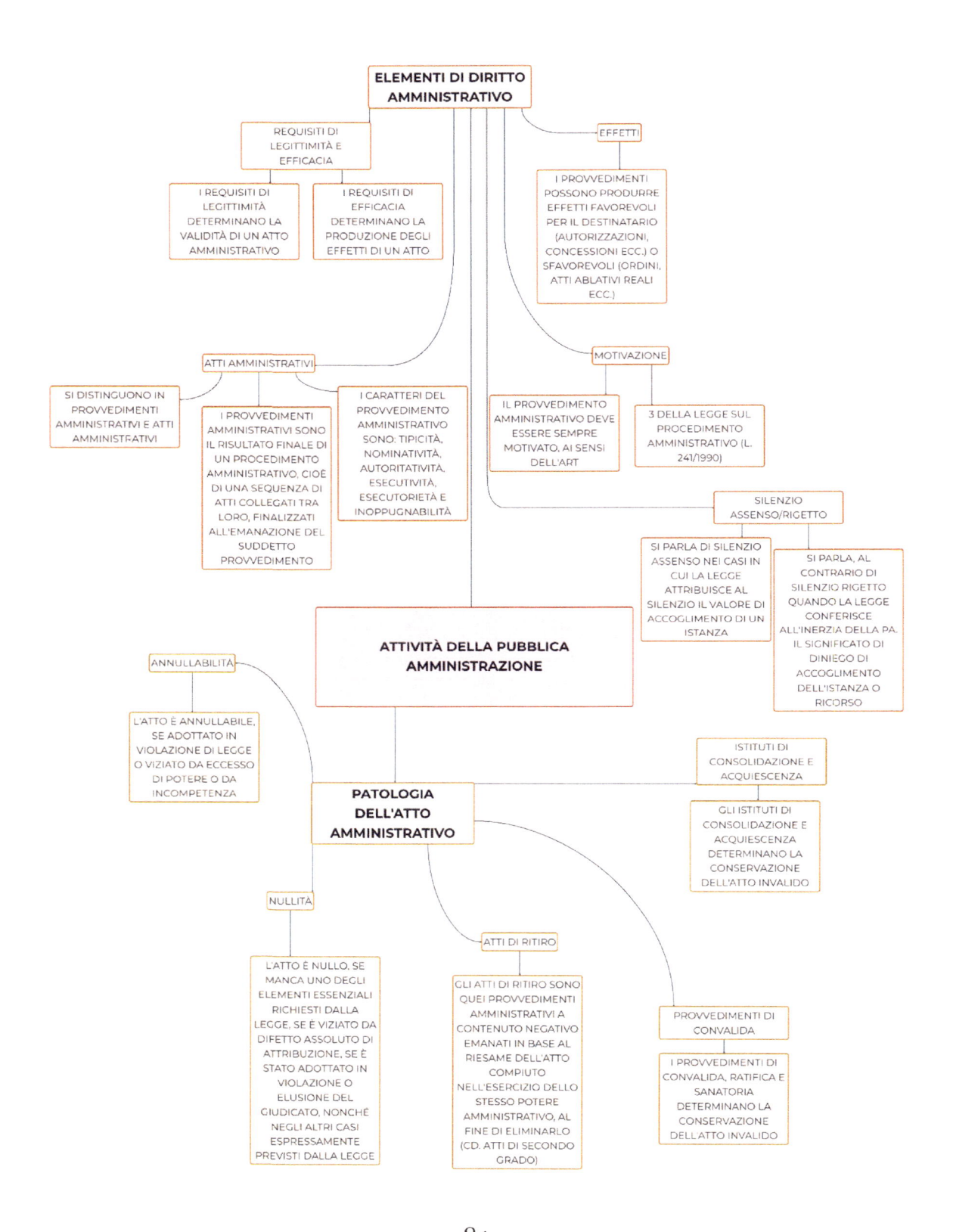

ELEMENTI DI DIRITTO AMMINISTRATIVO

REQUISITI DI LEGITTIMITÀ E EFFICACIA

- I REQUISITI DI LEGITTIMITÀ DETERMINANO LA VALIDITÀ DI UN ATTO AMMINISTRATIVO
- I REQUISITI DI EFFICACIA DETERMINANO LA PRODUZIONE DEGLI EFFETTI DI UN ATTO

EFFETTI

- I PROVVEDIMENTI POSSONO PRODURRE EFFETTI FAVOREVOLI PER IL DESTINATARIO (AUTORIZZAZIONI, CONCESSIONI ECC.) O SFAVOREVOLI (ORDINI, ATTI ABLATIVI REALI ECC.)

ATTI AMMINISTRATIVI

- SI DISTINGUONO IN PROVVEDIMENTI AMMINISTRATIVI E ATTI AMMINISTRATIVI
- I PROVVEDIMENTI AMMINISTRATIVI SONO IL RISULTATO FINALE DI UN PROCEDIMENTO AMMINISTRATIVO, CIOÈ DI UNA SEQUENZA DI ATTI COLLEGATI TRA LORO, FINALIZZATI ALL'EMANAZIONE DEL SUDDETTO PROVVEDIMENTO
- I CARATTERI DEL PROVVEDIMENTO AMMINISTRATIVO SONO: TIPICITÀ, NOMINATIVITÀ, AUTORITATIVITÀ, ESECUTIVITÀ, ESECUTORIETÀ E INOPPUGNABILITÀ

MOTIVAZIONE

- IL PROVVEDIMENTO AMMINISTRATIVO DEVE ESSERE SEMPRE MOTIVATO, AI SENSI DELL'ART
- 3 DELLA LEGGE SUL PROCEDIMENTO AMMINISTRATIVO (L. 241/1990)

SILENZIO ASSENSO/RIGETTO

- SI PARLA DI SILENZIO ASSENSO NEI CASI IN CUI LA LEGGE ATTRIBUISCE AL SILENZIO IL VALORE DI ACCOGLIMENTO DI UN ISTANZA
- SI PARLA, AL CONTRARIO DI SILENZIO RIGETTO QUANDO LA LEGGE CONFERISCE ALL'INERZIA DELLA PA. IL SIGNIFICATO DI DINIEGO DI ACCOGLIMENTO DELL'ISTANZA O RICORSO

ATTIVITÀ DELLA PUBBLICA AMMINISTRAZIONE

ANNULLABILITÀ

- L'ATTO È ANNULLABILE, SE ADOTTATO IN VIOLAZIONE DI LEGGE O VIZIATO DA ECCESSO DI POTERE O DA INCOMPETENZA

PATOLOGIA DELL'ATTO AMMINISTRATIVO

NULLITÀ

- L'ATTO È NULLO, SE MANCA UNO DEGLI ELEMENTI ESSENZIALI RICHIESTI DALLA LEGGE, SE È VIZIATO DA DIFETTO ASSOLUTO DI ATTRIBUZIONE, SE È STATO ADOTTATO IN VIOLAZIONE O ELUSIONE DEL GIUDICATO, NONCHÉ NEGLI ALTRI CASI ESPRESSAMENTE PREVISTI DALLA LEGGE

ATTI DI RITIRO

- GLI ATTI DI RITIRO SONO QUEI PROVVEDIMENTI AMMINISTRATIVI A CONTENUTO NEGATIVO EMANATI IN BASE AL RIESAME DELL'ATTO COMPIUTO NELL'ESERCIZIO DELLO STESSO POTERE AMMINISTRATIVO, AL FINE DI ELIMINARLO (CD. ATTI DI SECONDO GRADO)

ISTITUTI DI CONSOLIDAZIONE E ACQUIESCENZA

- GLI ISTITUTI DI CONSOLIDAZIONE E ACQUIESCENZA DETERMINANO LA CONSERVAZIONE DELL'ATTO INVALIDO

PROVVEDIMENTI DI CONVALIDA

- I PROVVEDIMENTI DI CONVALIDA, RATIFICA E SANATORIA DETERMINANO LA CONSERVAZIONE DELL'ATTO INVALIDO

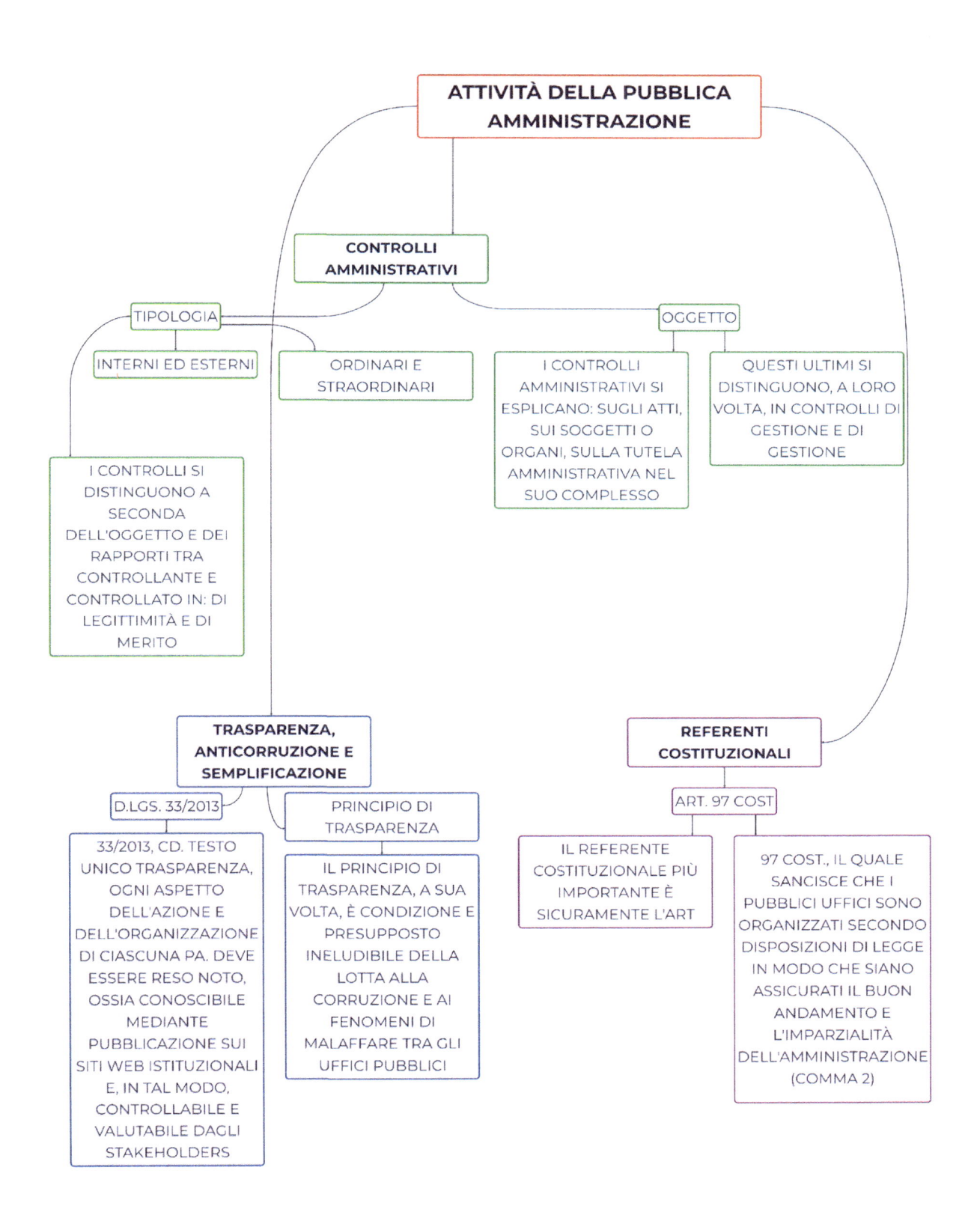

ATTIVITÀ DELLA PUBBLICA AMMINISTRAZIONE

CONTROLLI AMMINISTRATIVI

TIPOLOGIA

- **INTERNI ED ESTERNI**
- **ORDINARI E STRAORDINARI**
- I CONTROLLI SI DISTINGUONO A SECONDA DELL'OGGETTO E DEI RAPPORTI TRA CONTROLLANTE E CONTROLLATO IN: DI LEGITTIMITÀ E DI MERITO

OGGETTO

- I CONTROLLI AMMINISTRATIVI SI ESPLICANO: SUGLI ATTI, SUI SOGGETTI O ORGANI, SULLA TUTELA AMMINISTRATIVA NEL SUO COMPLESSO
- QUESTI ULTIMI SI DISTINGUONO, A LORO VOLTA, IN CONTROLLI DI GESTIONE E DI GESTIONE

TRASPARENZA, ANTICORRUZIONE E SEMPLIFICAZIONE

D.LGS. 33/2013

33/2013, CD. TESTO UNICO TRASPARENZA, OGNI ASPETTO DELL'AZIONE E DELL'ORGANIZZAZIONE DI CIASCUNA PA. DEVE ESSERE RESO NOTO, OSSIA CONOSCIBILE MEDIANTE PUBBLICAZIONE SUI SITI WEB ISTITUZIONALI E, IN TAL MODO, CONTROLLABILE E VALUTABILE DAGLI STAKEHOLDERS

PRINCIPIO DI TRASPARENZA

IL PRINCIPIO DI TRASPARENZA, A SUA VOLTA, È CONDIZIONE E PRESUPPOSTO INELUDIBILE DELLA LOTTA ALLA CORRUZIONE E AI FENOMENI DI MALAFFARE TRA GLI UFFICI PUBBLICI

REFERENTI COSTITUZIONALI

ART. 97 COST

- IL REFERENTE COSTITUZIONALE PIÙ IMPORTANTE È SICURAMENTE L'ART
- 97 COST., IL QUALE SANCISCE CHE I PUBBLICI UFFICI SONO ORGANIZZATI SECONDO DISPOSIZIONI DI LEGGE IN MODO CHE SIANO ASSICURATI IL BUON ANDAMENTO E L'IMPARZIALITÀ DELL'AMMINISTRAZIONE (COMMA 2)

FUNZIONI DEGLI ENTI LOCALI

Il comune

Il comune è il livello di governo locale nella struttura amministrativa italiana e rappresenta l'unità di base dell'ordinamento territoriale e ne cura gli interessi. Il comune si occupa di tutte le funzioni amministrative in merito al territorio e alla popolazione.

Tra le principali funzioni del Comune ci sono le politiche sociali, l'urbanistica, la viabilità, la manutenzione della città e i servizi pubblici. Il Comune è anche competente nella gestione delle scuole dell'infanzia, delle scuole dell'obbligo, e delle attività culturali e sportive. Disciplina anche la polizia locale per mantenere l'ordine e la sicurezza dei cittadini.

Il Comune si compone di organi specifici:

- Il consiglio comunale (esercita la competenza attraverso gli atti politici e amministrativi, art. 42 del TUEL)
- Il sindaco (sovraintende ed esercita le funzioni che gli sono attribuite dalla legge)
- La giunta (collabora espressamente al governo del comune)

Il consiglio comunale esprime l'indirizzo e il controllo politico-amministrativo. È composto da un numero variabile di consiglieri, in base alla popolazione del comune (il numero dei consiglieri è cambiato in base alla legge Delrio), eletti direttamente dai cittadini, come del resto avviene per il sindaco.

Le competenze del consiglio comunale sono molteplici e vanno dalla definizione delle politiche locali all'approvazione del bilancio. In particolare, il consiglio comunale ha il compito di:

1. Approvare il bilancio e le modifiche al bilancio, nonché lo schema di bilancio preventivo;

2. Approvare il piano delle opere pubbliche e il relativo programma triennale;

3. Approvare i regolamenti comunali e le normative che disciplinano la vita cittadina;

4. Approvare i piani urbanistici territoriali e i relativi regolamenti;

5. Stabilire le imposte e le tariffe che i cittadini devono pagare;

6. acquisti e alienazioni immobiliari;

7. Controllare l'operato dell'amministrazione comunale e dei suoi dipendenti.

L'art. 38 del TUEL disciplina il regolamento consiliare, dove sono esplicitate:

- Le modalità in cui avviene la convocazione;
- Il numero dei consiglieri;
- Le tipologie di gestione delle risorse come stabilito dalla legge.

Il consiglio resta in carica per 5 anni, si riunisce in sedute pubbliche, la prima dev'essere convocata entro i 10 giorni dalla proclamazione, all'esterno dell'edificio è fatto obbligo di esposizione della bandiera.

L'art. 39 del TUEL definisce la figura del presidente, il quale figura nei comuni con una popolazione superiore ai 15.000 abitanti. Per quanto riguarda i consiglieri, possono essere eletti i cittadini che abbiano compiuto 18 anni, inoltre non è indispensabile che risiedano nel comune in cui poi andranno a prestare le loro funzioni.

La cessazione della carica avviene per dimissioni o per decadenza (ineleggibilità o incompatibilità). Sono contemplati anche gli istituti della surrogazione (sostituzione definitiva) e della supplenza (temporanea sostituzione).

Il consiglio si serve di commissioni e gruppi consiliari in ottemperanza delle garanzie dovute alle minoranze, ma anche per una migliore organizzazione del lavoro.

Il consiglio si scioglie allo scadere del mandato o con un procedimento straordinario (con un decreto del Presidente della Repubblica su proposta del Ministero dell'interno). Va detto che tale procedimento straordinario avviene quando l'amministrazione comunale compie atti contrari alla Costituzione, avviene il decesso del Sindaco, o vi è una riduzione dei componenti senza possibilità di surroga. Vi può essere lo scioglimento anche per infiltrazioni mafiose, avvenute in forma di condizionamento o per collegamento diretto. Il prefetto in questo caso si deve operare per tutti gli accertamenti. Va sottolineato che lo può sospendere ancor prima che sia ufficiale il decreto di scioglimento. La sospensione ha una durata di 90 giorni (art 141 TUEL) o di 60 giorni (art 143 TUEL per i casi di infiltrazione mafiosa).

Il sindaco

Il sindaco è un rappresentante importante dell'amministrazione comunale, viene eletto direttamente dai cittadini per un mandato di cinque anni. Nel suo ruolo, il sindaco ha il compito di sovrintendere ai servizi e alle funzioni del Comune, assicurandosi che siano svolte in modo efficiente e in linea con la legge.

Elezione

Il sindaco viene eletto direttamente dai cittadini e deve prestare giuramento di fedeltà alla Costituzione davanti al Consiglio comunale. Affinché un candidato possa presentarsi alle elezioni, deve rispettare una serie di requisiti, tra cui essere maggiorenne e avere la cittadinanza italiana.

Competenze e responsabilità

Il sindaco è il capo dell'amministrazione comunale e sovrintende ai servizi di competenza dello Stato, in particolare:

- Nomina e revoca gli assessori
- Nomina il segretario comunale
- Con popolazione superiore ai 100.000 abitanti nomina il direttore generale
- Nomina i responsabili dei vari uffici
- Sovraintende le funzioni amministrative
- Coordina gli orari dei vari servizi, uffici ed esercizi pubblici

Il sindaco in veste di ufficiale di governo sovraintende agli atti in materia di sicurezza pubblica. Inoltre, coordina le forze di polizia locale con quelle statali quando è necessario. Sovraintende ai registri e agli adempimenti in materia elettorale, militare e statistica.

Gli articoli 50 e 54 del TUEL donano al sindaco un ampio potere in merito all'emanazione di ordinanze per la gestione dell'ordine pubblico o di emergenze sociali, questi provvedimenti sono volti a garantire la sicurezza dei cittadini, un esempio di tali ordinanze è quando il sindaco chiude le scuole a causa del mal tempo.

Il sindaco ha molteplici responsabilità durante il suo mandato. Deve agire nell'interesse del Comune e dei suoi cittadini, assicurandosi che i servizi e le funzioni comunali siano svolte in modo efficiente e in linea con la legge. Infine, il sindaco deve assicurarsi che tutte le norme e i regolamenti vengano rispettati.

Il vicesindaco

Il vicesindaco è chiamato a sostituire il sindaco quando si presenta la necessità, può farlo nella misura di:

- Una **supplenza temporanea**, a causa di un occupazione del sindaco in altri ambiti, assenza per malattia o per ferie o è sospeso dalle funzioni in base all'articolo 59. In caso di sospensione in base a quest'articolo, la supplenza può essere portata avanti anche per un periodo non breve.
- Una **reggenza continuativa** qualora si verifichi un impedimento grave (rimozione, decadenza o decesso), in questo caso vi sarà una *prorogatio* fino a nuove elezioni. Nel caso in cui il sindaco venga sfiduciato o si dimetta, spetta al commissario straordinario gestire la situazione fino a nuove elezioni.

La giunta

La giunta è un organo collegiale, che si occupa nello specifico di:

- Collaborare con il sindaco
- Si occupa dell'adozione dei regolamenti
- Ogni anno ha il compito di riferire al consiglio

La nomina della giunta e del vicepresidente spetta al sindaco, il quale è tenuto a informare il consiglio durante la prima seduta dopo le elezioni. La composizione della giunta è sempre in funzione del numero di abitanti.

Va fatta un ulteriore distinzione, nei comuni con una popolazione superiore ai 15.000 abitanti, gli assessori possono provenire al di fuori del Consiglio, è sufficiente che i cittadini non abbiano nulla in contrasto con la carica di consigliere. Nei comuni con una popolazione inferiore ai 15.000 abitanti non vi è incompatibilità in quanto gli assessori possono essere scelti anche all'interno del consiglio.

In merito ai vari componenti delle giunte è garantita la rappresentanza di genere, infatti, nei comuni con una popolazione superiore ai 3.000 abitanti, entrambi i sessi non possono essere rappresentati in misura inferiore del 40%. Fino ai 3.000 abitanti ci si rifà a delle disposizioni di principio in linea con le pari opportunità.

La legge sui piccoli comuni e Decentramento comunale

La Legge 158 del 2017 è stata promulgata con l'obiettivo di favorire e promuovere lo sviluppo sostenibile dei **piccoli comuni in tutta Italia**. I comuni ammissibili ai finanziamenti devono avere una popolazione fino a 5.000 abitanti o essere nati dalla fusione di due comuni di questo tipo - inoltre devono essere situati in aree colpite da difficoltà socioeconomiche, dove si assiste al declino demografico, al dissesto idrogeologico o all'inadeguatezza dei servizi sociali.

Il Decreto Ministeriale 10/8/2020 fornisce le linee guida per determinare quali sono le tipologie più adatte a ricevere un sostegno nell'ambito delle misure previste da questa legge.

Il decentramento municipale, o i distretti municipali come vengono più comunemente chiamati, sono stati regolamentati per la prima volta dalla Legge 278/1976. Attualmente le loro linee guida e i loro regolamenti rientrano nell'articolo 17 del TUEL (Testo Unico Enti Locali).

Secondo questo articolo, i comuni con popolazione superiore a 250.000 abitanti devono istituire questi distretti, mentre quelli inferiori hanno la possibilità di farlo. Nel 2010 il D.L. 2/2010 ha previsto alcune mitigazioni per le città più piccole - abolendo le circoscrizioni se lo si desidera - ma le aree metropolitane più grandi come Roma e Milano continuano a prevederle, anche se con denominazioni diverse come "Municipi" o "Quartieri".

I rispettivi statuti definiscono ulteriori dettagli in merito all'organizzazione, alle funzioni, alle modalità di elezione, eccetera; in genere c'è un presidente e un consiglio circoscrizionale il cui scopo è quello di rappresentare le esigenze della circoscrizione all'interno di un unico ente comunale (art. 17 commi 2 e 4 TUEL).

La provincia

In quanto ente locale tra Comune e Regione, la Provincia ha il compito di rappresentare la propria comunità, promuoverne gli interessi e coordinare la crescita e lo sviluppo. La legge 56/2014 (legge Delrio) la ridefinisce ulteriormente in termini di **area vasta** - allentando così il legame con i cittadini, dal momento che gli organi post-riforma non sono più eletti da loro - le funzioni che non possono essere gestite efficacemente a livello comunale devono rimanere in questo ambito di gestione della provincia.

Le funzioni fondamentali e non fondamentali

La Legge 56/2014 è fondamentale per determinare i ruoli chiave che le province devono svolgere. Questi comprendono la pianificazione territoriale per ottimizzare il coordinamento e proteggere l'ambiente, la supervisione delle operazioni di trasporto, la progettazione di reti scolastiche secondo gli standard regionali, l'elaborazione dei dati per i governi locali, nonché la costruzione e il controllo delle scuole. Inoltre, cerca di mitigare qualsiasi pratica discriminatoria all'interno dei confini provinciali, offrendo pari opportunità in tutti i settori. Questa riforma legislativa ha riorganizzato le province in modo che possano servire meglio i cittadini.

Le **provincie montane** in aggiunta devono occuparsi dello sviluppo del territorio e della gestione dei servizi in ottemperanza sempre al territorio.

La Legge Delrio affida l'attuazione delle **funzioni non fondamentali** delle province a una Conferenza Unificata tra Stato e Regioni. Questo accordo mira a individuare l'esercizio territoriale ottimale, a favorire forme di esternalizzazione o di delega tra gli enti coinvolti, a promuovere l'esercizio associato da parte di più enti attraverso le autonomie e a trasferire risorse insieme a tali funzioni.

La riforma Delrio del 2014 ha rivoluzionato la struttura istituzionale della Provincia, sostituendo il sistema precedente con nuovo assetto, composto dal Consiglio Provinciale, che è l'organo decisionale e di controllo, dal Presidente, il quale presiede e convoca le assemblee, e da un'Assemblea consultiva dei Sindaci, che ha poteri propositivi e di controllo in ottemperanza a quanto indicato dallo Statuto.

Il consiglio Provinciale

l Consiglio Provinciale è un potente organo rappresentativo con autorità sulle funzioni politiche e amministrative della provincia. Propone gli statuti che devono essere approvati dall'Assemblea dei Sindaci, approva i regolamenti, i programmi e i bilanci da esaminare, oltre a esercitare qualsiasi altro potere assegnato dalle leggi statutarie.

Questo consiglio resta in carica per due anni – è composto da 16 membri quando le province hanno più di 700.000 abitanti e da 10 quando la popolazione è inferiore a 300.000 – vengono eletti i sindaci o i consiglieri comunali che ricoprono attualmente cariche all'interno dei comuni appartenenti alla provincia. Tuttavia, quando lasciano questi incarichi comunali, perdono anche il loro seggio a livello provinciale

Il consiglio è presieduto dal **presidente della provincia**, il quale ha il potere di convocarlo e di sovraintendere i servizi e gli uffici per la corretta esecuzione degli atti. Viene eletto dai Sindaci e dai consiglieri dei Comuni della Provincia e resta in carica per quattro anni. Può nominare un vicepresidente tra i consiglieri provinciali, e può assegnare anche delle deroghe a quest'ultimi secondo le modalità previste dalla legge.

Assemblea dei Sindaci

L'Assemblea dei Sindaci è un organo creato dalla legge Delrio per sostituire la giunta Provinciale, nella sua funzione mantiene i poteri ridotti. L'assemblea è composta da tutti i sindaci della rispettiva giurisdizione provinciale ed è convocata dal suo Presidente. Ha poteri consultivi, propositivi e di controllo. Inoltre, può adottare o respingere lo statuto proposto dal consiglio, a patto che i voti siano a rappresentanza di almeno un terzo dei comuni che vi sono compresi.

Gli amministratori locali

L'articolo 77 del TUEL definisce l'amministratore locale come il sindaco, il presidente della provincia, i consiglieri, gli assessori delle comunità montane o il presidente della regione, a seconda dell'ambito territoriale di riferimento.

In particolare, l'articolo 77 del TUEL stabilisce che l'amministratore locale è il rappresentante della comunità che amministra e dirige l'ente locale, nonché responsabile del governo dell'ente e degli obiettivi di sviluppo e di benessere dei cittadini.

L'amministratore locale ha il compito di promuovere lo sviluppo economico, sociale e culturale del territorio dell'ente locale, nonché di valorizzare le risorse del territorio nello spirito di solidarietà e di cooperazione tra enti locali.

Il comportamento degli amministratori dev'essere orientato all'imparzialità e al principio di buona amministrazione. Sono chiamati ad agire in modo imparziale, e senza vincolo di mandato. Hanno il dovere di astensione in merito alla votazione o alla discussione quando l'oggetto della stessa riguarda gli interessi di parenti o similari. Il provvedimento in questione non si applica ai piani urbanistici e ai procedimenti normativi a meno che la correlazione non sia strettamente diretta.

Facendo un esempio pratico, se l'oggetto della discussione/votazione riguarda il piano regolatore e in quella zona vi è il proprio terreno o quello di un parente è necessario astenersi.

Al sindaco, agli assessori, ai consiglieri e al Presidente della provincia è vietato ricoprire incarichi o fornire consulenze verso enti sottoposti alla vigilanza del comune o comunque sia della provincia. Queste figure non possono nemmeno acquistare beni affidati alla loro cura, non possono partecipare a un asta pubblica nemmeno con interposta persona.

Oltre ai doveri vi sono anche i diritti:

- Hanno diritto di astenersi dal loro servizio per partecipare ai Consigli
- I permessi retribuiti o meno si configurano come un diritto; pertanto, è previsto il loro accertamento da parte del datore di lavoro, senza che vi sia alcuna valutazione in merito
- È diritto del sindaco, degli assessori, dei consiglieri e del Presidente della provincia, richiedere l'aspettativa non retribuita, qualora ricoprissero la posizione di lavoratori dipendenti per tutta la durata del loro mandato.
- In regime di aspettativa non retribuita, gli oneri previdenziali o di ogni altra natura devono essere versati da chi ne fa domanda, come disciplina l'art. 86 del TUEL
- Al lavoratore dipendente che richiede l'aspettativa per assolvere alle sue funzioni verrà corrisposta un'indennità di funzione per il ruolo che andrà a ricoprire
- Al lavoratore dipendente che richiede l'aspettativa per assolvere alle sue funzioni verrà corrisposto un gettone di presenza ogni volta che vi sarà un'effettiva partecipazione.
- Per i viaggi fuori dal proprio capoluogo è previsto il rimborso spese, in relazione a quelle sostenute (art. 84 del TUEL) previa documentazione fornita al dirigente competente
- Per quanto riguarda i rischi derivanti dall'esercizio del mandato, può essere stipulata un'apposita assicurazione (art. 86 del TUEL)
- È previsto il rimborso delle spese legali a patto che non vi sia un conflitto di interessi, un nesso tra il proprio ruolo e la colpa, l'assenza della colpa grave
- Non vi è copertura assicurativa per i componenti esterni e per i rappresentanti nominati dall'ente per altri enti (in questo caso la legge già disciplina la loro partecipazione).

Gli amministratori locali sono sottoposti a degli **obblighi di trasparenza**, i quali vengono espletati tramite la pubblicazione di alcuni documenti, nello specifico:

- La nomina
- I compensi e importi relativi alla carica ricoperta
- Il curriculum
- Altri incarichi
- Dichiarazioni su immobili iscritti nei pubblici registri e redditi soggetti all'Irpef, oltre che le spese sostenute per la propria campagna

Le modifiche del territorio

L'art. 133 della Costituzione consente il mutamento del territorio per la nascita di una nuova provincia o per la creazione di un nuovo comune. Con il termine mutamento si fa riferimento al distacco di alcune parti del territorio, le quali possono andare a costituire una nuova provincia. Le fasi di questo procedimento sono tre, ovvero:

- L'iniziativa
- La fase del parere regionale
- La fase dell'approvazione

La **fusione dei comuni** può essere tradizionale o per incorporazione, la prima determina l'estinzione giuridica dei comuni coinvolti. La seconda permette una continuità giuridica del comune che ingloba l'altro.

L'unione è **un'associazione tra comuni** che facilita la gestione congiunta di alcuni servizi, pur mantenendo l'autonomia di ogni singolo comune. Questa forma di collaborazione è stata istituita dall'articolo 32 del Testo Unico delle leggi sull'ordinamento locale e promossa dai governi regionali con contributi specifici per l'avanzamento della procedura.

Il Decreto-legge 78/2010 impone ai comuni più piccoli (sotto i 5.000 abitanti) di praticare la gestione associata per i suoi vantaggi economici; tuttavia, è stato modificato dal Decreto-legge 228/2021 come richiesto da un intervento della Corte costituzionale che ha proposto di creare delle esenzioni se le unioni non portano guadagni di efficienza o risparmi di costi.

I cittadini e la loro partecipazione

Cos'è la partecipazione popolare? Con questo termine ci si riferisce alla partecipazione dei cittadini, sia come singoli ma anche tramite l'unione, nella gestione degli interessi pubblici, grazie agli strumenti della democrazia diretta. L'art. 8 stabilisce che i cittadini si possono riunire tramite forme associative con l'intento di promuovere organismi di partecipazione popolare, nello specifico all'interno dello statuto è necessario che vi siano:

- Procedure chiare per la formulazione di proposte, di petizioni e di istanze. Devono altresì essere specificate le modalità di consultazione della popolazione.

Vediamo alcuni elementi chiave:

Il referendum: l'obiettivo del referendum è quello di permettere alla popolazione di esprimere il proprio parere in merito a delle questioni. I referendum non sono tutti uguali e per la precisione si distinguono in:

consultivi – abrogativi (di leggi) -costitutivi

Questi referendum locali devono essere inerenti a materie di competenza locale; pertanto, non possono riguardare grandi temi nazionali e non possono essere fatti in concomitanza di elezioni.

L'azione popolare: questa azione consente ai cittadini di agire in difesa di un interesse collettivo.

Si distingue:

La legittimazione ad agire: ovvero il diritto per tutti quelli che possono votare di far sentire la propria voce, se un avente diritto intraprende l'azione e poi non la porta avanti la stessa può essere proseguita anche da altri, comprese le forme associative.

Legittimati passivi: coloro che subiscono l'azione

La partecipazione procedimentale: trattasi della partecipazione al procedimento amministrativo, si configura come un diritto pubblico delle comunità. Diversamente il **diritto soggettivo degli interessati** per la visione di documenti amministrativi è da ritenersi di diversa natura rispetto a quello precedentemente menzionato.

Il difensore civico: il suo ruolo è quello di fare da garante in merito all'imparzialità, nei suoi poteri è compresa la segnalazione **da iniziativa propria o su richiesta dei cittadini** per la verifica di; abusi, carenze, ritardi e disfunzioni dell'amministrazione.

I controlli sugli atti e sugli organi

I controlli sugli atti sono stati abrogati dall'art. 9 e dall'art. 126 del TUEL, il precetto costituzionale che poi è stato abrogato prevedeva il controllo tramite dei comitati regionali conosciuti come CO.RE.CO.

Pertanto, il controllo non si riferisce agli atti ma piuttosto alla **condotta dell'organo.** Si distinguono i controlli ispettivi e quelli sostitutivi.

I controlli ispettivi consistono in un'attività di vigilanza. Generalmente sono affidati al prefetto.

I controlli sostitutivi possono essere semplici o repressivi. Nei primi vi è una sostituzione dell'organo, generalmente sono attribuiti al difensore civico regionale, nei secondi oltre alla sostituzione si applicano anche delle sanzioni. Oltre a questi controlli va menzionato il potere di annullamento straordinario (art 138 del TUEL)

Un esempio di potere sostitutivo è quello esercitato dal governo quando si sostituisce a organi delle regioni, città o provincie.

I controlli interni (art 147 del TUEL) riguardano:

- Il controllo/verifica di gestione

- Il controllo in materia finanziaria
- Il controllo dei servizi erogati

Va anche detto che l'ente locale deve prevedere dei controlli anche sulle società non quotate, partecipate dallo stesso ente.

Il **controllo esterno** in merito alla gestione è affidato alla **Corte dei conti**, la quale deve verificare ed esaminare le scritture contabili.

PUBBLICO IMPIEGO E LAVORO

Le norme Principali in merito alla disciplina del pubblico impiego e del lavoro sono contenute nel:

- Art.88 TUEL
- D.Lgs. 165/2001 (testo pubblico impiego)

Definizione di dipendente pubblico: Lavoratore che in un modo stabile e continuativo lavora per lo Stato/Ente pubblico.

Si distinguono in:

- Dipendente Pubblico - Persona che lavora alle dipendenze di un determinato ente.
- Datore di lavoro pubblico - Struttura che convoglia i dipendenti pubblici, ha poteri di vigilanza-disciplinari. Il datore di lavoro non è una persona fisica ma un ente.

Privatizzazione del pubblico

D.Lgs. 3-2-1993, n.29, decorso nell'attuale D.Lgs. 30-3-2001 n.165

Con la privatizzazione dell'impiego pubblico le azioni disciplinari sono pressoché simili a quelle degli impieghi privati, ovvero:

- assunzione tramite contratto individuale
- sotto giurisdizione del giudice ordinario
- distinzione da prospettiva politica

Sono **esenti** alcune categorie: Magistrati, Avvocati dello Stato, forze militari, polizia di Stato.

Disciplina del rapporto di lavoro pubblico

Le fonti pubblicistiche:

Art. 2., co. 2, D.Lgs.165/2001

Sono all'interno del sistema di lavoro e si occupano di regolamentare il rapporto dei lavoratori pubblici.

Disciplina costituzionale:

Art. 28 - funzionari e dipendenti dello Stato sono responsabili degli atti violanti dei diritti.

Art. 51 - l'accesso agli uffici pubblici è concesso a tutti i cittadini senza distinzione di sesso.

Art. 54 - i cittadini devono adempiere alle proprie funzioni con rigore e ordine.

Art. 97 - i pubblici uffici sono disposti secondo legge; agli impieghi pubblici si accede tramite concorsi pubblici.

Disciplina legislativa

D.Lgs. 30-3-2001, n.165 (Testo sul pubblico impiego)

Trattasi di un documento composto da **73 articoli** suddiviso in:

- Principi generali
- Organizzazione
- Contrattazione collettiva e rappresentatività sindacale
- Rapporto di lavoro
- Controllo spesa
- Giurisdizione
- Disposizioni diverse e norme transitorie finali

Pubbliche Amministrazioni: in questo termine vi rientrano tutte le Amministrazioni dello Stato ad ordinamento autonomo, ovvero, le regioni, le province, i comuni (anche piccoli montani), i consorzi, le associazioni, le scuole, le istituzioni educative e le aziende.

Modifica apportata da riforma Brunetta (L. 4-3-2009, n.15 e D.Lgs. 27-10-2009, n. 150), riordino del pubblico impiego e semplificazione delle norme.

Da ricordare → **Subentro riforma Madia L. 124/20015**

Disciplina sugli enti locali

Si fa riferimento al TUEL (Titolo IV - art. da 88 a 111, organizzazione e personale).

→Si applica il D.Lgs.165/2001

Potestà regolamentare degli enti locali (art.89, co.2, TUEL):

- Responsabilità di tipo giuridica sui lavoratori
- Organizzazione degli uffici (organi, uffici, titoli di conferimento)
- libertà di insegnamento con autonomia professionale in ambito scientifico
- ruoli e dotazioni organiche

- Disciplina di responsabilità e divieti nelle Pubbliche Amministrazioni.

Piani di contrattazione

Sono presenti negli impieghi pubblici:

- Contratti quadro (CCNQ) - Stipulati tra l'ARAN (Agenzia per le negoziazioni delle Pubbliche Amministrazioni) e le diverse confederazioni sindacali. Si regolano procedure di conciliazione, si definiscono i comparti di contrattazione (aspetti trasversali)
- Contratti collettivi nazionali di lavoro dei comparti (CCNL) - Accordi che regolamentano le attività lavorative dei diversi enti pubblici riuniti sono riuniti sotto gli stessi settori.
- Contratti collettivi integrativi (CCI) - Siglati tra singole Amministrazioni e dalla rappresentanze sindacali. Si mantengono le linee guida del CCNL.

Art. 40, co.3, D.Lgs. 165/2001 (modificato dal D.Lgs. 150/2009) - vengono da regolamentati i **rapporti e la durata dei contratti collettivi** da parte della contrattazione collettiva.

Contratto Funzioni locali - firmato il 21 maggio 2018, regolamenta le attività tra i dipendenti (non dirigenti) degli enti locali.

Rapporto di lavoro e modalità di reclutamento

Piano dei Fabbisogni → D.Lgs. 75/2017 (modifica dell'art.6 D.Lgs. 165/2001) - L'organizzazione, la regolamentazione degli uffici e dei rapporti di lavoro sono legate ad un Piano triennale dei fabbisogni di personale (PTFP). Nello specifico:

- Le Pubbliche Amministrazioni sono tenute a seguire in coerenza con la pianificazione pluriennale delle attività e della performance
- Ogni Amministrazione deve indicare la consistenza della dotazione organica (numero di dipendenti) e rimodulazione.
- Si vieta l'assunzione di personale per le Pubbliche Amministrazioni che non corrisponda alle disposizioni date dal Piano dei Fabbisogni.

Assunzioni

Art.97, co.4 - Si accede agli impieghi nel Pubbliche Amministrazioni mediante concorso.

Concorso pubblico per esami e titoli, il quale dev'essere:

- Meritocratico
- Si Effettua una graduatoria con punteggio
- Parità di tutti i concorrenti
- La sua finalità è data dal contratto per assunzione individuale (In forma scritta).
- Avviamento degli iscritti tramite elenchi anagrafici

- Assunzioni obbligatorie per categorie protette (previa verifica delle mansioni da svolgere).

Periodo di prova (art.20 CCNL) – inerente alla durata di 2 mesi per categorie A e B, 6 mesi per le restanti categorie.

Lavoro dipendente e lavoro flessibile

Lavoro **dipendente ordinario** - Accessibile tramite selezione pubblica con conseguente stipulazione di un contratto individuale a tempo indeterminato (art. 36 D.Lgs. 165/2001).

A tempo pieno: normale regolarizzazione degli orari lavorativi e delle mansioni.

A tempo parziale:

Orizzontale - Orario giornaliero in forma ridotta

Verticale - Prestazioni a tempo pieno ma ridotte a periodi predeterminati.

Misto - Combinazione dei due.

Lavoro flessibile - Lavoro dipendente che possiede delle particolarità nel tempo e nelle attività da svolgere. Le Pubbliche Amministrazioni possono avvalersene per motivi eccezionali o temporanei, si richiedono:

- Comprovate esigenze
- Deve essere lavoro subordinato a tempo determinato (contratto a termine)
- Il lavoro somministrato a tempo determinato (contratto di somministrazione), non può superare il 20% del tetto massimo degli enti aventi lavoratori a tempo indeterminato.
- Il rapporto va comunicato entro il 31 gennaio di ogni anno agli enti che redigono la relazione annuale al Parlamento.
- Imparzialità e trasparenza.

Lavoro autonomo - lavoro ad alto contenuto di professionalità. Viene richiesto dalle Amministrazioni verso professionisti di un determinato settore.

Smart Working

Smart Working - rapporto di lavoro tra dipendente e datore, privo di vincoli di spazio e tempo, data da un'organizzazione per cicli o obiettivi. Può essere a tempo determinato o indeterminato.

<u>Regolamentazione e tutela</u>

L. 81/2017 sugli accordi individuali richiede delle condizioni specifiche che devono contenere:

- Una forma scritta per fini amministrativi e come prova del lavoro.
- Normale esecuzione del lavoro all'esterno del luogo di lavoro (l'azienda)
- Tempi di riposo con tecniche che localizzino l'interruzione del lavoratore con le strumentazioni di lavoro.
- Disciplinare l'esercizio del datore di lavoro sulla prestazione resa con i limiti imposti dall'art.4 L 300/1970 (controlli a distanza).
- Nella prestazione è possibile introdurre obiettivi aziendali, fasi, cicli.

Smart working nel settore pubblico

Il D.M. 19 ottobre 2020, il Ministero della Funzione pubblica ha ordinato il lavoro pubblico a causa dell'emergenza pandemia. La Pubblica Amministrazione è stata organizzata in modo tale da funzionale nelle stesse condizioni vigenti per le aziende impegnate a ricevere prestazioni lavorative in smart working.

POLA (Piano organizzazione del lavoro agile) - Le amministrazioni devono assicurarsi che possano avvalersi almeno il 60% dei dipendenti ai lavori agili, garantendo loro nessuna penalizzazione sulla carriera.

- Misure organizzative
- Strumenti di verifica periodica sui risultati
- digitalizzazione dei processi

Localizzazione del personale
Declaratoria delle categorie

Il personale viene categorizzato in un sistema di classificazione professionale (introdotto il 31 marzo 1999).

Le categorie sono indicate con delle lettere e sono in totale 4:

A (posizioni economiche da 1 a 6) - Lavoratori caratterizzati da conoscenze di tipo generale acquisibile tramite scuola dell'obbligo.

B (posizioni economiche da 1 a 8) - Lavoratori caratterizzati da buone conoscenze specialistiche acquisibili tramite scuola dell'obbligo o corsi di formazione, con un discreto livello di esperienza lavorativa.

C (posizioni economiche da 1 a 6) - Lavoratori caratterizzati da avanzate conoscenze mono specialistiche acquisibili con scuola superiore acquisibile tramite scuola superiore e con esperienza pluriennale con necessità di aggiornamento.

D (posizioni economiche da 1 a 7) - Lavoratori caratterizzati da elevate conoscenze plurispecialistiche acquisibili con laurea, e con esperienza pluriennale con frequenti aggiornamenti.

Progressioni economiche e di carriera

Nel corso del tempo possono subentrare modifiche retributive e funzionali, determinate da:

Progressione economica: Si attua un passaggio da una retribuzione iniziale verso un'altra superiore. Viene riconosciuta in modo selettivo e in quota limitata di dipendenti.

Progressione della carriera: Avviene un passaggio di categoria tramite concorso pubblico, a meno che l'Amministrazione dia diversa destinazione al personale interno.

Posizioni organizzative

Posizioni che ricevono un alto grado di autonomia a causa della loro complessità operativa. Sono figure di intermediazione tra il dirigente e la struttura di riferimento. Inoltre, sono regolamentati dal CCNL e vi è possibile istituire posizioni che svolgono: Funzioni di direzione di unità organizzative complesse. Oppure, attività di alta professionalità.

Diritti e doveri dei dipendenti

Tra i diritti si annoverano i diritti patrimoniali, non patrimoniali e altri diritti.

Diritti patrimoniali

Il lavoro nella Pubblica Amministrazione comporta dei benefici:

Retribuzione

- Trattamento fondamentale - stipendio tabellare + retribuzione individuale di anzianità + indennità integrativa, speciale sviluppo economico interno all'area funzionale.
- Trattamento accessorio - indennità di amministrazione + fondo unico di amministrazione, sono previsti anche compensi per lavori straordinari.
- Sanzioni nel caso di mancata adempienza ai propri doveri.

Diritti non patrimoniali

Ogni dipendente ha diritto allo svolgimento delle proprie mansioni, che gli vengano conferite mansioni superiori nel caso di:

- Vacanza di posto in organico - Non più di sei mesi
- Sostituzione di un dipendente assente - diritto di conservazione del posto per la durata dell'assenza (escluse le ferie)

Demansionamento - per i lavoratori non riconosciuti idonei alle mansioni da svolgere. (D.P.R. 171/2011) - vietato per i dipendenti vittime di molestie (Art.26, co. 3-bis, D.Lgs. 198/2006).

Mobbing – indica la condotta inappropriata da parte del datore, o dell'organico, ripetuto nel tempo ai danni di un lavoratore. Nello specifico si ha:

- Mobbing verticale: danno prodotto dal datore
- Mobbing orizzontale: danno prodotto da altri lavoratori.

Il danno per Mobbing è una violazione dell'art.2087 c.c.

Altri Diritti:

- **Diritto al posto di lavoro** - Alcune categorie sono inamovibili (magistrati, professori universitari ecc.)
- **Diritti sindacali** - Alle Pubbliche amministrazioni si applica lo Statuto dei lavoratori (L. 300/1970) e rispetto della libertà (art. 14-18)
- **Diritto alla salute e alla sicurezza** - applicata sia al lavoro pubblico che privato (D. Lgs. 81/2008), i lavoratori devono essere sottoposti a regolare visita medica in virtù di questo diritto.
- **Diritto al riposo** - Ferie (art 36 Cost. e art.2109 c.c.); Festività (non può essere inferiore a 24 ore); Permessi giornalieri retribuiti (chiesti da dipendente nell'arco dell'anno, sono cumulativi); Permessi orari (brevi permessi accordati per motivi personali);
- **Diritto allo studio** - (art. 10 L. 300/1970 dello Statuto dei Lavoratori) I lavoratori possono usufruire di permessi particolari per la realizzazione del diritto allo studio.
- **Diritto alle assenze** - Assenza per malattia che non superi i 18 mesi (per accumulo); Dev'essere giustificata dal medico, l'ente può richiedere controllo fiscale; Assenza per maternità (D.Lgs. 151/2001); Assenza per assistenza familiare per 3 giorni mensili;
- **Diritto all'aspettativa** - Per motivi familiari: 12 mesi nell'arco del triennio, non è senza retribuzione; Per gravi motivi familiari: (art. 4, co.2 della L. 53/2000) durata non superiore ai 2 anni; Per cariche elettive;
- **Diritto all'integrazione al lavoro** - D.Lgs. 75/2017, integrazione di persone con disabilità e nomina di responsabili relativi ai processi di inserimento per amministrazioni superiori ai 200 dipendenti.

Doveri

Doveri ispirati ai principi pubblicistici: Principio di servizio esclusivo alla nazione (art. 98 Cost.); Principi di imparzialità e buon andamento della pubblica amministrazione (art. 97 Cost.); Principio di democraticità (art. 1 Cost.) Doveri ispirati ai principi privatistici: Si rifanno alle norme del Codice civile. Principali doveri:

Fedeltà: Obbligo a tenere una condotta fedele al proprio luogo di lavoro e di non abusare dei propri diritti;

Diligenza: Obbligo ad agire con attenzione e scrupolo nelle proprie mansioni;

Imparzialità: con la pubblica utenza;

Segreto d'ufficio: Divieto di trasmettere le informazioni riguardanti le proprie operazioni all'esterno del proprio luogo di lavoro;

Obbedienza: Rispetto delle direttive impartite;

Codice comportamentale dei dipendenti pubblici: art. 54 DLgs. 165/2001, si definisce il minimo grado di diligenza, lealtà, e buona condotta che i dipendenti devono rispettare. La violazione comporta sanzioni disciplinari.

Dipendenti del CCNL: art. 57 del CCNL, il dipendente ha il dovere e la responsabilità di servire la Repubblica con impegno e imparzialità. In particolare:

- deve collaborare con diligenza;
- rispettare il segreto d'ufficio;
- fornire informazioni nei rapporti col cittadino nel rispetto delle norme;
- Rispettare l'orario lavorativo;
- divieto di applicarsi ad attività fuori dal servizio in caso di periodi di malattia;
- Vigilare con correttezza le attività dei sottoposti;
- Cura dei locali;
- Rifiutare qualsiasi compenso connesso alla propria attività lavorativa

Responsabilità

Responsabilità **penale:** Codice penale (art. da 314 a 335-bis) regola i delitti dei pubblici uffici contro la Pubblica Amministrazione.

Responsabilità **disciplinare:** applicata dal datore di lavoro in base alla gravità del fatto accertato.

Responsabilità **dirigenziale:** L'amministrazione si avvale del potere di conferire o revocare l'incarico verso i propri dirigenti.

Responsabilità **amministrativo-contabile:** Si attiene ai danni inferti all'ente da parte del dipendente in maniera voluta o non voluta. In caso soggettivo ricade sugli impiegati, in caso oggettivo sui beni e le finanze.

Responsabilità **civile verso terzi:** L'amministrazione si assume obblighi di responsabilità verso i cittadini-utenti.

Cambiamenti del rapporto di lavoro in merito al concetto di mobilità

Mobilità esterna: passaggio da un'amministrazione diversa a quella iniziale

Mobilità interna: non cambia il datore di lavoro, ma solo la sede.

Mobilità intercompartimentale: trasferimento ad una amministrazione dello stesso comparto.

Mobilità temporanea: per un determinato lasso di tempo.

Mobilità permanente: fissa.

Mobilità volontaria: passaggio diretto fra amministrazioni diverse (art. 30 DLgs. 165/2001) richiesta dal dipendente.

Mobilità obbligatoria: può essere collettiva o individuale, richiesta dall'amministrazione (art. 33, D.LGS. 165/2001).

Valutazione e misurazione

Performance - Valutata in base al rendimento e al come viene ottenuto un certo risultato.

Strumenti per valutare la performance:

D.Lgs. 150/2009 - (Decreto Brunetta) è un servizio nato con lo scopo di valutare e quindi migliorare i servizi della Pubblica Amministrazione:

- Interesse da parte di chi ottiene i servizi e i suoi interventi;
- Un'ottima organizzazione che prevede l'uso di strumenti idonei alla misurazione della performance;
- Continuo miglioramento nel tempo dedicato al servizio;

Si individuano:

- Tempi
- Fasi
- Modalità
- Soggetti
- Responsabilità nel misurare e valutare

Strutture coinvolte

Art 12 D.Lgs.150/2009 (i soggetti individuati nelle varie fasi di gestione della performance):

Organismi indipendenti di valutazione (OIV) - Spetta a loro la valutazione e misurazione delle performance da parte dei dirigenti.

Organismo centrale (DFP) - coordina e indirizza i servizi forniti dall'OIV.

Organo di indirizzo politico-amministrativo - appartenuta ad ogni amministrazione

Dirigenti delle amministrazioni - effettuano la valutazione del personale. (art. 16 e 17, co. 1 lett. e-bis), D-Lgs. 165/2001)

Gli obiettivi

Art. 5, co.1, D.Lgs. 150/2009 (obiettivi individuati):

Obiettivi generali - Effettuati ogni tre anni dal Decreto del Consiglio dei ministri, si visualizzano le strategie e le linee guida delle Pubbliche Amministrazioni.

Obiettivi specifici - Le Amministrazioni valutano che ci sia una coerenza col piano delle performance durante l'anno, art.8 D.Lgs. 286/1999.

si individuano in particolare:

- obiettivi rilevanti per la collettività;
- obiettivi dai termini chiari;
- obiettivi che determinato un miglioramento della qualità dei servizi;
- obiettivi in misura agli standard prefissati a livello nazionale;
- obiettivi riferiti nell'arco di un determinato lasso di tempo (1 anno);
- obiettivi che possono avere un confronto gli altri trienni;
- obiettivi legati alla qualità e alla quantità di risorse utilizzabili;

Piano triennale della performance (PTP) - redatto ogni 31 gennaio, si confrontano gli obiettivi, le strategie e gli indicatori per misurare le performance dell'Amministrazione.

<u>Trattamento accessorio legato alle performance</u>

D.Lgs. 150/2009 (si indicano i premi e i riconoscimenti):

Bonus annuale - dato al personale (art.21):

Premio annuale per l'innovazione - dato dall'OIV per il miglior progetto realizzato nel corso dell'anno (art.22);

Progressioni economiche - date dalle Amministrazioni ad una quota ristretta di dipendenti in baso al loro sviluppo professionale e dai risultati raggiunti (art.23);

Progressioni di carriera - ottenuti tramite dei concorsi a favore del personale interno (art.24)

Attribuzione di incarichi e responsabilità - dato attraverso un serie di misurazioni e valutazioni (art.25)

Percorsi di formazione - corsi di crescita professionale per vari periodi lavorativi (art.26)

La fine del rapporto di lavoro

Si rispettano le sanzioni con gradualità e proporzionalità:

- Il comportamento, tenuto conto dell'evento
- Importanza degli obblighi violati
- Responsabilità sul posto di lavoro occupato
- Grado del danno causato
- Esistenza di circostanze che aggravano o attenuano il misfatto
- Azioni violanti da parte di più lavoratori in accordo tra loro

Quelle previste dal CCNL sono:

Rimprovero verbale: inflitta dal responsabile dell'organo verso il dipendente;

Rimprovero scritto o censura;

Multa: variabile per un massimo di quattro ore di retribuzione;

Si applicano per:

Negligenza sulle proprie mansioni

Inosservanza dei doveri nella prevenzione di infortuni e sicurezza

Rifiuto alle visite mediche

Rendimento basso nello svolgere i compiti assegnati

Assenteismo

Condotta errata nei confronti dei superiori

Violazione nel caso di identificazione col pubblico (art. 55-novies D.Lgs. 165/2001)

Sospensione: da 1 a 10 giorni di retribuzione (Sospensione per violazioni di entità media), oppure, fino a 6 mesi (Violazioni gravi).

Cessazione del rapporto di lavoro

Si applica nei seguenti casi:

- età massima raggiunta;
- dimissioni;
- decesso;
- impossibilità di rinnovo (per inosservanza o mancato raggiungimento degli obiettivi);
- perdita della cittadinanza

- licenziamento disciplinare (con o senza preavviso);
- esonero dal servizio per motivi fisici o psichici;
- annullamento di procedure di reclutamento;
- decadenza del lavoro senza consenso del Ministro competente;

Differenza fra le dirigenze

Dirigenza pubblica - personale assunto in correlazione alle procedure di assunzione per le posizioni direttive degli uffici pubblici. Il D.Lgs. 29/1993 (ora entrato nel D.Lgs.165/2001) crea una netta distinzione fra organi politici e burocratici.

<u>Nomina del dirigente:</u>

Affidamento dell'incarico - indica la tutela di un atto amministrativo;

Contratto di lavoro - si stabiliscono gli obiettivi e il compenso;

Spoils system - meccanismo creato per revisionare le nomine per il Governo o i singoli Ministri, nel quale vengono confermate, revocate, modificate nel corso dei 6 antecedenti alle scadenze naturali della legislatura.

Valutazione della dirigenza - art.25 del D.Lgs. 150/2009, si attua una valutazione della dirigenza in base ai risultati ottenuti e pianificati dall'ente.

Dirigenza locale - Singola persona che occupa la figura dirigenziale, titolare non solo della gestione amministrativa, ma anche di quella finanziaria e tecnica.

<u>art.53, co.23, L.388/2000</u> - deroga di separazione tra attività di indirizzo e attività politica.

Si applica in genere per gli enti con popolazione che va dai 5000 abitanti in giù, le condizioni sono le seguenti:

- Adottata attraverso le disposizioni regolamentari, in particolar modo sul regolamento dell'organizzazione degli uffici;
- Si opera col fine di mantenere un risparmio di spesa per l'ente, si documenta ogni anno;
- Il segretario comunale non deve essere reso responsabile dall'ente per le funzioni degli uffici e dei servizi;

16 luglio 2020 - Primo contratto collettivo nazionale di lavoro dell'area dirigenza del comparto funzioni locali, CCNL dei dirigenti locali.

- Si esplica il diritto all'incarico dirigenziale del personale;
- Riconosciuta la definizione di indennità per gli incarichi ad interim;

Le responsabilità della dirigenza

art.107 TUEL - mette in rilevanza la responsabilità dei dirigenti nel seguire gli uffici e i servizi; Co.2 - specifica la responsabilità della dirigenza in merito ai lavori urgenti e ai provvedimenti amministrativi rivolti verso l'esterno dell'Amministrazione;

Co.3 - indica un elenco di competenze per la dirigenza:

- Presidenza ai concorsi;
- Responsabilità sui concorsi e appalti;
- Pattuire contratti, atti alla gestione finanziaria, amministrativa e del personale
- Provvedimenti sulla sospensione del lavoro, poteri di vigilanza edilizia, erogazioni delle sanzioni amministrative;
- Legalizzazioni e atti che manifestano giudizio;
- Atti attribuiti dallo statuto delegati dal Sindaco;

Co.4 - attribuzioni ai dirigenti possono essere date solo ad opera di disposizioni legislative;

Co. 5,6,7 - confermano l'autonomia decisionale del dirigente dell'ente.

Reclutamento, conferimento, revoca

Distinzioni tra i dirigenti in un ente:

- Dirigenti previsti per l'organico a tempo indeterminato - Ottenuto tramite concorso pubblico, partecipano diplomati e laureati con esperienza di cinque anni;
- Dirigenti previsti per l'organico a tempo determinato - non supera il 30% dei posti, incarichi previsti tramite selezione pubblica richiesti titoli di studio ed esperienza;

Dirigenti non previsti per l'organico:

- Enti che contemplano figure dirigenziali - il numero complessivo non supera il 5% del totale della disponibilità organica, sono a tempo determinato;
- Enti che ne sono privi - si assume una figura dirigenziale solo in assenza della stessa, non si devono superare le 20 unità della dotazione organica;
- Reclutamento - si crea un rapporto di servizio tra il dirigente e l'ente;
- Rapporto organico - si crea solo al conferimento dell'incarico dato dal Sindaco (art.50 co.10 D.Lgs. 267/2000);

Incarichi - art.109 TUEL afferma che gli incarichi dirigenziali sono a tempo determinato, il provvedimento deve essere motivato, così come deve essere prefissato il regolamento sugli uffici e i servizi;

<u>Inconferibilità</u> - impossibilità di conferire incarichi, sono state individuate tre cause:

- Condanne penali;
- Arrivo di incarichi in enti privati o diretti dalle Pubbliche Amministrazioni;
- Conferimento da parte di indirizzi politici;

Revoca degli incarichi - avviene per inosservanza degli obiettivi da raggiungere stabilita dal PEG (Piano esecutivo di gestione);

Sono previste sanzioni nel caso della **violazione**, con decadenza di 15 giorni dalla contestazione.

Rotazione del personale - Viene effettuata nelle aree più ad alto rischio, di corruzione.

Trasparenza

D.Lgs. 97/2016 (con aggiunta co.1-bis all'art.14 D.Lgs.33/2013) - il personale che assume il ruolo dirigente ha l'obbligo di **trasparenza** nei confronti dei pubblici cittadini.

Le informazioni date sono:

- Atto di nomina
- Curriculum
- Compensi di qualsiasi natura legati al all'assunzione
- Altri eventuali incarichi e oneri

→Sentenza 23-1-2019, no.20 della Corte costituzionale - per i dirigenti che non hanno posizioni apicali non c'è obbligo di pubblicazione online dei propri dati personali, del reddito, e del patrimonio.

→Art.14, co. 1-ter - imposizione dell'Amministrazione che presta servizio a dichiarare sul sito istituzionale l'ammontare totale della retribuzione dei dirigenti.

Funzioni del personale non dirigente

Gli incarichi

Vengono forniti al personale che rientra nella categoria di grado D, con lavori che vengono generalmente dati ai dirigenti.

- lavori di direzione complessi;
- periodo non superiore ai 3 anni;
- richiesta alta professionalità.

Il Segretario e il Direttore

Albo dei Segretari - diviso nelle sezioni regionali, accessibile tramite corso (9 mesi) o concorso.

Classica dei segretari (fasce professionali):

- Fascia C: Possono ricoprire la funzione nei comuni di 3000 abitanti (classe IV);
- Fascia B: dopo 2 anni, tramite concorso indetto dal Ministro dell'Interno, 10,000 abitanti (Classe II - III);
- Fascia A: accessibile tramite altro corso interno, abitanti dai 65,000 (Classe IB), oltre ai 250,000 (Classe IA);

Nomina del segretario - nominato dal Sindaco e dal Presidente della Provincia, scelto nell'Albo nazionale (art.99 TUEL). La fine del mandato equivale alla cessazione dell'incarico;

Revoca del segretario - Revocato dal Sindaco o dal Presidente della Provincia, tramite deliberazione della Giunta per motivi di violazione d'ufficio. Il segretario privo di incarico viene collocato come disponibile per una durata massima di due anni.

L'attività

Il segretario supervisiona il lavoro dei dirigenti e coordina le loro attività, inoltre:

- Partecipa alle riunioni della Giunta e del Consiglio;
- Può esprimere propri giudizi sulle proposte fatte nel caso l'ente non abbia responsabili validi;
- Può svolgere le funzioni contrattuali per l'ente;
- Esercita altre funzioni dategli dallo statuto, o conferito dal Sindaco o il Presidente della Regione;

Vicesegretario

Sostituisce il segretario in caso di mancanza, per giorni non superiori ai 120 giorni (art.97,co.5, D.Lgs.267/2000), in caso di esubero dei giorni si nomina un nuovo segretario. In genere è un dipendente dello stesso Comune, o Provincia, e dev'essere in possesso del titolo di studio e della qualifica di Segretario;

Direttore Generale

Figura di coordinamento che fa da mediatore fra gli organi del governo e quelli burocratici dell'ente. Viene immesso nei comuni al di sotto dei 100.000 mila abitanti (art.2,co 186,lett.d), si occupa di dirigere il processo di pianificazione e di gestione dell'ente. Il suo incarico è conferito dal sindaco.

La sicurezza sul posto di lavoro
Le norme in riferimento alla Costituzione

- art.32 - La Repubblica garantisce i diritti di cura e salute dei cittadini;
- art.35 La Repubblica tutela il lavoro in tutte le sue forme e garantisce la formazione delle professioni;
- art.41 - La libertà economica privata (tutelata dalla Repubblica) non può essere in contrasto con l'utilità sociale;
- art.2087 - Impone al datore di lavoro l'incarico rivolto alla tutela in merito all'ambiente e al lavoro del personale.

Vigilanza

Art.13 D.Lgs. 81/2008 - rivolto soprattutto alle aziende sanitarie locali, ne definisce le compartizioni delle competenze in fatto di sicurezza sul lavoro.

Nozioni in merito alla sicurezza:

Rischio - Probabilità che avvengano o che vengano prodotti danni a luoghi o persone, per effetto di una fonte di pericolo;

Pericolo - Proprietà o qualità di un determinato evento/situazione di causare danni a luoghi o persone;

- Salute - Stato di completo benessere di un individuo;
- Medico competente, responsabile del primo soccorso
- Prevenzione - Azioni che si applicano in determinate situazioni di pericolo;
- Protezione - Misure adottate per ridurre le potenziali cause di rischio;
- Servizio di prevenzione e protezione (SPP)

RLS (Rappresentante dei lavoratori per la sicurezza) - Messo al corrente di tutte le decisioni prese dal datore e dai dipendenti. Rappresenta i lavoratori sugli aspetti di salute e sicurezza nel lavoro.

Funzioni RLS (art.50):

- Viene consultato riguardo ai rischi sul lavoro per gli addetti;
- Riceve comunicazioni ed informazioni sull'azienda e valuta i rischi;
- Partecipa a riunioni dell'azienda in date periodiche;
- Effettua corsi di formazione per misure di prevenzione.

SPP: Costituito dal datore di lavoro, (art.31) il servizio non è delegabile a nessun'altro membro dell'azienda. Compiti del SPP:

- Individuare i fattori di rischio;
- Costruire misure di prevenzione;

- Costruire programmi per la sicurezza;
- Organizzare riunioni periodiche per la comunicazione su salute e sicurezza;
- Fornire informazioni utili ai lavoratori.

Definizioni:

Datore di lavoro: Persona che possiede l'organizzazione e gli assetti per cui il lavoratore può attuare le sue attività, è responsabile di tutte le attività svolte dall'organizzazione; (art.2, co.1, lett. b) D.Lgs. 81/2008.

Dirigente: Persona che possiede le dovute competenze, vigila e attua le disposizioni del datore di lavoro; (art.2 Testo Unico)

Preposto: Posto allo scopo di sorvegliare e controllare i lavoratori;

Lavoratore: Persona che svolge attività lavorative per aziende private e pubbliche, con o senza retribuzione al fine di apprendere un determinato lavoro; (art.2, com.1, lett a)

Obblighi del datore di lavoro:

- Non delegabili: (art 17);
- (DVR) valutazione dei rischi;
- Designazione del responsabile per la prevenzione e protezione;
- Compiti delegabili: (art.18);
- Nomina del medico e rispettive comunicazioni;
- Limitazione dell'accesso nelle zone a rischio;
- Istruzioni per specifico addestramento;
- Comunicazione con L'INAIL.

Obblighi del lavoratore (art.20):

- Contribuire insieme a tutto l'organico agli obblighi per la salute e la prevenzione sul lavoro;
- Attuare le disposizioni date per la protezione;
- Utilizzo corretto dell'attrezzatura e degli attrezzi per la sicurezza;
- Non intraprendere manovre che minano la sicurezza;
- Partecipare a corsi di formazione;
- Non sottrarsi alle visite mediche.

Medico obblighi:

- Collaborare con il datore di lavoro sulle funzioni di protezione e prevenzione dei lavoratori;
- Programmi di tutela sanitaria;
- Corsi sulla sorveglianza sanitaria;

- Comunicazioni periodiche per le riunioni su sicurezza e sanità;
- visite effettuate almeno 1 volta l'anno;

Sorveglianza sanitaria: (art.2 D.Lgs.81/2008) atti medici costruiti ad hoc per la tutela e la sicurezza dei lavoratori.

Informare, addestrare e formare

Questi sono i principi fondamentali su cui viene strutturata un'organizzazione (art.2):

Informazione: unione delle attività create per fornire conoscenze e ridurre i fattori di rischio sul lavoro;

Formazione: processo di educazione compiuto al fine di istruire i membri dell'azienda sulla protezione della stessa, anche in merito all'acquisizione dei propri compiti lavorativi;

Addestramento: attività volte a istruire gli addetti all'uso degli attrezzi e dei macchinari;

DVR(Documento valutazione rischi): è una valutazione documentata di tutti i fattori di rischio all'interno dell'ambiente di lavoro; (Art.3 Testo Unico).

GLI UFFICI PUBBLICI E L'AMMINISTRAZIONE PUBBLICA

Lo Stato civile e l'ordinamento

Per **stato civile** si intende quel complesso di status (dal latino posizione) che definisce la situazione giuridica di una persona fisica (il cittadino) all'interno di un gruppo organizzato (società) in base a determinate norme e regolamenti.

Pertanto, in base proprio a quello che sarà identificato come status, si avrà il singolo cittadino, lo straniero, il figlio o il coniuge. Ciascuno di questi soggetti risponde a precisi diritti e doveri, diversi e specifici, ad esempio: lo status di coniugi presuppone l'obbligo di coabitare e la reciproca assistenza, se si è figli il diritto agli alimenti e al mantenimento. Non solo, gli stati civili sono fondamentali all'interno di un contesto sociale perché definiscono, proprio a livello giuridico, le varie tappe che contraddistinguono la vita di ciascun individuo: la nascita, il matrimonio (o unione civile) come anche la morte.

In particolare, nella legislazione italiana, è **il diritto privato e le norme del Codice civile che definiscono e regolamentano i diversi status**. L'ordinamento dello stato civile è disciplinato dal D.P.R. 3 novembre 2000 n° 396 che definisce appunto: *"Lo stato civile è il complesso delle singole posizioni giuridiche spettanti alla persona nella famiglia, nello Stato e nella comunità giuridica"*.

I registri dello Stato civile la normativa

Tutti gli atti che sanciscono lo stato civile sono raccolti in appositi registri conservati nei Comuni e ordinati secondo le norme regolamentate dall'art. 449 cod. civ.: "I registri dello stato civile sono tenuti in ogni Comune in conformità delle norme contenute nella legge sull'ordinamento dello stato civile".

I registi sono pubblici e contengono: gli atti che riportano le dichiarazioni rese all'ufficiale dello stato civile, gli atti trascritti e trasmessi da altri pubblici ufficiali, le annotazioni che riguardano gli atti successivi alla prima iscrizione. Gli atti che poi andranno conservati nei registri pubblici dello stato civile riguardano quindi:

- gli atti di nascita
- gli atti di riconoscimento dei figli al di fuori del matrimonio
- le registrazioni relative alla cittadinanza e al suo ottenimento da parte di cittadini stranieri

- gli atti che sanciscono l'unione coniugale (matrimonio)
- la certificazione relativa al decesso (atti di morte)

Nella gestione degli atti dei registri pubblici occorre sottolineare un aspetto relativo alle **dichiarazioni rese al pubblico ufficiale**, perché il falso è considerato un reato, in particolare riguardo alle dichiarazioni sostitutive di certificazioni (autocertificazioni), di cui all'art. 46 del D.P.R. 445/2000 e le dichiarazioni sostitutive dell'atto di notorietà, art. 47 del D.P.R. 445/2000.

→Nello specifico è l'art 76 che tratta le false dichiarazioni rese a un pubblico ufficiale, si tratta dei reati di cui agli articoli 495 e 483 del Codice penale e sono nella fattispecie:

- il reato di falsità ideologica commessa dal privato in atto pubblico (art. 483 del Codice penale)
- il reato di falsa attestazione o dichiarazione a un pubblico ufficiale sulla identità o sulle qualità personali o di altri (art. 495 del Codice penale)

Le registrazioni delle unioni civili

Grazie alla legge 20-5-2019 n° 76 anche nel nostro paese sono state introdotte nell'ordinamento giuridico le registrazioni relative alle unioni civili. Con il termine **unione civile** si è voluto intendere quel complesso sociale formato da due persone maggiorenni e appartenenti allo stesso sesso che decidono di unirsi in un atto di matrimonio, cosa che prima era sancita e regolamentata esclusivamente per le coppie costituite da un uomo e da una donna.

Questa normativa ha segnato una **vera svolta** nelle questioni relative allo stato civile, portando l'Italia ad avere una regolamentazione al pari di altri paesi europei. La disciplina che regola le unioni civili infatti, salvo poche differenze, è analoga a quella che sancisce il matrimonio, con la conseguente registrazione dell'atto di unione negli appositi registri predisposti in ogni Comune.

L'anagrafe

Ogni cittadino è tenuto per legge all'iscrizione presso l'ufficio dell'anagrafe del proprio Comune di residenza, atto fondamentale per dichiarare le proprie generalità e il proprio stato civile.

Il termine anagrafe, appunto, significa proprio registrazione: si tratta del registro che attesta il numero e lo status degli abitanti di un Comune, sia in quanto cittadini singoli che come componenti di un nucleo famigliare. Preso atto di tutte le informazioni necessarie dopo la prima iscrizione, il registro documenterà anche le eventuali variazioni che potrebbero avvenire nella popolazione in caso di nuove nascite o decessi, come della modifica dello stato civile in seguito a un matrimonio, a un'unione civile o a un divorzio.

Ulteriori cambiamenti che saranno registrati all'anagrafe potrebbero riguardare anche il cambio di residenza, come del proprio nome e cognome, dell'acquisizione o perdita della cittadinanza e anche un cambio di sesso rispetto a quello biologico. L'iscrizione all'anagrafe - secondo l'art 7 D.P.R. 223/1989 - avviene quindi: alla nascita, per esistenza giudizialmente dichiarata, per trasferimento di residenza, per mancata iscrizione all'anagrafe di un altro Comune. La cancellazione dalla stessa invece - art. 11 D.P.R. 223/1989 - si ha per trasferimento all'estero dello straniero, in caso di irreperibilità e per decesso.

Il titolare e colui che è delegato a tutte le funzioni relative all'anagrafe, detto appunto ufficiale dell'anagrafe, è il Sindaco, secondo l'art. 31 L. 1228/1954. Egli, infatti, è tenuto a regolarizzare i diversi atti relativi all'iscrizione all'anagrafe. Tuttavia, la legge permette una delega parziale o totale di tali mansioni o a un assessore, al segretario comunale ma anche ai dipendenti pubblici di ruolo presso il Comune. Tra gli accertamenti compiuti dall'ufficiale dell'anagrafe ci sono quelli relativi alle dichiarazioni rese in fase di registrazione per la verifica, appunto, della loro veridicità e sussistenza (quindi che non si sia dichiarato il falso).

Le informazioni da rendere all'anagrafe - che saranno poi accertate dall'ufficiale preposto - sono quelle relative al cambio di residenza, al trasferimento in un altro comune o all'estero, alla costituzione di un nuovo nucleo famigliare.

La normativa in materia di cittadinanza e stato civile, quindi dell'anagrafe, a oggi è ancora riservata alla legislazione dello Stato centrale, mentre la gestione dei servizi dell'anagrafe (quindi gli sportelli preposti negli uffici pubblici) è affidata ai singoli Comuni.

La corruzione e le misure per la prevenzione

La corruzione è un reato perseguibile dal Codice penale e rappresenta in tutto e per tutto un **atto illecito**. Questo avviene nel momento in cui un pubblico ufficiale sancisce un accordo con un soggetto privato che prevede il ricevere un compenso, il più delle volte in denaro ma anche sotto forma di altri benefici materiali, che non gli è dovuto per svolgere un atto, che gli spetta in virtù delle sue funzioni, in favore del privato.

Negli ultimi anni questo fenomeno è andato sempre più a radicarsi all'interno delle istituzioni pubbliche diventando davvero grave e assai diffuso e producendo sempre più effetti negativi sia nel tessuto sociale come nella solidità e nella credibilità delle istituzioni stesse. Per questi motivi è diventato urgente, prioritario e necessario individuare validi strumenti di contrasto al dilagare della corruzione.

In Italia, dopo un difficile iter parlamentare durato diversi anni e che ha animato il dibattito politico, nel 2012 si è giunti all'approvazione di una legge di prevenzione e repressione dei fenomeni di corruzione e illegalità all'interno della pubblica amministrazione: si tratta della legge 6-11-2012 n° 190, la cosiddetta legge Severino (dal nome dell'ex Ministro della giustizia Paola Severino). L'elemento di novità della legge riguarda in particolare le misure poste a prevenzione della corruzione, più evidenti rispetto alle sole misure repressive.

L'attività di prevenzione, secondo la legge, deve avvenire sia a livello nazionale attraverso l'operato dell'ANAC (l'Autorità Nazionale Anticorruzione) che ha il compito di redigere e approvare il cosiddetto piano nazionale anticorruzione, che a livello delle singole amministrazioni che sono tenute a individuare fra i loro dirigenti un responsabile della corruzione e della trasparenza a cui spetta il compito di redigere il piano specifico.

In particolare, è stato individuato nel concetto di trasparenza dell'attività amministrativa lo strumento principale di prevenzione agli atti di corruzione, come anche di efficienza ed efficacia dell'azione stessa della pubblica amministrazione.

Ciò significa rendere pubblici, attraverso le pubblicazioni su appositi canali di comunicazione, come anche sui siti web delle varie amministrazioni ed enti pubblici, tutti gli atti relativi alle azioni amministrative, in modo che possano essere accessibili in maniera semplice, immediata e appunto trasparente ai cittadini che, di conseguenza, eserciteranno un'azione di controllo.

Gli atti che saranno resi pubblici possono riguardare le assegnazioni di gare d'appalto, le disposizioni di spesa relative al bilancio comunale, come anche gli stipendi dei vari funzionari pubblici e delle cariche pubbliche (sindaco, assessori, consiglieri, deputati, ministri).

Il codice relativo al comportamento dei dipendenti del pubblico impiego

Sempre con la finalità di prevenire la corruzione, la legge 190/2012 ha inteso dare particolare rilevanza al ruolo diretto delle amministrazioni pubbliche facendo riferimento nello specifico proprio al ruolo dei propri dipendenti.

Per questo la legge ha previsto l'adozione obbligatoria di misure rivolte alla formazione del personale, come di azioni mirate volte al contrasto della corruzione nonché al controllo dell'efficacia delle stesse. In tale contesto si inserisce il cosiddetto codice di comportamento dei dipendenti pubblici (D.P.R. 62/2013).

Tale codice indica quelli che sono i doveri e le responsabilità degli impiegati della pubblica amministrazione la cui violazione è soggetta a provvedimenti disciplinari. In particolare, gli obblighi riguardano:

- il divieto di chiedere, sollecitare, accettare qualsiasi forma di beneficio, che sia in denaro o beni materiali;
- la comunicazione ai propri superiori e responsabili dell'eventuale partecipazione ad associazioni o a organizzazioni di categoria;
- la comunicazione, al momento dell'inserimento nel proprio ufficio, di tutti i rapporti diretti e indiretti avuti con soggetti privati negli ultimi tre anni;
- l'obbligo di astenersi dal prendere decisioni relative alle proprie mansioni in caso di conflitto di interessi di qualsiasi natura;

- l'obbligo alla trasparenza;
- gli obblighi di comportamento durante il servizio e nelle relazioni con soggetti privati.

Nel caso il dipendente si trovi a segnalare e a denunciare alle autorità competenti (in sede giudiziaria, alla Corte dei conti, all'ANAC, al proprio superiore) condotte illecite di cui è venuto a conoscenza, al fine di tutelarlo non può essere sanzionato, licenziato o subire discriminazione sul luogo di lavoro, grazie anche al diritto all'anonimato nel caso, appunto, di segnalazione di illeciti.

La legge 190/2012 individua, inoltre, come strumento per raggiungere una buona condotta un'adeguata formazione dei dipendenti pubblici la quale dovrà favorire loro una maggior consapevolezza nell'assumere decisioni - un'approfondita conoscenza dei fenomeni illeciti, infatti, riduce il rischio di commetterli in modo inconsapevole - come anche l'acquisizione di specifiche competenze per svolgere le proprie mansioni proprio in quegli ambiti a elevato rischio di corruzione.

Il conflitto di interessi

Un ulteriore elemento a cui prestare attenzione ai fini della trasparenza e correttezza dell'azione amministrativa è nel caso in cui ci si trovi di fronte a un conflitto di interessi del funzionario pubblico che opera negli interessi della collettività.

Il conflitto di interessi si ha quando un interesse secondario (di natura finanziaria o meno) di un soggetto privato, ma facente funzione di pubblico ufficiale, rischia di interferire con l'interesse primario dell'ente pubblico in cui opera (ossia il bene comune): in questo caso la legge 190/2012 ha posto particolare attenzione proprio sui responsabili del procedimento che si trovino in tale situazione. La norma prescrive, in caso di presenza di un conflitto di interesse, l'obbligo di astensione per il personale del procedimento; obbliga il titolare dell'ufficio competente ad adottare il provvedimento finale e i responsabili degli uffici competenti ad adottare azioni e procedimenti in caso di conflitto d'interesse anche solo potenziale e il dovere di segnalazione a carico degli stessi soggetti.

Contrastare la corruzione nell'ambito lavorativo

Il concetto di **trasparenza** si applica anche in relazione ai rapporti di lavoro all'interno della pubblica amministrazione e, nello specifico, per quanto concerne le procedure di selezione e i concorsi pubblici attraverso i quali si formalizzano le assunzioni di nuovi dipendenti nei diversi enti.

Durante i **concorsi pubblici** la scelta dei componenti della commissione esaminatrice diventa determinante proprio in virtù del ruolo che sono chiamati a svolgere, per questo deve avvenire in base alla competenza visto il compito primario di procedere a nuove assunzioni in modo onesto, trasparente e meritocratico (senza incorrere nella piaga delle raccomandazioni).

Diritti e doveri dei cittadini

Il servizio militare

L'obbligo del servizio militare, sancito dalla Costituzione della Repubblica all'art 52, è decaduto come stabilito dalla legge 23 agosto 2004 n° 226 che ha regolamentato nuove forme per lo svolgimento della leva militare. In precedenza, tra le altre cose, la leva obbligatoria prevedeva che i soggetti, ricevuta la chiamata e che rifiutavano di presentarsi al distretto competente, fossero oggetto di sanzioni come renitenti alla leva, seppur per ragioni ideologiche.

L'obiezione di coscienza al servizio militare fu riconosciuta solo a partire dalla legge 15-12-1972 n° 172 che ha istituito un servizio civile obbligatorio alternativo e sostitutivo a quello militare. Fu però la legge 14-11-2000 n° 31 ad abolire l'obbligo di leva e a introdurre il servizio militare professionale e il servizio civile nazionale rivolto e aperto a entrambi i sessi.

A oggi il servizio di leva è volontario, dura 12 mesi e permette ai giovani che devono adempiere alla leva di poter svolgere un'esperienza formativa e professionale diversa dal semplice servizio militare con la possibilità di svolgere delle funzioni di maggiore responsabilità e di avere anche una paga mensile. <u>Non solo, il servizio militare è stato aperto anche alle donne.</u>

Il voto: le tipologie di elettorato

La Costituzione Italiana garantisce il diritto di voto al cittadino, diritto che si esprime nei principi di uguaglianza, libertà e segretezza, sia per il cosiddetto elettorato attivo (coloro che esprimono il voto) che passivo (il diritto di essere votati ed eletti).

La normativa di riferimento che riguarda l'elettorato attivo è rappresentata dal testo unico approvato con D.P.R. 20-3-1967 n° 223 che regolamenta anche le liste elettorali. Secondo l'art 48 della Costituzione i requisiti dell'elettore sono sostanzialmente due: la cittadinanza italiana e la maggiore età. Tuttavia, esistono requisiti negativi che escludono il diritto e la possibilità di votare:

- l'esistenza di cause di indegnità morale (anche la dichiarazione di fallimento)
- una sentenza penale irrevocabile che comporti l'allontanamento, continuo e temporaneo, dai pubblici uffici.

Il cittadino, iscritto alle liste elettorali, assume così il diritto/dovere di partecipare all'attività istituzionale proprio grazie al voto e al principio di delega verso coloro che andranno a svolgere le funzioni pubbliche nelle diverse cariche istituzionali.

Gli eletti andranno a formare i due rami del Parlamento (Senato e Camera dei deputati) mentre sarà il Presidente della Repubblica a nominare il Presidente del Consiglio che poi andrà a formare il Governo alla guida del Paese per cinque anni, salvo scioglimento anticipato della Camere sempre per decisione del Presidente della Repubblica.

LE FUNZIONI DELLE REGIONI E DEGLI ENTI LOCALI

Per decentramento si intende *il trasferimento di funzioni amministrative di competenza statale alle Regioni e agli Enti locali*, considerati più vicini e sensibili alle esigenze del proprio territorio.

Il decentramento amministrativo, **principio di base costituzionale**, è avvenuto passando attraverso a diverse fasi nel corso del tempo: un primo tentativo avviene attraverso la legge 281/1970, che attraverso i decreti attuativi del 1972 iniziò il trasferimento di alcune funzioni agli enti territoriali sulla base delle competenze dei relativi ministri.

Questo primo approccio si rivelò però problematico in quanto nell'ambito di determinate materie si vide uno sdoppiamento delle competenze, in parte attribuite alle Regioni e agli Enti locali, e in parte rimaste in mano allo Stato.

La seconda fase del processo ebbe inizio con la legge 382/1975 e si impegnò in primo luogo a portare a termine il trasferimento delle funzioni iniziato fino a quel momento, in particolare modo il successivo D.P.R. 616/1977 individuò alcuni settori particolarmente bisognosi di un decentramento amministrativo organico:

- Ordinamento e organizzazione amministrativa
- Servizi di ordine sociale
- Sviluppo dell'economia
- Sistemazione e sfruttamento del territorio.

Oltre alle materie appena citate, in quel periodo le Regioni, gli Enti locali e le Comunità montante si videro attribuite ulteriori competenze e funzioni amministrative, con una successiva eliminazione degli uffici amministrativi statali, sia principali che periferici.

Il federalismo a livello amministrativo

Verso la fine degli anni Novanta si assiste alla più grande attuazione di decentramento amministrativo, che prende il nome di federalismo.

La legge 59/1997, nominata legge **Bassanini**, e il relativo decreto attuativo D. Lgs. 112/1998 sono i punti salienti che permettono la realizzazione del federalismo amministrativo:

- La L. 59/1997, oltre a delegare l'attribuzione delle funzioni di quattro settori specifici agli Enti territoriali, prevede inoltre il passaggio alle Regioni e agli Enti locali di tutte quelle funzioni non espressamente e specificamente attribuite allo Stato prevedendo quindi un decentramento onnicomprensivo. La legge Bassanini è stata attuata tramite successivi decreti, suddivisi per settore, che attribuiscono concretamente le funzioni agli enti territoriali:

- 143/1997 riguardante l'ambito agricolo, forestale, la caccia e la pesca;
- 468/1997 riguardante il mercato lavorativo;
- 112/1998 riguardante lo sviluppo delle attività produttive e dell'economia, del territorio e dell'ambiente, delle infrastrutture e dei servizi pubblici alla popolazione;
- 422/1997 che prevede una riforma del settore dei trasporti pubblici locali;
- 114/1998 che prevede una riforma del commercio.

- Il D. Lgs. 112/1998, attuativo della prima Legge Bassanini, individua **quattro settori** nei quali riunire tutte le materie oggetto di trasferimento delle funzioni amministrative:

1) Sviluppo delle attività produttive e del commercio;

2) Il territorio, le infrastrutture e l'ambiente;

3) I servizi privati e pubblici alla popolazione;

4) Polizia amministrativa sia regionale che locale, regime autorizzatorio.

Oltre alle funzioni in sé, vengono considerate parte del decentramento amministrativo anche tutte le attività organizzative e strumentali per svolgere i compiti ottenuti.

Le attività produttive e l'economia

Le attività produttive sono da intendersi come attività che si sviluppano all'interno del mercato di compravendita e che per essere svolte correttamente necessitano di regolamenti che le disciplinino.

La disciplina delle attività produttive è stata attribuita in parte alle Regioni già a partire dagli anni Settanta, seppure le funzioni assegnate fossero in numero relativamente esiguo.

Il D.P.R. 616/1977 affidava alle Regioni competenze riguardanti gli ambiti dei mercati e delle fiere, del turismo e del settore alberghiero, dell'artigianato, dell'agricoltura, delle acque sia termali che minerali, delle foreste, delle cave e delle torbiere. Nonostante lo sforzo di attribuire le funzioni amministrative di determinate materie agli enti locali, il decentramento si rivelò per di più un atto formale che pratico, vedendo ancora lo stato come principale punto di riferimento e centro di competenze.

Solo alla fine degli anni Novanta, con la legge Bassanini e il relativo decreto attuativo, si vedono effettivi e concreti segni di decentramento delle funzioni statali riguardanti lo sviluppo economico e quello delle attività produttive territoriali verso le Regioni e gli

Enti locali. Da aggiungersi come sostenitrice del processo di decentramento è sicuramente anche la riforma costituzionale del 2001, che con la L. Cost. 03/2001 prevede l'attribuzione della maggior parte delle funzioni in ambito produttivo alle Regioni, lasciando di competenza statale funzioni in materia prettamente economica.

Uno Sportello Unico per le Attività Produttive

Lo Sportello Unico per le Attività Produttive (SUAP) è una struttura comunale creata in seguito alla pubblicazione del D. Lgs. 112/1998 che prevedeva l'attribuzione ai Comuni delle funzioni amministrative in materia di concessioni edilizie per quanto riguarda la creazione, ampliamento e modifiche, termine o ricollocazione di attività produttive a livello locale. Il decreto prevedeva inoltre la creazione di uno sportello in cui i cittadini potessero trovare tutte le informazioni necessarie per iniziare e/o gestire il proprio impianto produttivo, e fu così che con il D.P.R. 447/1997 venne istituito il SUAP.

Il **SUAP** venne quindi creato con l'obiettivo di raggruppare e organizzare tutti gli elementi necessari per la costituzione di nuove imprese, semplificando così per i cittadini il processo informativo per gli adempimenti richiesti e quello di acquisizione delle abilitazioni necessarie.

Sebbene i presupposti di tale sportello sembrassero funzionali, il SUAP ebbe qualche difficolta a raggiungere i risultati per i quali venne creato a causa della scarsa informatizzazione dei Comuni di dimensione medio-piccola, dalla scarsa collaborazione delle amministrazioni nelle varie fasi di creazione e sviluppo di un'attività produttiva e dai tempi incerti di conclusione del progetto.

Proprio per questo, nel 2008, lo sportello fu sottoposto a una riforma con la quale si inserirono ulteriori direttive e principi più specifici per rendere più ordinata e semplice l'istituzione di nuove attività produttive.

Il D.P.R. 260/2010 prevede una serie di criteri da seguire per raggiungere i seguenti risultati:

- La creazione di un'unica struttura comunale nella quale confluiscano tutte le attività e le informazioni necessarie all'avviamento di un'attività produttiva;
- Determinare tempistiche certe riguardo alla conclusione dei procedimenti;
- Diminuire la quantità di questioni burocratiche in mano all'imprenditore;
- Comunicare in modo chiaro e trasparente tutte le informazioni necessarie per il processo di avviamento di un'attività produttiva;
- Trasferire una parte delle attività di vigilanza e verifica da parte della Pubblica amministrazione a una fase successiva all'avvio dell'attività produttiva;
- Telematizzare l'intera gestione del processo;
- Creazione insieme all'Agenzia delle Imprese di un'alternativa di ordine privato al SUAP.

Le funzioni del SUAP

Lo Sportello Unico per le attività produttive, come detto in precedenza, si occupa di *mettere a disposizione del cittadino tutte le informazioni relative alla sua attività o su come crearne una*, gestisce interamente il processo di creazione, trasformazione e/o sviluppo di un impianto produttivo, consulta e coordina le Pubbliche amministrazioni ricevendo consulenze, pareri e informazioni che metterà direttamente a disposizione dell'imprenditore senza che quest'ultimo debba seguire da sé tutta la burocrazia necessaria.

Una volta verificate tutte le documentazioni e svolte le necessarie procedure, il SUAP rimane **l'unico organo legittimato** a ricevere e a rilasciare all'imprenditore la Segnalazione Certificata di Inizio Attività (SCIA).

Secondo i criteri individuati dal D.P.R. 260/2010, tutte le attività dello Sportello Unico per le Attività Produttive devono avvenire in modo telematico, di conseguenza tutte le domande, le dichiarazioni, le documentazioni e gli allegati devono essere inviati allo sportello di competenze del proprio territorio per via informatica.

Lo sportello si erge a **intermediatore tra il cittadino e le Pubbliche Amministrazioni** e trasmette domande, risposte, comunicazioni e certificazioni da una delle parti all'altra e viceversa, senza permettere la comunicazione diretta tra i soggetti in questione.

Istanze presentabili al SUAP

- **La DIA o "Dichiarazione di Inizio Attività":** istanza creata dalla L. 241/1990 presentabile direttamente alla Pubblica Amministrazione competente da parte dell'imprenditore che fosse sottoposto a licenza, abilitazione o comunque ai consensi necessari per l'inizio della propria attività produttiva. Esistevano principalmente due tipologie di Dichiarazione di Inizio Attività:

  - DIA con efficacia istantanea, riguardante le attività che potevano essere esercitate immediatamente dopo la presentazione dell'istanza;
  - DIA con efficacia differita, riguardante le attività produttive che potevano essere esercitate solo dopo un periodo di trenta giorni dalla presentazione dell'istanza alla Pubblica Amministrazione, che effettuando tutti gli accertamenti necessari poteva estendere il periodo di altri trenta giorni in caso di requisiti mancanti.

Le due categorie vennero eliminate e ricreate più volte, fino a una sentenza definitiva che lasciò **in vigore soltanto la DIA con efficacia istantanea.**

- **La SCIA o "Segnalazione Certificata di Inizio Attività"**, venne introdotta **a sostituzione della DIA** con il D. Lgs. 78/2010. La SCIA rappresenta un atto da presentare da parte dell'imprenditore che gli permette di esercitare immediatamente la sua attività produttiva senza dovere ricevere l'approvazione da parte dell'Amministrazione.

L'imprenditore che voglia svolgere un'attività per la quale sia sufficiente essere in possesso di determinati requisiti, senza dover ottenere ulteriori permessi e abilitazioni, è autorizzato dopo la presentazione della dichiarazione a esercitare la sua attività.

Successivamente la Pubblica Amministrazione si riserva il diritto di compiere accertamenti e verifiche sul possesso dei requisiti necessari ed eventualmente, in caso di mancanza dei criteri prestabiliti, interrompere l'attività.

Ma quindi quali sono le differenze tra la SCIA e la ex DIA?

- Tempistiche della procedura molto più brevi non dovendo rispettare i trenta giorni necessari per la DIA con effetto differito;
- Presentazione di autocertificazioni e attestati in sostituzione delle verifiche precedenti all'esercizio dell'attività da parte della P.A.

Economia e attività produttive

L' artigianato

L'artigianato è un'attività di produzione di beni e/o servizi a livello principalmente individuale o familiare, e rappresenta un settore particolarmente tutelato dalla Costituzione e dalla legge italiana. Le competenze del settore sono state attribuite tramite l'art. 17 della Costituzione alle Regioni, funzioni aumentate di numero negli anni Settanta a causa di ulteriori trasferimenti di competenze dallo Stato agli Enti territoriali.

La L. 860/1956 è la prima legge che disciplina il settore dell'artigianato attraverso l'inserimento di una normativa, ma soltanto con la L. 443/1985 saranno definiti i criteri essenziali riguardo alla materia, ampliando inoltre il concetto di artigianato rispetto alla semplice descrizione di piccolo imprenditore. Tale legge attribuisce la competenza sia amministrativa che legislativa in materia dell'artigianato alle Regioni, impartendo gli obblighi di tutelare il settore e favorirne lo sviluppo attraverso la valorizzazione di tale attività, agevolazioni e sostegni.

Il D. Lgs. 112/998 aggiunge alle competenze già in mano alle Regioni anche i compiti di finanziamento, incentivazione, agevolazione e contribuzione all'attività artigiana, tutelando e sostenendo in particolar modo le attività di carattere artistico.

In seguito ai numerosi decreti **le Regioni acquisiscono infine potestà assoluta in materia**, potendo legiferare secondo propria discrezione tenendo conto solamente dell'ordinamento giuridico.

L'industria

Per industria si intende l'attività generale di produzione di beni e/o servizi in qualsiasi forma, sia semplice che complessa.

Il D. Lgs. 112/1998 fornisce come descrizione di industria un'attività qualsiasi che abbia come presupposto la lavorazione di materie prime, lo scambio di semilavorati, merci, beni e servizi finalizzati alle attività citate, ad esclusione delle attività di artigianato e delle attività di servizi come quelle bancarie, finanziarie o assicurative.

Tale decreto **attribuisce inoltre alle Regioni tutte le funzioni amministrative riguardanti il settore industriale**, escludendo ovviamente quelle riservate allo Stato o di competenza delle Province e delle Camere di commercio. Tra le varie funzioni regionali appaiono:

- Erogazione di contributi, agevolazioni e incentivi all'attività industriale;
- Attuazione degli interventi designati dall'Unione Europea.

Per quanto riguarda le competenze rimaste in mano allo Stato e quelle attribuite agli altri enti locali sono così suddivise:

- Allo Stato rimangono le funzioni direttive, prescrittive e regolative;
- Ai Comuni vengono attribuite funzioni di vigilanza sulla creazione, l'ampliamento e la trasformazione, la localizzazione, la riallocazione e il termine delle attività industriali;
- Alle Camere di commercio vengono assegnate e funzioni precedentemente di competenza dell'amministrazione industriale periferica.

Il settore energetico

Il settore energetico vede una liberalizzazione del suo mercato a partire dal 1999 con il Decreto Bersani. Il decreto prevedeva la possibile presenza di **più operatori sul mercato** e la loro libera iniziativa imprenditoriale, attuando in questo modo le indicazioni della direttiva europea 96/92/CE volte all'istituzione di un mercato energetico unico.

Il settore energetico abbandonò da quel momento il precedente sistema di monopolio statale e venne caratterizzato da libertà di produzione di energia elettrica, del suo import/export e della sua compravendita.

Il settore energetico, dopo il decreto 79/1999, viene contraddistinto dalla compresenza di:

- Attività libere: produzione, import-export, compravendita di energia;
- Attività riservate alla competenza statale e distribuite in concessione: gestione delle reti, trasmissione e dispacciamento;
- Concessioni conferite al MISE: distribuzione.

Successivamente il **decreto Bersani viene modificato dalla Legge Marzano** (239/2004, in attuazione di un'ulteriore direttiva europea), e le modifiche riguardano principalmente quattro linee strategiche:

1) La separazione delle competenze statali da quelle regionali, attribuendo alle regioni principalmente funzioni legislative, seppur concorrenti;

2) Portare a termine il processo di liberalizzazione del mercato energetico per poter permettere una crescita di concorrenza e un abbassamento consecutivo dei prezzi;

3) Il miglioramento del mercato interno rendendolo più efficiente attraverso la riorganizzazione del settore;

4) Una maggiore differenziazione delle risorse energetiche.

La L. 239/2004 stabilisce che **lo Stato e le regioni devono perseguire insieme obiettivi di:**

- Rispetto della concorrenza;
- Rispetto degli standard di qualità e di sicurezza del servizio energetico;
- La messa a disposizione del servizio su tutta la nazione;
- Il rispetto e la tutela ambientale e paesaggistica;
- La distribuzione territoriale equilibrata delle centrali energetiche;
- L'unitarietà del regolamento;
- La trasparenza del servizio.

Sebbene sia più semplice stabilire le materie sulle quali Stato e Regioni devono collaborare, è risultato più difficile stabilire nettamente una linea fra le funzioni dell'uno e delle altre, che risultano invece poco chiare a causa della potestà statale di materie che vanno a interferire indirettamente con il settore energetico (es. la tutela e la gestione della concorrenza, la tutela ambientale ed ecologica e via dicendo).

A causa delle incomprensioni e incongruenze **è stato attribuito alla Corte costituzionale il compito di ristabilire un equilibrio** per questo settore.

Miniere ed energia geotermica

Tra tutte le modifiche apportate dal decreto 112/1998 è presente il conferimento alle Regioni di tutte quelle funzioni amministrative riguardanti il settore delle miniere, cave, torbiere e in generale delle risorse geotermiche, in modo particolare per quanto riguarda l'acquisizione e la creazione dei minerali e delle risorse.

Non essendo citate espressamente come materie di potestà statale, **l'amministrazione del settore delle miniere e dell'energia geotermica viene infatti conferita interamente alle regioni**, fermo restando il diritto dello Stato di intervenire, così come nel caso dell'energia elettrica, per perseguire obiettivi generali indirettamente collegati a tali settori.

La "Legge Sviluppo" (L.99/2009) mira, infatti, a disciplinare il mercato geotermico mantenendolo in un regime di buona concorrenza e a controllare che la coltivazione e/o le ricerca delle energie geotermiche e dei minerali avvenga rispettando i limiti ecologici e ambientali.

Il settore del turismo

Il turismo viene definito come un fenomeno sociale ed economico che comprende tutta una serie di attività di produzione di beni e servizi collegate principalmente ai temi dello svago, del relax, del benessere, delle vacanze e dei viaggi culturali.

Il turismo rappresenta forse il settore più influenzato e variabile a livello regionale, anche se l'attribuzione delle relative competenze alle Regioni e agli Enti Locali non è stato un processo semplice e rapido.

La L. Cost. 117 prevedeva già che la Regioni legiferassero, nei limiti dettati dallo Stato, in materia di turismo e del settore alberghiero potendo così riorganizzare il proprio sistema turistico in vista della valorizzazione del territorio.

Sebbene le funzioni in materia turistica e alberghiera fossero affidate alle Regioni, la L. cost. 118 prevedeva che una parte delle risorse umane statali venissero trasferite a livello regionale per poter creare delle strutture organizzative centrali che potessero occuparsi dell'amministrazione turistica. Tali strutture non vennero eliminate nemmeno dopo i decreti di decentramento degli anni Settanta e sono presenti ancora oggi nonostante la sempre maggiore autonomia acquisita dalle Regioni.

Le politiche e le strategie statali volte a migliorare il settore turistico a livello nazionale vengono considerate di livello superiore e quindi prevalenti rispetto a eventuali politiche regionali e locali volte a valorizzare uno specifico territorio: ne consegue che l'autonomia a livello locale venga quindi in parte limitata.

Il commercio

Il commercio si definisce come una serie di attività svolte da soggetti, definiti intermediari, volte a trasferire la merce dai produttori ai consumatori finali.

Esistono diverse **tipologie** di commercio:

a) Estero;

b) Interno:

- **all'ingrosso**: attività professionale di un soggetto che acquista merci e le rivende ad altri commercianti o professionisti

- **al dettaglio**: attività professionale di un soggetto che acquista merci e le rivende direttamente al consumatore finale

Il commercio al dettaglio può avvenire con sede fissa o con sede ambulante.

Il **settore commerciale** è da sempre stato controllato rigidamente a livello statale fino all'emanazione della Riforma Bersani (D. Lgs. 114/1998) che ha previsto da quel momento in avanti una forte liberalizzazione in materia di commercio.

Venne creato un nuovo quadro normativo per soddisfare appieno le esigenze del mercato pur rispettando i termini di concorrenza leale e della protezione del consumatore.

In seguito alla riforma costituzionale (Titolo V) inoltre venne attribuita l'esclusiva competenza in materia commerciale alle Regioni, legittimate così a legiferare liberamente pur tenendo conto dei limiti e delle direttive nazionali ed europee e lasciando ai Comuni i compiti di rilascio di abilitazioni e autorizzazioni e di organizzazione locale delle infrastrutture.

A partire dal 2001 le Regioni hanno iniziato ad apportare importanti cambiamenti e innovazioni in termini di requisiti e regolamenti degli esercizi commerciali, di orari di apertura, di organizzazione dell'architettura urbana e in generale a riorganizzare liberamente il settore; a causa però dei collegamenti indiretti con altre materie di potestà statale, lo Stato ha mantenuto un certo potere di intervento nel settore commerciale.

Il Decreto Bersani

Nel 1998 il Decreto Bersani porta il settore commerciale verso una sempre maggiore liberalizzazione del mercato, verso la libertà d'impresa e verso un maggiore decentramento delle funzioni amministrative, i suoi principi fondamentali sono proprio la libertà di iniziativa imprenditoriale e il rispetto della concorrenza.

Gli obiettivi del decreto si differenziano in quattro punti essenziali:

1)	libertà di iniziativa imprenditoriale e di circolazione delle merci, rispetto della concorrenza e della trasparenza;

2)	una rete di distribuzione modernizzata e sviluppata;

3)	pluralità, differenziazione e bilanciamento delle strutture di distribuzione;

4)	valorizzazione e protezione delle attività e dei servizi di tipo commerciale nelle differenti aree: cittadine, rurali, di montagna e nelle isole.

Alcune azioni importanti svolte con la finalità di perseguire tali obiettivi sono state:

-	l'abolizione di barriere all'entrata del settore come per esempio il REC;

-	la suddivisione delle tabelle merceologiche in sole due tipologie: alimentari e non alimentari (ferme restanti le tabelle speciali come quelle farmacologiche);

-	l'eliminazione dei piani commerciali;

-	la ridefinizione del regime delle autorizzazioni, individuando tre categorie commerciali: "esercizi di vicinato", "medie strutture di vendita", "grandi strutture di vendita";

- introduzione dei principi di sussidiarietà (che conferisce alle Regioni potere di regolamento del settore) e di semplificazione (che elimina tutte le leggi precedenti riguardanti il settore che creavano confusione e complessità sul quadro normativo).

Il Decreto Bersani-Visco

Il D.L. 223/2006, anche chiamato Decreto Bersani-Visco si propone come **portatore di miglioramenti del settore commerciale in materia di protezione del consumatore e di dinamismo del mercato**, eliminando alcuni elementi che facevano da ostacolo al buon andamento del mercato e apportando ulteriori liberalizzazioni di settore.

Gli obiettivi principali del decreto:

- un funzionamento del mercato corretto ed equilibrato;

- la libera concorrenza all'interno mercato;

- la messa a disposizione del consumatore di condizioni di acquisto con criteri minimi e uniformi a livello nazionale.

Per preservare e tutelare il **regime di concorrenza all'interno del settore** sono state inoltre inserite delle direttive da seguire:

- eliminazione dell'obbligo di iscrizione al REC (anche per esercizi di vendita di prodotti alimentari e bevande) per permettere un facilitato ingresso nel settore;

- eliminazione del criterio della distanza minima per quanto riguarda esercizi commerciali appartenenti alla stessa categoria;

- la libertà assoluta dell'imprenditore di stabilire quale categoria merceologica mettere a disposizione nel suo esercizio commerciale senza limitazioni;

- l'abolizione della pianificazione delle infrastrutture tenendo conto di determinati criteri antitrust;

- l'abolizione di divieti o limitazioni di qualunque genere riguardanti le vendite promozionali (escludendo i saldi stagionali o i sottocosto);

- l'assenza di divieti o limiti (nel rispetto delle norme igieniche e dei requisiti minimi) di consumazione di prodotti gastronomici presso le attività commerciali di vicinato;

- l'eliminazione di orari prescritti di esercizio delle attività, compresi i giorni di riposo.

Nonostante tutte le innovazioni introdotte dal decreto Bersani-Visco, è emersa la necessità di un ulteriore intervento per poter realizzare un mercato che potesse garantire pari opportunità e condizioni tra i vari operatori commerciali: il D. Lgs. 59/2010, emanato in veste di attuazione della direttiva europea sui servizi, denominata Direttiva Bolkestein.

La disciplina del settore commerciale

Il D. Lgs. 114/1998 si pone ancora una volta come punto di riferimento e prevede l'attribuzione delle funzioni amministrative e regolamentari del settore commerciale alle Regioni e agli Enti Locali, permettendo così di costruire una rete distributiva ottimale in base alle necessità territoriali.

Il decreto suddivide inoltre le attività commerciali in diverse tipologie:

1) **esercizi di vicinato**: attività di vendita al dettaglio con una superficie di vendita che sia inferiore a 150 mq per i Comuni con meno di 10.000 residenti (presentazione SCIA), e inferiore a 250 mq in caso si superi il numero limite di residenti nel Comune (necessaria autorizzazione);

2) **strutture di vendita di medie dimensioni:** strutture commerciali con una superficie di vendita minore o uguale a 1500 mq per Comuni con meno di 10.000 residenti, e inferiore a 2500 mq nel caso venga superato il numero limite di residenti.

Le medie strutture sono tenute a richiedere e ottenere l'autorizzazione del Comune per poter esercitare la propria attività, il quale esaminerà la richiesta valutando gli obiettivi indicati nella domanda e il possesso dei requisiti necessari.

L'autorizzazione si intende conferita nel caso in cui entro il termine di novanta giorni il richiedente non abbia ricevuto nessuna notifica di negazione;

3) **strutture di vendita di grandi dimensioni:** strutture commerciali con superficie di vendita superiore a 1500 mq all'interno dei Comuni con meno di 10.000 residenti, e superiore a 2500 mq nel caso di superi il numero dei residenti all'interno del Comune. Anche questa tipologia di esercizio deve richiedere l'autorizzazione del Comune, ma contrariamente alle medie imprese l'istanza deve essere esaminata da una speciale conferenza di servizi composta da un rappresentante del Comune, uno della Provincia e uno della Regione.

L'autorizzazione si intende conferita da parte della Regione nel caso in cui il richiedente non riceva avviso di negazione entro un periodo massimo di 120 giorni dalla conferenza.

I centri commerciali

Il centro commerciale è una struttura che accorpa al suo interno due o più esercizi commerciali al dettaglio, tutti coordinati e gestiti in modo unitario e che condividono gli stessi spazi comuni.

La superficie di vendita dei centri commerciali viene calcolata sommando le superfici dei singoli esercizi che vi sono all'interno, e comunemente rientra nella definizione di strutture di vendita di medie o grandi dimensioni.

Gli esercizi facenti parte di un centro commerciale devono presentare singolarmente la SCIA e il complesso commerciale in sé per poter esercitare la propria attività deve seguire la procedura indicata per le medie o le grandi strutture, a seconda della fascia di rapporto dimensioni/abitanti nella quale rientra.

Il commercio all'ingrosso

Il commercio all'ingrosso prevede la vendita delle merci acquistate ad altri commercianti, professionisti, consumatori in grande (es. cooperative) e non direttamente al consumatore finale.

Il commercio all'ingrosso è un'attività che può essere esercitata singolarmente o costituendo una società, purché in possesso di determinati criteri e requisiti di onorabilità, specialmente per la categoria alimentare (art. 71 D. Lgs. 59/2010).

Secondo il D. Lgs. 222/2016 per esercitare il commercio all'ingrosso esistono due procedure da seguire a seconda della categoria merceologica:

-   prodotti non alimentari: è prevista una comunicazione da presentare al SUAP o alla Camera di Commercio;

-   prodotti alimentari: è prevista la SCIA Unica, cioè la comunicazione da presentare al SUAP accompagnata dalla comunicazione SCIA per la notifica sanitaria.

Non esistendo più limitazioni di vicinanza tra esercizi alimentari all'ingrosso e al dettaglio, se le superfici di vendita occupate dai vari esercizi rispettano i limiti degli esercizi di vicinato l'apertura delle strutture è assoggettata a SCIA del Comune competente. Nel caso in cui invece le dimensioni rientrino tra quelle stabilite per le medie strutture l'apertura dell'esercizio dovrà essere autorizzata dal Comune tenendo conto anche degli obiettivi perseguiti dalla rete di distribuzione.

Nel caso in cui le dimensioni rientrassero tra quelle stabilite per le grandi strutture l'esercizio dovrà ottenere l'autorizzazione dalla conferenza dei servizi convocata dal Comune di competenza.

Commercio al minuto

Il commercio al minuto o al dettaglio non prevede indicazioni e limiti sui soggetti ai quali vendere la merce, è infatti possibile vendere sia a privati, che a professionisti e imprenditori.

Questo tipo di attività può riguardare il settore alimentare (per il quale si richiedono requisiti di onorabilità e professionalità) o non alimentare (richiesti requisiti di onorabilità) e presenta tre diverse modalità di esercizio:

1)   attività esercitate su superficie privata o a "sede fissa" che possono comprendere gli esercizi di vicinato, le strutture di dimensioni medie e grandi e i centri commerciali, tutti regolamentati secondo le rispettive procedure di inizio e gestione attività.

In caso di trasferimento della gestione o della proprietà dell'attività interviene il D. Lgs. 144/1998 a stabilire che il trasferimento per atto tra vivi o per successione a causa di morte può avvenire semplicemente presentando una comunicazione al Comune competente. Il successivo D. Lgs. 222/2006 però modifica la direttiva indicando necessaria la comunicazione SCIA per le attività non alimentari e la comunicazione SCIA Unica per le attività del settore alimentare.

La cessazione di attività è assoggettata solamente alla comunicazione SCIA.

In caso di mancato rispetto dei requisiti richiesti per l'esercizio dell'attività, sia da parte del proprietario sia in caso di un subentrante, sono previste da l D. Lgs. 114/1998 e dalla L. 689/ 1982 delle sanzioni amministrative:

-   ammenda da 2.582 a 15.493 euro, o in caso di recidiva o di gravità particolare la sospensione fino a venti giorni dell'attività, per coloro che non rispettino i requisiti di inizio attività e i requisiti stabiliti per gli esercizi di vicinato, le medie e grandi strutture, le televendite, le vendite a domicilio, le vendite per corrispondenza, le apparecchiature automatiche e le altre tipologie di comunicazione;

-   ammenda da 516 a 3.098 euro per l'inosservanza dei criteri in materia di orario di esercizio, per la pubblicità dei prezzi, per le vendite di tipo speciale e per il trasferimento o la cessazione dell'attività;

-   Revoca dell'autorizzazione dell'inizio attività per le strutture medie e grandi che non rispettino i tempi di apertura dell'attività (un anno per le medie strutture e due anni per le grandi strutture), che non rispettino i principi di onorabilità, che sospendano l'attività dell'esercizio per più di un anno e/o che, nonostante la precedente sospensione forzata dell'attività per il massimo di venti giorni, continuino a violare le norme igienico-sanitarie;

-   Chiusura definitiva dell'attività per gli esercizi di vicinato nel caso in cui si sospenda volontariamente l'attività per più di un anno, vengano a mancare i principi di onorabilità e non si rispettino le norme igieniche sanitarie nonostante sia stata forzatamente sospesa l'attività in segno di sanzione;

-   Chiusura dell'attività in qualsiasi caso ci si trovi in presenza di attività abusiva.

Il D. Lgs. TUEL (267/2000) **individua nei dirigenti l'autorità competente per applicare le sanzioni amministrative in caso di illeciti.**

2)   Attività esercitate su superficie pubblica, intesa come vendita di merci al minuto o come servizio di somministrazione di generi alimentari e bevande direttamente su aree

pubbliche come strade e piazze o ambienti di uso e passaggio pubblico, indifferentemente che siano attrezzate o meno.

Il **commercio su aree pubbliche** viene disciplinato dai D. Lgs. 114/1998, 59/2010 e 145/2018, il primo di questi decreti individua due tipologie di questo tipo di attività:

- In forma ambulante su qualunque tipologia di superficie pubblica;

- in aree date in concessione dal Comune all'esercente per un massimo di dieci anni.

Per esercitare un'attività commerciale su una superficie pubblica è comunque necessario essere in possesso dell'autorizzazione rilasciate dal Comune di competenza e rispettare i requisiti minimi per l'esercizio.

In caso di irregolarità sono previste sanzioni, e in situazioni recidive o di gravità è possibile che l'attività venga forzatamente sospesa per un periodo di massimo venti giorni (o sei mesi in assenza della presentazione del DURC annualmente).

L'autorizzazione all'esercizio dell'attività può inoltre essere revocata dal Sindaco del Comune di competenza nei seguenti casi:

- mancato inizio dell'attività nel periodo massimo di sei mesi dalla data di ricezione del titolo;

- mancato uso dell'area data in concessione per un totale di più di quattro mesi in un anno (esclusi casi specifici);

- mancanza di requisiti di onorabilità.

Le fiere ed i mercati fanno parte delle attività commerciali esercitate su area pubblica e si suddividono in:

- **mercato:** spazio composto da diversi posteggi che viene messo a disposizione dal Comune per un determinato numero di giorni alla settimana e dedicato all'attività commerciale degli esercenti che hanno ottenuto, dal Comune stesso, la concessione e l'autorizzazione di vendita di merci o somministrazione di generi alimentari e ai quali è stato generalmente attribuito un posteggio fisso.

I posteggi rimasti liberi sul mercato vengono assegnati sotto la presentazione di una domanda da parte degli operatori interessati, mentre i posteggi fissi non occupati temporaneamente vengono riassegnati giornalmente agli operatori con licenza che vantano il maggior numero di presenze sul mercato in questione.

- **fiera:** il Comune mette a disposizione per un numero pianificato di giorni, solitamente in occasione di feste, eventi o ricorrenze specifiche, uno spazio all'interno del quale gli esercenti autorizzati possano operare la loro attività commerciale.

Per quanto riguarda le fiere è la Regione che si occupa di stabilire l'accesso e l'attribuzione dei posteggi, che vengono comunque sempre assegnati sul criterio del numero di presenze alla fiera nelle edizioni passate.

Somministrazione di generi alimentari e bevande

L'attività di somministrazione di cibi e bevande fa riferimento al consumo sul posto, con un servizio specifico apposito, all'interno di un esercizio attrezzato o comunque in un'area aperta al pubblico messa a disposizione per l'attività.

Gli esercizi commerciali di somministrazione per poter iniziare a esercitare la propria attività, se non locati in aree tutelate (e quindi soggetti ad autorizzazione del Comune), sono tenuti alla presentazione della SCIA e al rispetto dei requisiti di onorabilità e professionalità.

Ulteriori requisiti sono introdotti dal D. Lgs. 59/2010 che prevede che gli operatori non debbano essere stati condannati definitivamente per:

- reati in materia di buon costume e moralità, e per reati causati da assunzione di alcolici e stupefacenti;
- reati contro la prevenzione di alcolismo e assunzione di stupefacenti, contro le norme di gioco, gioco d'azzardo e scommesse.

Gli orari di esercizio

Con il **Decreto Bersani** si è prevista la liberalizzazione a livello nazionale degli orari di esercizio, compresi i giorni di riposo, per le attività commerciali e di somministrazione a tutela della concorrenza e della libera iniziativa e capacità imprenditoriale. Gli unici obblighi per gli operatori sono dunque quelli di comunicare al pubblico gli orari di apertura e di chiusura dell'attività e di non sospendere l'apertura dell'esercizio commerciale per più di un anno.

I **Comuni** restano comunque in potere di limitare l'apertura degli esercizi commerciali in ambito di sicurezza e ordine pubblico, nonché alla tutela della quiete successivamente alla ricezione di prove e dimostrazioni di danni apportati all'interesse pubblico.

A tal proposito **il D.L. Minniti** (14/2017) ha conferito ai Sindaci dei Comuni la potestà di limitare, tramite ordinanze, gli orari degli esercizi commerciali e di somministrazione negli specifici casi di pericolo per la sicurezza pubblica, decoro, vivibilità e quiete.

Il Sindaco inoltre può emettere ordinanze urgenti e contingibili per prevenire e bloccare gravi minacce alla sicurezza pubblica e urbana, nonché atti a prevenire possibili attività criminali quali prostituzione, spaccio di stupefacenti, molestie e violenze.

Gli esercizi commerciali o di somministrazione che non rispettano le ordinanze emanate dal Comune sono soggette a **sanzioni amministrative.**

3) Forme di vendita speciale, intese come attività commerciali che vengono attutate con metodi alternativi e differenti dai tradizionali esercizi commerciali fissi, la sede negoziale infatti non è presente.

Anche le attività commerciali di vendita speciale per poter esercitare la loro attività sono tenute a presentare la SCIA, e si possono riconoscere nelle seguenti tipologie:

- spacci interni, cioè vendite effettuate in strutture non aperte al pubblico, ma solamente ai possessori di titolo di accesso a tali locali (per esempio i dipendenti o i soci di cooperative). Per potere esercitare l'attività sono tenuti alla presentazione della SCIA contenente la dichiarazione dei requisiti del gestore, del rispetto dei criteri per l'idoneità e la sicurezza della struttura, la categoria merceologica, la località e la grandezza della superficie di vendita);

- Vendita tramite l'utilizzo di apparecchiature automatiche quali i distributori automatici spesso collocati presso uffici, scuole o strutture dedicate.

Tale tipologia di esercizio è soggetta a SCIA e prevede l'inserimento della dichiarazione dei requisiti morali e, nel caso del settore alimentare, professionali, la categoria merceologica, la località presso la quale sarà installata l'apparecchiatura e, se è previsto l'utilizzo di aree pubbliche, la dichiarazione del rispetto delle norme in materia.

La vendita di prodotti alimentari tramite l'uso di apparecchiature automatiche rappresenta attività di somministrazione soltanto nel caso in cui tale apparecchio sia posizionato in un luogo adibito alla consumazione di tali prodotti sul posto, in caso contrario rappresenta un esercizio di vendita di categorie alimentari;

- Vendita per corrispondenza, televendita o altri metodi comunicativi, che rappresentano una tipologia di vendita a distanza.

Per queste tipologie di vendita è altresì prevista la presentazione della SCIA, all'interno della quale deve essere esplicitato il possesso dei requisiti di tipo morale e, per le vendite alimentari, professionali, e la categoria merceologica.

Con l'obiettivo di una maggiore tutela del consumatore e per evitare truffe e abusi è stato inserito il divieto di inviare merce ai consumatori, esclusi i campioni omaggio, a meno che i prodotti non siano stati esplicitamente richiesti dall' acquirente.

Inoltre, una particolare attenzione nel settore va attribuita alle televendite, per le quali l'emittente televisiva ha il compito di controllare che l'operatore abbia tutti i requisiti necessari per l'attività di vendita e che vengano riportati i dati del venditore e dell'impresa durante il periodo di trasmissione.

Tutte le tipologie di televendita, compresi concorsi e i giochi d'azzardo, i pronostici, l'astrologia e la cartomanzia, sono soggetti alla disciplina introdotta dal D. Lgs. 106/2005 volta a ottenere una maggiore protezione per il consumatore.

Con riferimento agli altri mezzi di comunicazione e vendita a distanza può essere inserito all'elenco anche il commercio elettronico o "e-commerce", al giorno d'oggi sempre più utilizzato, che è caratterizzato dalla vendita online di beni o servizi tramite siti web.

L'ordine del prodotto avviene direttamente dal sito internet sul quale il consumatore ha potuto visionare l'assortimento merceologico del venditore, e spesso il pagamento avviene a distanza attraverso carte di credito o applicazioni di pagamento elettronico.

Il commercio elettronico viene disciplinato in materia contrattuale, di responsabilità e sanzioni applicabili dal D. Lgs. 70/2003.

- Vendita a domicilio o "porta a porta", rappresentata da una tipologia di vendita effettuata tramite ordini presi direttamente presso il domicilio del compratore o presso luoghi a convenienti.

Come le altre tipologie di vendita anche questo esercizio è soggetto a presentazione della SCIA nella quale esplicitare di possedere i requisiti morali e/o professionali e la propria categoria merceologica.

Nel caso in cui l'esercente dell'attività intenda inserire alcuni incaricati (in possesso dei requisiti morali) al fine di ottenere una maggiore tutela del consumatore, deve fare pervenire la lista contenente gli incaricati all'autorità di P.S. competente nella zona.

L'incaricato viene dotato di una tessera di riconoscimento da tenere esposta durante il contatto con il consumatore contenente le proprie generalità, la propria firma e quelle della società per la quale opera. L'incaricato si occupa di promuovere la raccolta degli ordini di acquisto, per conto della società di vendita, direttamente presso i privati.

La tutela del consumatore e il codice del Consumo

Per tutelare il consumatore in quanto soggetto di contratti di vendita a distanza vengono messe in atto le disposizioni previste dal D. Lgs. 206/2005, anche detto Codice del consumo.

Il codice prevede una serie di norme recanti gli obblighi informativi del titolare dell'attività di vendita e inserisce il concetto di diritto dell'acquirente a recedere dal contratto entro quattordici giorni dalla ricezione del prodotto (o dalla stipulazione del contratto in caso di servizi) senza costi aggiuntivi eccetto quelli del processo di restituzione del prodotto.

Nel caso in cui non fossero messe a disposizione dell'acquirente tutte le informazioni sul suo diritto di recesso, il periodo si considera esteso da quattordici giorni fino a un anno.

All'interno dell'art. 59 del Codice si può trovare un elenco delle particolari situazioni contrattuali per le quali non è previsto il diritto di recesso da parte del Consumatore.

I prodotti agricoli

L'imprenditore agricolo viene descritto come soggetto che concentra la sua attività sulla coltivazione del terreno e l'allevamento di animali, comprendente tutte le possibili funzioni connesse.

Le attività dell'imprenditore agricolo vengono suddivise in due principali tipologie:

- Mansioni agricole principali o essenziali, quali la coltivazione del terreno e del bosco e l'allevamento degli animali;

- Mansioni agricole connesse, cioè attività commerciali collegate a quelle principali che attribuiscono al soggetto il titolo di imprenditore.

Secondo il D. Lgs. 228/2001 gli imprenditori agricoli hanno il diritto, se iscritti al Registro delle imprese e se in possesso dei requisiti igienico-sanitari, di vendere al dettaglio su tutto il territorio nazionale i loro prodotti o i derivati dei loro prodotti dopo essere stati assoggettati a trasformazione.

Le attività di vendita dei prodotti agricoli non sono soggette alle normative introdotte dal D. Lgs. 114/1998 a meno che non si siano registrati incassi annuali superiori ai 160.000 euro (o quattro milioni di euro in caso di società formate da più aziende) derivanti da prodotti provenienti da aziende terze

Le aziende agricole possono vendere i loro prodotti in forma:

- Itinerante in aree aperte al pubblico o tramite autorizzazione al posteggio su aree pubbliche. Per questa modalità è prevista la comunicazione SCIA;

- Non itinerante;

- Con commercio elettronico.

Le vendite effettuate sulle superfici all'aperto dell'azienda o le vendite effettuate nell'ambito di fiere e sagre, eventi benefici, religiosi, di promozione del territorio non sono soggette a comunicazione di inizio attività.

La **vendita diretta** può prevedere il consumo sul posto dei prodotti in oggetto ma senza comprendere il servizio assistito alla consumazione, che trasformerebbe l'attività di vendita in attività di somministrazione.

La legge 145/2018 ha poi inserito una modifica riguardante le norme di vendita dei prodotti agricoli: viene introdotta la possibilità per l'imprenditore di vendere al dettaglio anche prodotti di aziende terze non appartenenti alla sua stessa categoria merceologica, fermo restando il limite di vendita ai soli produttori agricoli e che i ricavi principali derivino dalla produzione propria e non dalla vendita di prodotti agroalimentari altrui.

Il territorio

Il governo del territorio

L'urbanistica e l'edilizia vengono sempre assimilati come concetti complementari, ma rimangono due nozioni molto diverse tra loro:

- **L'urbanistica** è esercitata attraverso funzioni di pianificazione e organizzazione delle modifiche territoriali con l'obiettivo di soddisfare i bisogni collettivi;

- **L'edilizia** è rappresentata dalle attività che stabiliscono le modalità di messa in atto degli interventi pianificati dall'attività urbanistica secondo criteri di sicurezza ed efficienza.

Per quanto riguarda invece la nozione di "governo del territorio", ricomprende tutto un insieme di attività volte alla gestione e allo sfruttamento ottimale del territorio volto al soddisfacimento degli interessi pubblici che va oltre, seppur integrandole, alle attività di urbanistica e edilizia.

L'attività urbanistica

L'attività principale svolta dall'urbanistica è rappresentata dalla pianificazione, che ricomprende tutti gli strumenti necessari per svolgere al meglio l'organizzazione territoriale di un futuro insediamento o lo sviluppo di già esistenti centri abitati.

<u>L'attività di pianificazione urbanistica viene esercitata secondo una determinata gerarchia che attribuisce a:</u>

- Regioni, Province e Metropoli l'adozione del PTC o Piano territoriale di coordinamento.

Le Regioni istituiscono le linee guida generali per l'adozione del PTC, delegando alle Province e alle città metropolitane di adottare assetti dettagliati per il proprio territorio;

- Comuni l'adozione del PRG o Piano regolatore generale (obbligatorio per i Comuni iscritti a particolari elenchi approvati dalla Giunta regionale) o del Programma di fabbricazione PF (per i comuni non obbligati al PRG).

Il Piano regolatore generale è volto allo sviluppo edilizio e generale del Comune nel quale viene attuato, il Comune che emette il piano inserisce al suo interno i programmi e le indicazioni sullo sviluppo delle pianificazioni e le normative relative allo ius edificandi.

La normativa in materia urbanistica distingue:

- Zonizzazioni, rappresentate dalla parte di territorio suddivisa in aree omogenee;

- Localizzazioni, rappresentate dall'insieme dei servizi e delle infrastrutture pubbliche.

Il PGR deve essere attuato considerando il territorio del Comune nel suo complesso e deve indicare al suo interno:

- La principale rete stradale, ferroviaria e navigabile e degli impianti relativi;

- La suddivisione del territorio indicando le zone destinate all'espansione urbana e l'indicazione dei limiti da rispettare nelle diverse zone;

- Le aree destinate alla creazione di spazi pubblici o a servizi speciali;

- Le aree destinate alla costruzione di edifici e opere pubbliche e di interesse sociale e collettivo;

- I limiti da rispettare in siti storici o protetti a livello ambientale e paesaggistico;

- Le direttive per l'attuazione stessa del PRG.

Inoltre, il PGR deve essere creato:

- In modo che rispetti le linee guida del PTC;

- in modo da creare un assetto delle opere statali razionale e coordinato;

- tutelando il paesaggio e i siti storici, artistici, archeologici, monumentali e ambientali;

- rispettando i limiti in materia di nuovi impianti e di aree destinate al parcheggio.

Una volta redatto dal Consiglio comunale, il PRG viene consegnato per l'approvazione alla Regione che provvederà a pubblicarlo sul proprio Bollettino Ufficiale e a depositare una copia presso il Comune.

I Comuni che non sono obbligati all'attuazione del PRG devono dotarsi, congiuntamente al loro regolamento edilizio, di un Programma di fabbricazione contenente la zonizzazione, i limiti da rispettare per ogni zona comunale, la tipologia edilizia e le direttrici di espansione.

Nel caso in cui si ritenga opportuno, a causa delle caratteristiche dei complessi edilizi di più Comuni limitrofi, coordinare i relativi piani di sviluppo urbanistico, si può ricorrere alla creazione di un Piano regolatore generale intercomunale PRGI.

Una volta stabiliti i piani urbanistici generali, il Comune procede alla redazione di un Programma pluriennale di attuazione (PPA) che scandisce i tempi di realizzazione degli obiettivi prefissati per ciascuna zona individuando quali siano le priorità di intervento.

Sebbene il PPA possa determinare solo le priorità e le tempistiche di attuazione dei progetti, interviene un altro strumento di attuazione del PRG o PF: il Piano particolareggiato (PP) anche detto Piano particolareggiato di esecuzione (PPE). Il PP ha il compito di sviluppare dettagliatamente, in parti specifiche del Comune e non su tutto il territorio, le direttive di pianificazione generali. Tale piano viene redatto dal Comune e non deve contrastare con la pianificazione del PRG, inoltre ha una durata massima di dieci anni. Il PP va sempre accompagnato da un piano finanziario e da una relazione illustrativa.

All'interno del PP devono essere indicati:

- reti stradali e dati altimetrici;
- altezza e massa delle strutture presenti sulle principali vie e piazze;
- aree destinate a opere e impianti pubblici;
- strutture destinate a restauro o demolizione;
- divisione delle zone in lotti fabbricabili;
- documenti catastali degli edifici soggetti a espropriazione o da vincolare;
- la profondità delle zone contigue a opere pubbliche la cui area è destinata ad attività collegate alle opere stesse.

Il Piano di lottizzazione (PL) si pone come alternativa all'attuazione del PP, e viene presentato al Comune (il quale dovrà valutare se concedere l'autorizzazione) direttamente dai privati che voglio lottizzare un terreno con fini di edificazione.

In seguito all'accettazione della legge urbanistica, per permettere l'attuazione del PRG sono stati identificati ulteriori strumenti quali:

- il PEEP o Piano delle zone per l'edilizia economica e popolare, in materia di costruzione di abitazioni popolari ed economiche;

- Il PIP o Piano per gli insediamenti produttivi, volto a sostenere lo sviluppo del territorio concedendo alle imprese alcuni terreni espropriati;

- il PR o Piano di recupero, volto al salvataggio, restauro o e riabilitazione dell'edilizia esistente in condizioni di deterioramento;

- il PRU o Programma di recupero urbano, volto a perseguire obiettivi di riqualificazione delle aree urbane degradate e abbandonate a livello edilizio o sociale.

È stato inserito inoltre il Programma integrato di interventi, cioè un programma che coordina una pluralità di funzioni e obiettivi al fine di operare una riqualificazione edilizia, urbana e ambientale

Con lo scopo di ampliare e riqualificare le infrastrutture, il tessuto economico, il sistema dell'occupazione, l'ambiente, i complessi urbani e quelli sociali, sono stati creati i Programmi di riqualificazione urbana e di sviluppo sostenibile del territorio (PRUSST).

L'attività edilizia

Le competenze in materia di edilizia si suddividono tra Stato e Regioni secondo le disposizioni del Testo Unico sull'edilizia:

- allo Stato si assegnano le funzioni di dettatura delle linee guida e dei principi generali ed essenziali dell'attività edilizia;

- alle regioni viene assegnato il potere legislativo;

- ai Comuni la funzione di disciplina dell'attività tramite il regolamento edilizio.

Il regolamento edilizio viene effettuato successivamente all'attuazione del PRG e si occupa di stabilire le modalità di attuazione, indicando le norme costruttive e controllando il rispetto dei principi tecnico-estetici, di sicurezza, igiene e sanità, dei programmi urbanistici. Il D. Lgs. 133/2014 ha introdotto l'utilizzo di un prototipo di regolamento edilizio contenente i principi e i requisiti generali con lo scopo di uniformare i regolamenti edilizi comunali in tutto il paese. Tale prototipo è suddiviso in due parti:

- principi generali e disciplina generale dell'attività edilizia, nella quale vengono richiamate le linee guida nazionali per la disciplina dell'attività;

- disposizioni regolamentari comunali in materia edilizia, che riporta il regolamento edilizio di competenza dei Comuni.

Recentemente il D. Lgs. 48/2020 ha previsto una modifica all'interno dei regolamenti edilizi con l'introduzione dell'obbligo di presenza negli edifici residenziali e non residenziali (esclude le proprietà della P.A.), di tecnologie che permettano la ricarica di veicoli elettrici.

Il SUE, lo Sportello unico per l'edilizia

Il D.P.R. 380/2001 ha previsto l'istituzione di uno sportello unico per l'edilizia, costituito da un ufficio consultabile dai cittadini volto a sovrintendere tutti i rapporti tra privati e amministrazione (e in casi specifici anche altre amministrazioni) riguardo ai titoli abilitativi e gli interventi edilizi.

Il SUE rappresenta l'unico punto di riferimento per il cittadino riguardo alla attività edilizie e si occupa di:

- ricevere comunicazioni di inizio attività, ricevere la richiesta delle autorizzazioni alla costruzione e di qualsiasi altro permesso o certificazione e trasferirli telematicamente alle amministrazioni competenti;

- dare informazioni sulle suddette materie anche attraverso la creazione e la messa a disposizione degli interessati, in maniera gratuita e telematica, di un archivio informatico contenente tutte le informazioni possibili compresi i requisiti per l'attuazione delle procedure indicate dal TUE;

- adottare i provvedimenti in materia di accesso ai documenti amministrativi;

- conferire permessi di costruzione e certificazioni recanti le normative per le attività di trasformazione edilizia;

- sovrintendere i rapporti tra il privato, l'amministrazione del Comune e le amministrazioni altre che siano previste per pronunciarsi sull'opera edilizia;

- convocare la conferenza dei servizi per ottenere le autorizzazioni per la realizzazione di interventi edilizi.

Diritti e abilitazioni alla costruzione

Il D.P.R. 380/2001 è intervenuto con lo scopo di regolamentare il diritto alla costruzione in modo da non contrastare l'equilibrio dell'assetto urbanistico. Il decreto, quindi, ha previsto la necessità di ottenere un'abilitazione per poter iniziare una determinata opera edilizia, decisione che è stata poi ripresa nel TU, il quale ha stabilito diverse tipologie di attività:

- attività libera: per la quale non viene richiesta nessuna abilitazione e nessuna comunicazione;
- attività sottoposta a permesso di costruzione: tipologia di interventi indicati nell'art. 10 D.P.R. 380/2001;
- attività sottoposta a SCIA: tipologia di interventi indicati nell'art 22 del TUE;
- attività sottoposta a super-SCIA: interventi per i quali al posto di ottenere l'abilitazione alla costruzione è sufficiente presentare la SCIA (indicati all'art. 23 del TUE);
- attività sottoposta a CILA (comunicazione di inizio lavori asseverata): tipologia di interventi residuali indicati all'art. 6 del TUE.

Le abilitazioni vengono rilasciate entro un periodo massimo di sessanta giorni.

La segnalazione certificata di inizio attività

La SCIA, in campo edilizio, permette al soggetto di poter esercitare immediatamente la propria attività edilizia in seguito alla comunicazione di inizio attività presso l'istituto competente, in questo modo il soggetto può accorciare i lunghi tempi del processo standard dovuti alle verifiche preliminari sostituendoli da un'autocertificazione accompagnata da documentazioni che provino il possesso dei requisiti necessari.

L'istituto della SCIA viene applicato nei casi di:

- attività di manutenzione straordinaria su prospetti o componenti strutturali di un edificio che non compromettano il valore e il decoro dello stesso e non modifichino la destinazione d'uso delle strutture. Solitamente si tratta di interventi per l'agibilità delle strutture. Vengono esclusi gli edifici tutelati in materia di beni culturali;
- Attività di conservazione e restauro di componenti strutturali dell'edificio;
- Attività di ristrutturazione per le quali non sono richiesti permessi specifici di costruzione
- Variazioni ai permessi ottenuti di costruzione, che non modifichino la destinazione d'uso, le perimetrie, la forma dell'edificio, la categoria e i parametri edilizi;
- Variazioni non essenziali ai permessi di costruzione purché conformi alla pianificazione e ai limiti urbanistico edilizi e che vengano comunicate tramite attestazione dell'esercente alla fine dei lavori;
- Creazione di parcheggi pertinenziali.

Ogni regione ha la potestà di modificare l'ambito di applicazione delle norme, ferme restando le eventuali sanzioni previste dal D.P.R. 380/2001.

La super-SCIA

La super-SCIA è una comunicazione da presentare all'autorità competente che può essere **sostitutiva all'ottenimento del permesso di costruzione.**

Gli interventi che possono essere realizzati tramite questa modalità sono:

- Attività di ristrutturazione "maggiore", rappresentate da interventi che modifichino il complesso rendendolo interamente o parzialmente diverso da quello precedente, che ne modifichino la volumetria, la destinazione d'uso, la forma o il prospetto degli edifici culturali;
- Attività di costruzione o ristrutturazione degli edifici se regolamentati da piani attuativi;
- Attività di costruzione se operate in veste di attuazione di pianificazioni urbanistiche generali regolamentate da precise indicazioni di planimetria e volumetria.

La Comunicazione di inizio lavori asseverata

Tutte le attività non soggette a SCIA, super-SCIA o a ottenimento del permesso di costruzione, possono essere realizzate attraverso presentazione della CILA. La comunicazione viene valutata da un tecnico competente che verifica che i lavori siano conformi e rispettosi del regolamento urbanistico e edilizio, e che rispettino le norme in materia di sicurezza, igiene, prevenzione e gestione di terremoti e incendi, tutela ambientale e paesaggistica, di efficienza energetica.

La segnalazione certificata di agibilità

Per agibilità si intende la possibilità di utilizzazione di un edificio per gli scopi per i quali è stato realizzato, grazie al superamento dei requisiti di sicurezza, igiene e sanità.

Successivamente all'emanazione del D. Lgs. 222/2016 non è più richiesto il possesso di un certificato di agibilità, il quale viene sostituito dalla SCA, una comunicazione presentabile all'autorità di competenza entro due settimane dalla comunicazione di termine dei lavori.

La SCA rappresenta un'autocertificazione della presenza di tutti i criteri igienico-sanitari, di sicurezza e di risparmio energetico all'interno delle strutture.

La segnalazione certificata di agibilità va consegnata entro due settimane (pena sanzioni amministrative) dal termine dei lavori edilizi per tutte le attività di:

- Costruzioni nuove;
- Ricostruzioni;
- Sopraelevazioni;
- Interventi e modifiche che compromettono i requisiti igienico-sanitari, di sicurezza e di risparmio d'energia;
- Strutture singole o parti di esse (in caso di un loro funzionamento autonomo) nel caso in cui siano state ultimate le attività di urbanizzazione primaria della totale opera edilizia, dei connessi elementi strutturali, e degli impianti nelle aree comuni;
- Singole strutture immobiliari nel caso in cui siano state ultimate le attività di urbanizzazione primaria, gli elementi strutturali connessi e gli impianti;
- Immobili realizzati regolarmente e attualmente privi di lavori in atto ma senza certificato di agibilità, per i quali il Comune deve effettuare tutte le verifiche necessarie entro trenta giorni, termine dopo il quale la struttura sarà considerata definitivamente agibile.

Utilizzo momentaneo delle strutture

Secondo le disposizioni del D.L. 76/2020, il Comune può attribuire l'uso temporaneo di determinate aree o immobili per finalità diverse da quelle stabilite dalla pianificazione urbanistica per motivazioni quali la riqualificazione, il recupero, lo sviluppo e la valorizzazione di aree, edifici e/o attività socioeconomiche.

Il D.P.R. 380/2001 disciplina tale materia regolando:

- le tempistiche dell'utilizzo degli edifici e le eventuali proroghe;
- le forme d'uso delle aree e delle strutture;
- i metodi, i costi e i tempi di ripristino al termine della convenzione;
- le garanzie e le sanzioni in caso di infrazione degli obblighi contrattuali.

L'utilizzo temporaneo di aree e immobili può prevedere l'attuazione di interventi, seppur reversibili, necessari in termini di sicurezza, salute e agibilità. Non è consentito apportare modifiche che cambino la destinazione d'uso dello spazio dato in concessione.

La vigilanza edilizia

Le attività urbanistiche e di edilizia vengono vigilate da parte del dirigente dell'ufficio comunale competente, al quale spettano il potere e l'obbligo di sorvegliare tali attività e di applicare le sanzioni quando necessario (indicate all'art 27 del TUE, all'art. 4 della L. 47/1985 e agli art. 107-109 del D. Lgs. 267/2000).

L'espropriazione

Il D.P.R. 327/2001 cerca di regolamentare la materia dell'espropriazione ai fini degli interessi pubblici classificando i beni in due categorie:

- **non espropriabili** (art. 4 D.P.R. 327/2001): i beni di proprietà del demanio pubblico fino alla dichiarazione di demanializzazione;

- **espropriabili** solo in presenza di specifiche condizioni (art. 4 D.P.R. 327/2001): i beni ricompresi all'interno del patrimonio statale indisponibile che sono espropriabili ai fini di perseguire un obiettivo pubblico maggiore.

Al contrario, **i beni di proprietà della Santa Sede non possono essere espropriati** in assenza di un previo accordo con la stessa.

Le strutture, al momento dell'accettazione del proprio piano urbanistico, vengono sottoposte al vincolo preordinato all'esproprio, della durata di cinque anni entro la quale dovrà essere emanata la dichiarazione di pubblica utilità.

La dichiarazione viene considerata effettiva dal momento in cui l'espropriante approva il Piano di zona, cioè il progetto totale dell'attività. Tuttavia, entro il termine dei cinque anni, il Consiglio comunale può prevedere che l'area oggetto di esproprio venga destinata a un'opera pubblica diversa da quella prestabilita.

L'ultimo passaggio del processo di espropriazione viene rappresentato dalla **determinazione di indennità**, che riguarda il trasferimento definitivo della proprietà prevedendo la trascrizione sugli appositi registri immobiliari e un risarcimento economico a titolo riparatorio (D.P.R. 327/2001). Il D.L. 133/2014 introduce gli interventi di conservazione: interventi di riqualificazione attraverso compensazione, sostitutivi all'espropriazione, disposti dal comune riguardanti edifici già esistenti che non sono più compatibili con la pianificazione urbanistica originaria. Al proprietario inoltre resta il diritto di agire sulla sua proprietà con interventi di conservazione.

Edilizia residenziale pubblica

L' Edilizia residenziale pubblica (ERP) viene descritta secondo due accezioni:

- **interventi di realizzazione di alloggi**, sovvenzionati in parte dallo Stato;

- **interventi di edilizia sovvenzionata**, cioè interventi totalmente finanziati dallo Stato.

L'edilizia residenziale viene attuata tramite l'emanazione del PEEP che prevede anche la dichiarazione di pubblica utilità.

L'obbligo del PEEP vige sui Comuni con più di 50.000 abitanti e per tutti i Capoluoghi di Provincia, le Regioni tutta via possono estendere l'obbligo anche a Comuni con più di 20.000 abitanti che si trovino in situazioni specifiche.

Il PEEP ha l'obiettivo di dotare i privati o gli enti pubblici di aree derivanti da zone soggette a opere di urbanizzazione, prevedendo che i soggetti si impegnino nella costruzione di alloggi da vendere o affittare a prezzi moderati. Usualmente le aree cedute sono provenienti, secondo i PRG del momento, da zone di espansione urbana e destinate all'edilizia residenziale.

Il Catasto

Il catasto è un elenco che ricomprende tutti gli immobili presenti sul Comune, con le relative descrizioni e dimensioni, al fine di determinarne consistenza e rendita. Partendo dai dati catastali vengono calcolati i tributi sia locali che erariali relativi agli immobili, inoltre i dati catastali contribuiscono altresì al calcolo dell'ISEE.

Il Comune ha il compito di:

- custodire, aggiornare e utilizzare i dati catastali;
- revisionare gli estimi e il classamento;
- delimitare le aree agrarie soggette a calamità;
- rilevare gli oneri consortili e i consorzi di bonifica applicati sugli immobili.

Il D.P.C.M. 14-06-2007 stabilisce le modalità e criteri secondo i quali i Comuni possono svolgere suddette funzioni, attribuendo loro le funzioni di:

- consultare i dati catastali nazionali;
- certificare e aggiornare i dati catastali della banca dati informatizzata;
- riscuotere i relativi tributi erariali;
- accertamento, ammissione e registrazione delle comunicazioni tecniche di aggiornamento del Catasto fabbricati e terreni;
- confronto con i dati comunali delle comunicazioni tecniche di aggiornamento e di comunicazione dei risultati all'Agenzia del territorio per l'aggiornamento del Catasto fabbricati;
- esaminare e approvare le comunicazioni tecniche di aggiornamento geometrico del Catasto terreni;
- partecipare alla revisione e alla custodia del Catasto terreni.

Protezione ambientale e paesaggistica

Il patrimonio paesaggistico è composto, secondo l'art. 134 del Codice dei beni culturali, da immobili e aree caratterizzanti valori storici e culturali, naturali ed estetici di un determinato territorio.

Il patrimonio paesaggistico viene tutelato a livello comunale e regionale: le Regioni tengono sotto controllo il proprio territorio di competenza tramite l'elaborazione di Piani paesaggistici, cioè pianificazioni urbanistiche che tengano conto dei valori paesaggistici e culturali presenti in una determinata area.

Il Piano territoriale paesaggistico (PTP) portano particolare attenzione alle caratteristiche e ai valori del proprio territorio, disciplinandone l'utilizzo con normative e criteri:

- conservazione e tutela dei beni paesaggistici tramite il rispetto della morfologia e dell'architettura di un determinato territorio;
- riqualificazione di zone in degrado;
- minore consumo territoriale e tutela degli altri ambiti del territorio;
- pianificazione urbanistica e edilizia nel rispetto dei valori paesaggistici e culturali, in particolare se riconosciuti dall'UNESCO.

Le autorizzazioni paesaggistiche

I proprietari di immobili o aree di valore paesaggistico non possono apportare liberamente modifiche alla propria proprietà ma sono tenuti a presentare una richiesta di autorizzazione recante il progetto dettagliato delle attività di intervento che desiderano svolgere sul bene.

La Regione richiede il parere del Soprintendente con un tempo di attesa massimo di 45 giorni, se entro il termine il parere non sia pervenuto, la Regione procede con l'istanza tramite i propri uffici competenti e può rilasciare l'autorizzazione.

L'autorizzazione conferita ai proprietari degli immobili ha una durata di cinque anni, al termine della quale sarà necessario richiederne una nuova.

L'inquinamento

Il **Testo Unico** Ambientale introduce i seguenti concetti in materia di inquinamento ambientale:

- **inquinamento:** immissione, direttamente o indirettamente collegata alle attività umane, di sostanze nocive per l'uomo e/o per gli ecosistemi nell'aria, nelle acque o nei terreni;
- **inquinante:** sostanza con la capacità di produrre inquinamento.

Il Testo Unico Ambientale attribuisce le competenze in materia secondo il D. Lgs. 112/1998:

- **Province:** catasto ambientale, vigilanza ed eventualmente pianificazione dell'autorizzazione
- **Comuni:** organizzazione dei servizi pubblici in materia ambientale, eventualmente acquisiscono funzioni di vigilanza, pianificazione e autorizzazione.

Protezione del suolo

Il TUA ha introdotto alcune direttive volte a tutelare e risanare il suolo, il sottosuolo e le acque attraverso politiche di prevenzione e messa in sicurezza dei fenomeni a rischio, delle situazioni di dissesto e della desertificazione. Per la messa in atto tali disposizioni le funzioni sono state ripartite tra Stato, Regioni, enti locali e consorzi.

Le attività vengono pianificate e attuate dal Servizio nazionale di protezione civile che si occupa principalmente di:

- Mantenimento, recupero e cura del suolo all'interno dei bacini idrografici;
- La regolazione, manutenzione e difesa dei corsi d'acqua e dei loro rami terminali e foci;
- Gestione delle piene per evitare inondazioni attraverso strumentazioni diverse tra le quali scaricatori, vasche, serbatoi di invaso;
- Gestione e controllo delle attività di estrazione nei mari, nei laghi e nei fiumi al fine di proteggere il territorio dal dissesto, dall'erosione e da altre problematiche;
- Tutela e controllo dei versanti e dei siti abitati a rischio di imbattersi in frane e valanghe;
- La gestione delle situazioni di subsidenza del suolo e di risalita delle acque del mare nei fiumi e nelle falde;
- Tutela delle coste.

I rifiuti

Secondo la definizione indicata dal TUA, il rifiuto si rappresenta come un oggetto o una sostanza della quale il possessore si disfi per volere o per obbligo.

I rifiuti vengono suddivisi in quattro categorie principali: urbani, speciali, pericolosi (indicati nell'allegato 1 della parte V del TUA), non pericolosi.

I rifiuti urbani:

- Rifiuti domestici da raccolta differenziata o indifferenziata;
- Rifiuti provenienti da altre tipologie di fonti, appartenenti alla raccolta differenziata o indifferenziata (simili a quelli domestici per natura e strutturazione);
- Rifiuti provenienti dalle strade (spazzamento o cestini);
- Rifiuti di altra natura provenienti da aree pubbliche o a uso pubblico;

- Rifiuti derivanti dalla gestione delle aree verdi pubbliche e dalla pulizia delle aree di mercato;
- Rifiuti cimiteriali.

I rifiuti speciali:

- Derivanti da attività agricole o agroindustriali, dalla pesca e dalla selvicoltura;
- Derivanti da attività di scavo, costruzione e demolizione;
- Derivanti dalla produzione industriale;
- Derivanti dalla produzione artigianale;
- Derivanti dalle attività di commercio;
- Derivanti dalle attività di servizi;
- Derivanti da attività sanitarie;
- Veicoli non in funzione e da rottamare;

Derivanti da attività di smaltimento dei rifiuti, dagli impianti di potabilizzazione, da impianti di depurazione delle acque, da attività di eliminazione dei fumi, dalle fosse settiche e dalle reti fognarie.

La definizione di rifiuto si differenzia da quella di "sottoprodotto", che viene invece definito come un oggetto o una sostanza che presenta tutte le caratteristiche seguenti:

- Creato da un processo produttivo del quale è parte integrante, che è volto alla produzione di un altro oggetto;
- viene sicuramente utilizzato durante lo stesso o un successivo processo produttivo;
- è possibile utilizzarlo immediatamente senza necessità di ulteriori trasformazioni;
- l'utilizzo è legale e non impatta negativamente sulla salute o sull'ambiente.

Il controllo e la raccolta dei rifiuti

La gestione e la raccolta dei rifiuti sono strumenti essenziali per assicurare la tutela sanitaria, ambientale e paesaggistica.

Prima di poter operare un recupero o uno smaltimento dei rifiuti è necessaria una fase di raccolta, che può essere attuata secondo diverse modalità:

- depositi temporanei: deposito dei rifiuti precedente al trasporto verso gli impianti appositi;
- raccolta differenziata sulla base della natura e della composizione dei rifiuti con il fine di poterli riciclare;
- centri di raccolta: centri accessibili dai cittadini per lo scarico di rifiuti domestici non depositabili nei classici contenitori urbani.

La gestione dei rifiuti è attribuita ai Comuni dal TUA, il quale, con lo scopo di ottenere trasparenza, efficienza ed economicità, emana dei regolamenti che determinano:

- i criteri e le procedure da adottare durante la gestione dei rifiuti per tutelare l'igiene e la sanità;
- le tipologie di raccolta e trasporto dei rifiuti;
- le modalità di raccolta differenziata;
- le indicazioni per la gestione dei rifiuti urbani pericolosi e cimiteriali;
- le indicazioni sulla pesata dei rifiuti urbani prima di destinarli allo smaltimento o recupero;
- le indicazioni per l'ottimizzazione della raccolta e del trasporto dei rifiuti di imballaggio in cooperazione con altre categorie di merci, e la determinazione di standard da osservare.

Compito dei Comuni è quello di mettere a disposizione delle Province, delle Regioni e delle autorità competenti le **informazioni relative alla gestione dei rifiuti**, ed eventualmente di esprimere il proprio parere alle Regioni in merito a progetti di bonifica.

L'inquinamento delle acque

Le disposizioni in materia di inquinamento idrico si possono ritrovare all'interno del D. Lgs. 152/2006, che disciplina in particolare modo le operazioni di inserimento delle acque reflue all'interno delle acque superficiali, sul suolo e sottosuolo, nella rete fognaria. Queste azioni sono considerate attività di scarico e anche se non continue e non inquinanti o sottoposte a depurazione vanno tenute sotto controllo.

Vengono invece caratterizzate "rifiuti liquidi" gli inserimenti occasionali, eccezionali e non continuativi di sostanze liquide di scarto nell'ambiente, per esempio in seguito a danneggiamenti e rotture del rifiuto o di parti di esso.

Inquinamento atmosferico

Il concetto di inquinamento atmosferico indica l'alterazione della qualità dell'aria a causa della presenza di sostanze naturali o di derivazione umana.

Il D. Lgs. 152/2006 disciplina la tutela dell'atmosfera e della qualità dell'aria regolando tra le altre cose anche i parametri sui livelli delle immissioni, sugli impianti temici, di combustione o di distribuzione di benzina.

Viene introdotto anche l'obbligo di ottenere l'autorizzazione per i nuovi stabilimenti che potrebbero inquinare l'atmosfera e l'obbligo di rispettare i parametri sui limiti di emissione.

L'autorizzazione determina il periodo di tempo necessario tra la messa in esercizio e la messa a regime dello stabilimento (minimo 15 giorni), inoltre stabilisce le tempistiche entro le quali comunicare all'autorità di competenza i dati sulle emissioni relative a un determinato periodo di tempo di almeno dieci giorni.

L'autorizzazione prevede la scadenza sua dopo quindici anni e può essere successivamente rinnovata.

L'inquinamento elettromagnetico

Con il termine "inquinamento elettromagnetico" o "elettrosmog" si intende la produzione di campi elettrici e magnetici artificiali da parte di stabilimenti di trasmissione di onde elettromagnetiche, ripetitori telefonici, antenne televisive e impianti di produzione e trasporto di energia.

I campi elettromagnetici produttori di inquinamento posso appartenere a frequenze sia alte che basse, rimanendo comunque significativamente superiori a quelli naturali.

L' inquinamento elettromagnetico è dannoso per l'uomo e per la biosfera, per questo motivo i Comuni adottano dei regolamenti volti a inserire correttamente gli impianti sul territorio in modo da esporre il meno possibile la popolazione ai campi elettromagnetici.

Alle Regioni e ai Comuni vengono attribuite le funzioni di controllo a livello sanitario e ambientale.

L'inquinamento acustico

La legge 476/1995 disciplina la materia dell'inquinamento acustico e attribuisce ai Comuni le seguenti competenze:

- la creazione di una mappa del territorio acustico sulla base del territorio comunale;
- classificare il territorio coordinando gli strumenti urbanistici in dotazione;
- l'attuazione di piani di risanamento acustico al fine di tutelare la salute e l'ambiente;
- il controllo che gli impianti di qualsiasi genere che hanno ottenuto l'autorizzazione edilizia rispettino i parametri delle norme contro l'inquinamento acustico;
- l'attuazione delle discipline statali e regionali in materia di inquinamento acustico tramite l'emanazione di regolamenti riguardanti in particolare modo le emissioni sonore derivanti dalle automobili e dalle attività svolte tramite l'uso di sorgenti sonore;
- il controllo e la gestione delle emissioni prodotte dal traffico automobilistico e da altri veicoli;
- la vigilanza sul rispetto delle disposizioni per le riduzioni di questo tipo di inquinamento;
- la concessione di autorizzazioni per lo svolgimento di attività, manifestazioni o eventi temporanei in luogo pubblico.

All'interno dei Comuni che presentano più di 10.000 abitanti, la Giunta fa pervenire al Consiglio comunale una sintesi quinquennale riportante lo stato acustico del territorio di competenza, che dopo essere stata approvata viene consegnata alla Regione.

Il Servizio nazionale di protezione civile

La protezione civile (SNPC) è un sistema di protezione e tutela contro le calamità e riguarda tutti gli ambiti della vita, dell'integrità fisica, dell'ambiente e degli animali, dei beni e degli insediamenti umani.

La Protezione civile non fa riferimento a una singola autorità ma a più istituzioni che collaborano insieme creando un sistema che si occupa principalmente di queste attività:

- previsione e identificazione dei rischi;
- prevenzione, attuando strategie che evitino o almeno riducano i danni derivanti da calamità;
- gestione delle emergenze.

I Comuni si occupano di predisporre le **pianificazioni** della protezione civile e di adottare tutte le disposizioni necessarie a gestire le emergenze e a garantire i servizi di primo soccorso nel territorio comunale.

In situazioni di gravità, inoltre, il Sindaco può prevedere l'adozione di provvedimenti immediati e urgenti per garantire la sicurezza pubblica.

Nei casi in cui il Comune non abbia risorse sufficienti per gestire da solo la situazione di emergenza, è prevista la collaborazione con i livelli superiori di governo.

Le opere pubbliche

Le opere pubbliche vengono realizzate con lo scopo di assicurare una buona vivibilità e di sviluppare il territorio in maniera equilibrata e organizzata.

La legge in materia (L. 849/1964) ha introdotto la distinzione di due categorie di opere pubbliche:

di urbanizzazione primaria: opere di livello tecnologico riguardanti necessità essenziali per garantire un livello dignitoso di vivibilità come, per esempio, i servizi di acqua, gas, energia e illuminazione pubblica, reti fognarie, reti stradali e di comunicazione. Sono opere di interesse collettivo e sono solitamente di proprietà dell'ente caratterizzandosi strettamente come opere pubbliche;

di urbanizzazione secondaria: opere di livello sociale riguardanti un alto livello di vivibilità nei centri abitati come per esempio la creazione di strutture sociali e sanitarie, scuole dell'infanzia e asili, scuole dell'obbligo statali, edifici di culto, strutture sportive, spazi verdi pubblici. Questa tipologia di opere sono volte a garantire un migliore tenore di vita e possono essere sia opere pubbliche, sia opere di proprietà privata che svolgono servizi pubblici.

Le opere pubbliche realizzate dalle istituzioni competenti o dai concessionari di opere pubbliche sono soggette a permesso di costruzione, ma in forma gratuita.

Per quanto riguarda le opere pubbliche realizzate da privati, invece, il pagamento del contributo di costruzione viene eliminato solo se le opere di urbanizzazione in oggetto vengono riconosciute come tali dalle pianificazioni urbanistiche.

Per gli interventi statali non è previsto l'obbligo di autorizzazione alla costruzione e di conseguenza non sussiste il pagamento degli oneri di urbanizzazione.

Gli oneri di urbanizzazione primaria e secondaria vengono aggiornati dal Comune con cadenza quinquennale.

I trasporti
Il D. Lgs. 422/1997 disciplina la materia del traporti locali, suddividendola in diversi livelli:

1) coordinazione delle pianificazioni statali e regionali, attuata dalla conferenza Stato-Regioni;

2) pianificazione a livello regionale e a livello locale: le Province e le città metropolitane redigono i Piani di Bacino e le Regioni emanano i Piani Regionali dei Trasporti.

Le funzioni amministrative in materia dei trasporti sono suddivise a livello territoriale tra:

- **Stato:** si occupa dei servizi di trasporto pubblico e ferroviario a livello nazionale e del trasporto della merce per conto di terzi;

- **Regioni ed Enti locali:** tutte le funzioni non espressamente di competenza statale.

Viabilità
Il D. Lgs. 112/1998 attribuisce agli Enti locali le funzioni di pianificazione, esecuzione, gestione e manutenzione di tutte le vie stradali diverse da quelle appartenenti alle reti stradali e autostradali nazionali. Queste funzioni possono essere assegnate a propria volta all'azienda nazionale autonoma delle strade.

Alle Regioni competono le funzioni di pianificazione e coordinazione della rete stradale, mentre alle **Province i compiti di progettare, costruire e tenere sotto manutenzione le strade.**

I **Comuni hanno il compito di assicurare il buono stato** e la sicurezza delle strade, detenendo la responsabilità di qualsiasi incidente causato dall'inosservanza di tali doveri anche nel caso in cui la manutenzione delle strade venga appaltata a un'azienda terza.

LE ENTRATE

Le competenze di tipo legislativo sono state distribuite tra lo Stato e le Regioni dall'art. 117 della Costituzione e successivamente riviste dalla riforma costituzionale del 2001: lo Regioni ottengono capacità legislativa su tutte quelle materie non espressamente attribuite allo Stato.

Anche in materia tributaria l'articolo 117 fa da punto di riferimento:

- lo Stato detiene la potestà esclusiva riguardo al sistema tributario statale e una posizione direttiva riguardo alla fiscalità di livello Regionale e locale.
- Le competenze in materia di organizzazione e la gestione della finanza pubblica vengono ripartite fra Stato e Regioni.

Le Regioni, le Province e i Comuni godono di autonomia finanziaria che viene concretamente attuata a partire dall'emanazione della legge delega 42/2009, la quale individua i criteri da osservare per la gestione della finanza pubblica.

In attuazione di questa legge vengono emanati successivi decreti al fine di eliminare la maggior parte dei finanziamenti statali agli enti locali istituendo al posto dei sistemi di autonomia fiscale e risorse perequative:

- D. Lgs. 85/2010 "federalismo demaniale": determina i criteri secondo i quali possa essere istituito un patrimonio proprio delle Regioni, Province, Comuni e città Metropolitane;
- D. Lgs. 156/2010 (ampliato dal D. Lgs. 61/2012) "Roma Capitale": determina l'assetto finanziario provvisorio di Roma;
- D. Lgs. 216/2010 "fabbisogni standard"
- D. Lgs. 23/2011 "federalismo fiscale municipale": stabilisce i principi base della fiscalità a livello locale;
- D. Lgs. 68/2011 "autonomia tributaria di Regioni e Province" e "stabilimento di necessità e costi in materia sanitaria"
- D. Lgs. 88/2011 "parificazione ed eliminazione degli squilibri": indica l'uso del Fondo per lo sviluppo e la coesione la fine di ridurre gli squilibri economici;
- D. Lgs. 149/2011 "premi e sanzioni per le Province, le Regioni e i Comuni";
- D. Lgs. 118/2011 "armonizzazione dei sistemi contabili".

Le Regioni, le Province e i Comuni sono tenuti a perseguire gli obiettivi del Patto di Stabilità e Crescita, pena alcune sanzioni istituite dal **Patto interno di stabilità.**

Le entrate degli enti locali

L'autonomia e la potestà in materia di gestione delle entrate da parte degli enti locali è stata apportata tramite diversi decreti nel corso del tempo:

- D. Lgs. 446/1997: gli enti locali possono regolamentare le proprie entrate, anche di natura tributaria, escluse però le definizioni delle specifiche imponibili, l'aliquota massima dei tributi e i soggetti passivi;
- D. Lgs. 267/2000 che riprende i principi del decreto precedente;
- D. Lgs. 23/2011: conferma il potere da parte degli enti locali di regolare le loro entrate, anche quelle tributarie.

Esistono però **alcuni limiti** a questa autonomia regolamentare:

- l'esclusione della determinazione e modifica dei tratti essenziali delle entrate e di alcune fattispecie indicate nel D. Lgs. 446/1997;
- l'art. 23 della Costituzione: riserva la competenza di creazione di nuovi tributi al Parlamento;
- il rispetto dello Statuto del Contribuente;
- l'osservanza del criterio di non discriminazione.

Le entrate comunali sono state determinate e modificate nel tempo partendo dal D. Lgs. Sul federalismo fiscale 23/2011, passando dal D.L. 201/2011 che ha previsto l'istituzione della TARES, arrivando alle leggi 228/2012, 147/2013 e 208/2015 che hanno ridisegnato totalmente il sistema tributario comunale.

L'assetto tributario a livello municipale è oggi costituito da:

- addizionale comunale all'IRPEF;
- TARI;
- IMU;
- ISCOP;
- TOSAP;
- COSAP;
- imposta di soggiorno;
- addizionale comunale sui diritti di imbarco;
- imposta sul diritto di affissione e sulle pubblicità;
- canone di impianto dei mezzi pubblicitari.

L'approvazione dei regolamenti

Il regolamento tributario viene **redatto dal Consiglio comunale**, mentre le aliquote e le tariffe dei tributi vengono determinate dalla Giunta comunale.

I regolamenti così redatti devono essere **inviati per via telematica al Ministero dell'economia e delle finanze** per essere approvati.

Le delibere vengono considerate efficaci dal momento della pubblicazione sul portale del ministero (se la pubblicazione avviene entro il 28 ottobre dell'anno di riferimento del regolamento) ad esclusione dei regolamenti in materia di IMU, TASI, imposta di soggiorno e addizionale comunale all'IRPEF.

La gestione dei tributi comunali

Gli enti locali possono organizzare tutti gli aspetti riguardanti il loro ambito tributario potendo fare riferimento a diversi modelli gestionali:

gestione diretta: (singolarmente o in forma associata);

gestione esternalizzata: affidando una o diverse fasi di gestione a un terzo a scelta tra individui o società miste facenti parte dell'albo dei concessionari, operatori competenti siti in un Paese membro dell'Unione Europea.

Province e metropoli

Il D. Lgs. 68/2011 prevede l'eliminazione dei trasferimenti erariali statali e Regionali alle Province e alle Metropoli attribuendo loro autonomia fiscale.

<u>La maggior parte delle entrate tributarie derivano dai servizi di produzione ambientale e di trasporto:</u>

- imposta sulle assicurazioni dei veicoli a motore (escludendo i ciclomotori) contro la responsabilità civile;
- imposta provinciale di trascrizione;
- tributo per la consegna dei rifiuti solidi in discarica;
- tributo per l'ambiente a livello provinciale;
- incasso proveniente dalla compartecipazione all'IRPEF.

Entrate locali non tributarie

Per le Regioni e gli Enti locali sono previste alcune tipologie di entrata di natura diversa da quella tributaria e di compartecipazione all'IRPEF:

- **entrate perequative:** lo Stato può trasferire l'eccesso di entrate fiscali in un determinato territorio a Enti in difficoltà con lo scopo di garantire un certo equilibrio. Le entrate perequative per le Province provengono dal Fondo sperimentale di riequilibrio, finanziato dalle entrate derivanti dalla compartecipazione all'IRPEF da parte delle province.

A livello comunale invece è stato istituito il Fondo di solidarietà comunale, alimentato da una quota delle entrate derivanti dall'IMU;

- **entrate extratributarie:** derivanti da tutto l'attivo del bilancio di natura diversa da quella tributaria, comprendente vendita e gestione dei beni, interessi attivi e numerose altre voci. In generale si possono distinguere quattro categorie di entrate extratributarie: patrimoniali, derivanti da servizi pubblici, dalle concessioni, dalle sanzioni a causa dell'infrazione del codice stradale.

La politica di coesione regionale Europea

L'Unione Europea ha introdotto una politica, inserita nel **Titolo XVIII del TFUE**, mirata a ridurre la differenza di sviluppo tra le regioni: è stato approvato un quadro finanziario per il periodo temporale 2021-2029 le cui azioni di intervento sono ancora in stato di definizione.

Facendo però riferimento al precedente quadro finanziario (2014-2020) si può individuare lo stanziamento di cinque Fondi SIE (strutturali e di investimento):

- Fondo europeo di sviluppo regionale: volto a creare equilibrio tra le regioni;
- Fondo sociale europeo: investe sul capitale umano e promuove l'occupazione su tutto il territorio europeo;
- Fondo di coesione: sostiene i paesi con RNL inferiore al 90% della media dei paesi appartenenti all'UE tramite finanziamento dei settori dei trasporti e dell'ambiente;
- Fondo europeo per la pesca e gli affari marittimi: promuove metodi di pesca sostenibili;
- Fondo europeo agricolo per lo sviluppo rurale.

I fondi ricevuti sono gestiti dai singoli paesi tramite accordi con la Commissione Europea.

Il regolamento di contabilità

Il regolamento di contabilità rappresenta un insieme di norme, attuate dal D. Lgs. 267/2000 e stabilite dal TU e dal D. Lgs. 118/2011, che stabiliscono i principi contabili da attuare da parte degli Enti locali.

L'ordinamento contabile e finanziario viene determinato a livello statale e regola le seguenti materie:

- Programmazione;
- Gestione;
- Rendicontazione;
- Attività di investimento;
- Attività di tesoreria;
- Le competenze dell'organo di revisione economica e finanziaria;
- Risanamento finanziario.

I principi contabili

Il sistema contabile si costituisce sulla base di principi contabili generali, che sono direttive volte alla creazione di una rappresentazione di bilancio veritiera, trasparente e corretta.

Il D. Lgs. 118/2011 riporta diciotto principi contabili:

- Annualità;
- Unità;
- Competenza finanziaria;
- Competenza economica;
- Universalità;
- Integrità;
- Veridicità e correttezza;
- Coerenza;
- Costanza e continuità;
- Verificabilità;
- Rilevanza;
- Flessibilità;
- Congruità;
- Prudenza;
- Neutralità;
- Pubblicità;
- Equilibrio di bilancio;
- Prevalenza della sostanza sulla forma.

Gli Enti locali devono attenersi anche a dei principi contabili applicati, cioè principi specifici sugli istituti del regolamento che si attengono alle direttive dei principi generali. Questi principi applicati riguardano:

- La contabilità economico-patrimoniale;
- La programmazione;
- La contabilità finanziaria;
- Il bilancio consolidato delle P.A. locali.

Il piano dei conti integrato unisce il sistema contabile finanziario a quello economico-patrimoniale per permettere una visione generale e completa di tutti gli elementi della gestione, per questo motivo tutti gli Enti locali sono tenuti a redigerlo in modo che si possa tenere sotto controllo l'intero sistema dei conti pubblici.

Il sistema di bilancio

Il sistema di bilancio rappresenta per le Pubbliche Amministrazioni un utile strumento di programmazione, gestione, previsione e rendicontazione: la redazione dei relativi documenti è necessaria per fornire informazioni sugli obiettivi e sull'andamento presente e passato dell'Ente agli stakeholders (portatori di interesse).

La programmazione di bilancio viene definita dalla L. 196/2009 come un insieme di attività volte ad analizzare le politiche sulla gestione del territorio in modo da organizzare e realizzare in un determinato periodo di tempo tutte le attività sociali e di promozione dello sviluppo sociale ed economico del territorio. A disciplinare il processo di programmazione vengono inoltre emanate delle direttive da seguire:

- Rispettare le compatibilità economiche e finanziarie;
- Coinvolgere gli stakeholders;
- Formalizzare le decisioni in merito ai programmi e alla gestione futura dell'ente.

Gli strumenti contabili e di programmazione degli Enti locali

Il decreto sull'armonizzazione ha apportato diverse modifiche al sistema di strumenti contabili degli Enti locali, elencando gli strumenti di programmazione necessari:

Documento unico di programmazione "DUP" (da presentare entro il 31 luglio) con eventuale relativa nota di aggiornamento. Il DUP rappresenta la linea strategica generale dell'Ente e il presupposto per la creazione degli altri documenti di programmazione, permette inoltre di fare fronte alle discontinuità organizzative e ambientali.

<u>Tale documento viene composto dalla sezione strategica (SeS) e dalla sezione operativa (SeO).</u>

- Bilancio di previsione finanziaria: un documento di previsione almeno triennale sulla competenza e cassa del primo esercizio, e sulla competenza dei successivi esercizi. Il bilancio di previsione finanziaria è sottoposto a regime autorizzatorio.
- Piano esecutivo di gestione e delle performances (PEG): documento redatto dalla Giunta con l'obiettivo di stabilire e coordinare gli obiettivi dell'Ente e i relativi budgets. Il PEG deve essere emesso entro venti giorni dalla data di approvazione del bilancio di previsione finanziaria e deve rispettare le direttive generali del DUP e del bilancio di previsione.

Il piano esecutivo di gestione viene elaborato unendo l'approccio top-down e quello bottom-up all'interno del dialogo tra la Tecnostruttura e l'Amministrazione. La formazione del PEG deve pertanto seguire i seguenti principi:

- La Giunta emana le linee guida politiche e di programmazione della gestione (top-down);

- I funzionari della Tecnostruttura vengono chiamati ad attuare gli obiettivi stabiliti dall'Amministrazione (bottom-up);

- Determinazione degli obiettivi e dei relativi metodi, tempi e strumenti necessari per il loro raggiungimento;

- Determinazione dei responsabili della gestione dell'Ente e delle unità organizzative.

- Piano degli indicatori di bilancio;

- Schema di delibera di assestamento del bilancio;

- Variazioni di bilancio;

- Rendiconto sulla gestione.

La gestione delle entrate

Le entrate previste dal bilancio di previsione vengono acquisite dall'Ente secondo uno schema di tre fasi:

- **Accertamento:** analisi della motivazione, della somma e della scadenza del credito. Le entrate vengono assegnate a un determinato esercizio finanziario nel quale il credito verrà incontro alla scadenza;

- **Riscossione**: fase nella quale il tesoriere o l'ente incaricato riscuote la somma in questione rilasciando al debitore l'atto di reversale d'incasso.

- **Versamento:** la somma riscossa dal tesoriere viene trasferita all'Ente.

La gestione delle spese

Al fine di assicurare un finale pareggio di bilancio, le spese non possono sforare il tetto massimo previsto dal bilancio di previsione e sono quindi gestite tramite uno schema che prevede le fasi di:

- **Impegno:** vengono determinati, in quanto elementi costitutivi della spesa, il creditore, la motivazione, la scadenza e l'entità della somma da pagare, la fattispecie del vincolo creato sullo stanziamento di bilancio. La spesa in questione deve avere la propria certificazione di copertura finanziaria e viene registrata a livello contabile.

I responsabili dei servizi dell'Ente sono tenuti a rispettare i principi contabili generali e il principio applicato della contabilità finanziaria prima di prendere l'impegno di spesa. Tali determinazioni prevendono l'applicazione di alcune procedure:

- Il responsabile del servizio si accerta preventivamente che il pagamento della spesa sia compatibile con gli stanziamenti previsti dal bilancio e indice la proposta di determinazione di impegno;

- La determinazione di impegno viene fatta pervenire al responsabile del servizio finanziario che dopo i controlli di copertura conferisce il visto di regolarità contabile, il quale rende esecutivi i provvedimenti di impegno.

In casi specifici il Consiglio o la Giunta sono autorizzati ad attuare deliberazioni e conseguenti impegni di spesa che non siano prettamente atti di indirizzo. La deliberazione deve essere inviata al soggetto responsabile del servizio competente per ottenere il parere di regolarità tecnico-amministrativa e al soggetto responsabile del servizio finanziario per ottenere il parere di regolarità contabile.

Liquidazione: il responsabile del servizio, il quale ha ordinato la fornitura di beni o servizi, stabilisce con esattezza l'importo da pagare dopo aver verificato i documenti e l'esistenza di un diritto da parte del creditore. La liquidazione viene registrata a livello contabile nel momento in cui l'obbligazione diventa esigibile e l'atto viene inviato al servizio finanziario per i relativi controlli e accertamenti.

Ordinazione: viene ordinato al tesoriere di pagare le spese tramite il mandato di pagamento, firmato dal responsabile della ragioneria. Il mandato viene controllato dal servizio finanziario.

Pagamento: il tesoriere paga le spese estinguendo l'obbligo del debitore.

Il rendiconto della gestione

Il rendiconto è un insieme di documenti che ricomprendono il conto economico, lo stato patrimoniale e il bilancio, che esprime ed analizza i risultati raggiunti dalla gestione. Il rendiconto mira a fornire informazioni sulle fonti e l'uso delle risorse finanziarie, sull'andamento dell'ente in materia di efficienza ed efficacia, sul rispetto del bilancio di previsione e delle leggi vigenti.

Il rendiconto permettere di analizzare e valutare l'adeguatezza delle proprie scelte gestionali e di attuare un controllo da parte degli organi contabili e politici.

<u>La proposta di rendiconto viene redatta dalla Giunta e fatta pervenire per la valutazione al Consiglio.</u>

Il bilancio consolidato

Come conseguenza della sempre maggiore esternalizzazione di alcune funzioni da parte degli Enti verso società terze da esso partecipate o controllate, è stata resa obbligatoria per tutti gli Enti la redazione del bilancio consolidato di gruppo. Tale documento fornisce una rappresentazione della situazione patrimoniale, finanziaria e del risultato economico complessivo derivante da tutte le attività dell'Ente.

<u>Il bilancio consolidato di gruppo è formato da:</u>

- Conto economico consolidato;
- Stato patrimoniale consolidato;

- Relazione sulla gestione consolidata e nota integrativa;
- Relazione del collegio di revisione dei conti;
- Documenti relativi al gruppo di amministrazione pubblica (società controllate e partecipate, enti e organismi strumentali dell'Ente in questione).

Le funzioni del documento sono quelle di:

- Evitare la mancanza di informazioni relative all'andamento gestionale degli Enti che esternalizzano le proprie funzioni;
- Conferire all'Ente uno strumento efficacie e completo per la gestione e programmazione del proprio gruppo;
- Possedere una visione completa sulla situazione patrimoniale e finanziaria e del risultato economico del gruppo in questione.

Il bilancio viene elaborato per il 31 dicembre dell'esercizio di riferimento e deve essere approvato entro il 30 settembre dell'anno seguente.

Il dissesto degli Enti locali

La L. 144/1989 introdusse l'istituto del dissesto finanziario degli Enti locali a sostegno di tutte le situazioni non gestibili attraverso gli strumenti ordinari a disposizione.

La legge venne inserita poi nel D. Lgs. 267/2000 TUEL, al quale si affianca il D.L. 174/2012, e ricomprendono tutta la legislazione in merito al dissesto finanziario e sul riequilibrio per gli enti a rischio di dissesto.

Gli ordinamenti prevedono la messa a disposizione per queste tipologie di Enti la strumentazione necessaria per riacquistare l'equilibrio finanziario necessario.

Le attività contrattuali della Pubblica Amministrazione

La Pubblica amministrazione può intraprendere attività contrattuali attraverso strumenti diversi:

Di tipo pubblicistico: prevedono una supremazia da parte della PA sul cittadino;

Di tipo privatistico: la PA si pone sullo stesso livello del cittadino privato, non esercitando la supremazia pubblica. L'Amministrazione può intraprendere questa tipologia di contrattazione per perseguire un interesse pubblico rispettando il limite del carattere funzionale: le negoziazioni devono interessare i soli ambiti di scopo pubblico caratterizzanti l'Amministrazione in questione.

La PA ha a che fare con diverse tipologie di contratti:

- **Di diritto comune:** contratti identici a quelli stipulati tra soggetti privati, all'interno dei quali la PA si mette allo stesso livello del cittadino (per esempio la locazione);

- **Di diritto speciale:** presentano deroghe all'ordinaria disciplina contrattuale, le parti contraenti non si trovano su un piano di perfetta parità (per esempio gli appalti pubblici);

- **Di diritto pubblico**: il contratto rappresenta un provvedimento amministrativo. L'oggetto del contratto può essere disposto esclusivamente dalla Pubblica amministrazione;

- **Attivi:** prevedono entrate a favore dello Stato;

- **Passivi:** prevedono una spesa per l'acquisizione di beni e/o servizi.

A seconda della tipologia di contratto le attività vengono regolate secondo fonti di diritto comune o di diritto pubblico.

Per tutti i contratti di tipo attivo o passivo, che quindi prevedono un'entrata o una spesa da parte dello Stato, è previsto l'obbligo di gara.

La gara rappresenta la pari opportunità dei soggetti privati di poter collaborare con la Pubblica Amministrazione, e per quest'ultima l'opportunità di ottenere le migliori condizioni possibili.

A disciplinare la sopracitata gara interviene la procedura dell'evidenza pubblica che prevede il rispetto di determinate regole per la pubblicità della gara e di precisi principi di valutazione.

L'evidenza pubblica rappresenta l'insieme degli atti amministrativi che dichiarano la natura di pubblico interesse del contratto. Infatti, prima della stipulazione del contratto viene valutata la rilevanza dell'interessa pubblico e l'utilizzo di norme di diritto pubblico. Dopodiché, in seguito alla stipulazione, il contratto viene eseguito, eccetto specifici casi, seguendo le norme del diritto privato.

Il processo di evidenza pubblica si articola in diversi passaggi:

Determinazione di contrattazione: la PA esplicita l'interesse pubblico e le ragioni che portano alla decisione di contrattare. Viene sottoposto a controllo un prototipo di contratto dotato di capitolati d'oneri e indica le clausole dei capitolati generali (di carattere normativo) e speciali (di carattere negoziale) riguardanti il contratto.

Determinazione del contraente. La scelta della modalità di selezione avviene attraverso un bando e prevede le seguenti modalità:

- Asta pubblica: viene pubblicato il bando riportante tutte le informazioni sull'oggetto e su come partecipare alla gara. Tutti i soggetti che possiedono i requisiti richiesti possono partecipare all'asta.
- Licitazione privata: la procedura non è aperta ma è ristretta tramite una previa qualificazione dei fornitori. Successivamente ai partecipanti vengono inviate le

informazioni su modalità e scadenze di presentazione delle offerte e le modalità di assegnazione.
- Trattativa privata: accettata solo in specifiche e rare situazioni, descritte dalla legge. Non è previsto il processo di assegnazione ma solo una trattativa diretta con il contraente.
- Appalto concorso: diversi soggetti vengono chiamati a presentare sia le offerte che i progetti tecnici. Questa tipologia di selezione viene utilizzata in specifici casi previsti dalla legge e in presenza di necessità di specifiche competenze tecniche.
* Assegnazione e conclusione del contratto;
* Approvazione ed esecuzione del contratto.

L'appalto

Il D. Lgs 50/2016 prevede che le stazioni di appalto pubblichino sul proprio sito un avviso di preinformazione della durata di 12 mesi (24 per appalti in materia di servizi sociali o servizi specifici) contenente tutte le informazioni necessarie per partecipare alla gara.

L'aggiudicazione deve avvenire secondo specifiche procedure che possono essere:

- **Aperte:** tutti i soggetti interessati possono presentare la loro offerta entro 35 giorni dalla pubblicazione del bando (o entro 15 giorni in caso di pubblicazione di un avviso di preinformazione da non più di 12 mesi e non meno di 35 giorni dalla data del bando, contenente tutte le informazioni necessarie);

- **Ristrette:** tutti i soggetti interessati possono fare richiesta di partecipazione ma solo i soggetti invitati dopo una preselezione possono presentare le loro offerte. La presentazione delle offerte deve avvenire entro 30 giorni dall'invio dell'invito, che possono essere ridotti a 10 giorni in caso di pubblicazione, da non più di 12 mesi e non meno di 35 giorni dalla data del bando, di un avviso di preinformazione contenente tutte le informazioni necessarie.

O in casi specifici procedure speciali come:

- Procedura competitiva con negoziazione: le stazioni appalto negoziano le condizioni di appalto con i soggetti da loro preselezionati. Dopo aver invitato i soggetti prescelti e ottenuto le relative offerte, queste ultime vengono contrattate durante la fase di negoziazione.

Questa modalità di procedura può essere adottata solo nei casi in cui:

* Serve una disponibilità immediata delle risorse per poter soddisfare le esigenze perseguite dalla P.A.
* È richiesto l'impiego di soluzioni di tipo innovativo

- Non è possibile aggiudicare l'appalto in mancanza di negoziazioni a causa delle particolari condizioni dell'oggetto
- La P.A. non riesce a comunicare in modo sufficientemente preciso le specifiche tecniche.

Dialogo competitivo: l'appaltante dialoga con i candidati per ottenere una o molteplici soluzioni alle sue esigenze. In base alle soluzioni trovate i soggetti invieranno le relative offerte. Il metodo del dialogo competitivo è applicabile solo nelle situazioni descritte per la procedura competitiva di negoziazione.

Partenariato per l'innovazione: la procedura permette alla P.A. di produrre direttamente delle risorse innovative che non sono esistenti sul mercato. Qualsiasi soggetto economico può richiedere di partecipare ma solo i soggetti invitati dalla P.A. possono prendere parte alla procedura ed essere selezionati in base al migliore rapporto qualità/prezzo.

Procedura negoziata senza previa pubblicazione di un bando di gara: la negoziazione senza la presenza di un bando è una condizione di estrema rarità ed eccezionalità e può essere intrapresa solo in presenza di:

- Assenza di offerte generali o di offerte appropriate in seguito a una procedura aperta o ristretta
- Presenza di un unico soggetto in grado di eseguire la prestazione in oggetto
- Condizioni di emergenza e di urgenza
- Necessità di nuovi lavori analoghi a quelli già prestati dal soggetto aggiudicato durante l'appalto iniziale.

Le norme europee

L'Italia, in quanto paese membro dell'Unione Europea, è soggetta alle norme europee che modificano e si affiancano a quelle della contabilità italiana.

La Commissione Europe ha riassunto i principi fondamentali dei vari Trattati riguardanti i contratti pubblici:

- Parità di trattamento: l'aggiudicazione da parte della P.A. deve essere oggettiva e coerente con i criteri di selezione inizialmente previsti;

- Non discriminazione, soprattutto riguardo alla nazionalità;

- Trasparenza: prevede che la P.A. dichiari espressamente l'intenzione di indire una gara e dia tutte le informazioni necessarie sull'oggetto e sulla procedura di selezione;

- Proporzionalità: i requisiti di tipo finanziario e professionale stabiliti dalla P.A. devono essere proporzionati e adeguati alla natura dell'oggetto della gara;

- Mutuo riconoscimento: lo Stato all'interno del quale viene fornita la prestazione richiesta deve adeguarsi e riconoscere le procedure, i titoli e le certificazioni riconosciuti dallo Stato destinatario della prestazione;

- Tutela dei diritti fondamentali.

A partire da febbraio 2014 sono state inserite determinate direttive europee, denominate direttive di quarta generazione, volte alla disciplina della materia contrattuale:

- Direttiva sulle concessioni (2014/23/UE);

- Direttiva Appalti (2014/24/UE);

- Direttiva Utilities (2014/25/UE).

Tali direttive vengono adottate a livello nazionale tramite l'applicazione del D. Lgs. 50/2016 contente il Codice dei contratti pubblici, successivamente rivisitato da altri due decreti (D. Lgs. 56/2017 e D. Lgs. 55/2019).

Il Codice dei contratti pubblici viene suddiviso in sei categorie:

- Ambito di applicazione;

- Contratti di appalto, per lavori, forniture e servizi;

- Contratti di concessione;

- Partenariato pubblico privato;

- Insediamenti e infrastrutture prioritarie;

- Disposizioni finali e transitorie.

Successivamente all'emanazione dei decreti sblocca cantieri (32/2019) e semplificazioni (76/2020) alcune norme del Codice dei contratti pubblici vengono sospese:

- Obbligo dei Comuni (esclusi i capoluoghi di provincia) di acquistare in forma centralizzata (art. 37, comma 4);

- Proibizione di appalto integrato (art. 58, comma 1);

- Obbligo di selezione dei commissari tra i soggetti iscritti all'albo dell'ANAC.

Vengono esclusi dall'applicazione delle disposizioni del Codice dei contratti pubblici alcune tipologie di contratto regolate da normative specifiche, tra le quali i contratti attivi: soggetti al regolamento di contabilità pubblica R.D. 2440/1923, e i contratti di sponsorizzazione.

Le tipologie di contratto escluse sono però tenute a rispettare requisiti minimi di evidenza pubblica. Riguardo ai contratti di sponsorizzazione con valore superiore a 40.000

euro vengono indicate disposizioni minime che prevedono la pubblicazione sul sito internet dell'appalto di sponsorizzazione con almeno 30 giorni di preavviso.

Affidamenti in house providing

Il sistema dell'house providing permette alla P.A. di reperire le prestazioni di cui necessita senza uscire al di fuori del settore pubblico: al posto di contattare i privati, l'Ente attribuisce a una propria articolazione l'esecuzione della prestazione necessaria.

La possibilità di utilizzare l'affidamento in house, considerando che la pratica non rispetta il principio di concorrenza, viene concessa solo in presenza di alcuni requisiti:

- L'Amministrazione esercita sulla parte controllata un controllo affine a quello che applica sui propri servizi;

- Più dell'80% delle attività della parte controllata sono svolte per lo svolgimento dei compiti assegnati dall'Amministrazione;

- Nella parte controllata non esistono partecipazioni di capitale privato non previste dalla legislazione.

Le soglie di rilevanza europea

Il Codice disciplina i vari contratti sulla base del valore stabilito all'inizio della gara. Per i contratti con importi meno rilevanti sono previste delle semplificazioni, mentre vengono applicate le direttive europee per i contratti che superino le seguenti soglie:

- 139.000 euro (aggiudicati dai ministeri) o 214.000 euro (aggiudicati da stazioni appaltanti diverse) per gli appalti di forniture e servizi;

- 750.000 euro per appalti di servizi sociali;

- 5.350.000 euro per concessioni e appalti di lavori pubblici.

Per quanto riguarda i contratti che non superano la soglia europea invece il Codice prevede delle procedure semplificate richiedendo in ogni caso il rispetto di alcuni principi basilari:

- Economicità
- Efficacia
- Tempestività
- Correttezza
- Trasparenza e pubblicità
- Libera concorrenza
- Sostenibilità energetica e ambientale
- Non discriminazione
- Proporzionalità
- Rotazione degli inviti e degli affidamenti

E-procurement

L' e-pubblic procurement rappresenta il processo di acquisizione delle risorse da parte della Pubblica Amministrazione tramite strumenti informatici e della comunicazione (ICT). Con la direttiva 2014/24 l'Unione Europe ha introdotto il concetto di appalti elettronici, recepita poi a livello nazionale dal Codice dei contratti che ha previsto l'obbligo di utilizzo di mezzi elettronici da parte della P.A. per tutte le comunicazioni.

I sistemi dinamici di acquisizione

I sistemi dinamici di acquisizione sono degli strumenti elettronici di acquisto di materiali, servizi e lavori necessari ad una stazione appaltante, dei quali i soggetti che soddisfano i criteri stabiliti possono servirsi.

Il processo di aggiudicazione segue le stesse norme applicate per la procedura ristretta:

- Viene comunicato l'avviso della pubblicazione di un bando, nella fattispecie per un sistema dinamico di acquisizione;

- Vengono fornite tutte le informazioni necessarie su natura, quantità degli acquisti e funzionamento del sistema;

- Vengono presentate le suddivisioni per categoria dei beni e dei servizi e i relativi criteri di definizione;

- Tutti i documenti della gara vengono lasciati a libero accesso e consultazione.

Aste e cataloghi elettronici

I cataloghi elettronici sono uno strumento volto alla messa a disposizione delle informazioni in modo equo a tutti i soggetti e alla raccolta elettronica delle offerte. L'ente appaltante indica all'interno del bando la richiesta di prestazione delle offerte tramite il catalogo elettronico, fornendo agli offerenti tutte le informazioni necessarie.

Le aste elettroniche rappresentano uno strumento elettronico automatizzato di valutazione delle offerte derivanti da una qualsiasi procedura di aggiudicazione, esclusi gli appalti in materia di prestazioni intellettuali. I criteri di valutazione e selezione devono essere criteri oggettivi e quantificabili.

Il Mercato elettronico della Pubblica Amministrazione (MEPA)

Il MEPA è un mercato elettronico che agevola il rapporto tra la domanda e l'offerta, del quale la P.A. e le stazioni di appalto possono servirsi per reperire beni e servizi sotto la soglia europea.

Il MEPA viene sempre gestito da una centrale di committenza e viene utilizzato solo in materia di affidamenti sotto la soglia europea e per acquisizioni che non richiedono un confronto competitivo.

Per l'accesso a un determinato mercato elettronico viene indetto un bando, i soggetti interessati possono mettere in dotazione un catalogo elettronico contenente le proprie offerte.

La stazione appaltante può procedere all'acquisto attraverso:

- **Ordinazione diretta** di acquisto al fornitore dopo avere valutato tutti i cataloghi presenti sul MEPA. L'ordine diretto può essere effettuato solo nei casi di affidamento diretto per ordini al di sotto dei 40.000 euro.

- **Ordine tramite richiesta di offerta** (RDO) al MEPA, che richiede a sua volta agli offerenti di fornire un'offerta migliorativa. Questo tipo di acquisto è applicabile per acquisizioni al di sotto della soglia europea.

Le centrali di committenza

Le centrali di committenza sono degli enti aggiudicatori che aggregano la domanda permettendo di diminuire i costi di gestione degli appalti ottenendo le migliori condizioni possibili. Le centrali di committenza svolgono le seguenti attività:

Centralizzazione delle committenze: aggiudicazione degli appalti e relativa conclusione di accordi e acquisizione delle forniture destinate agli appaltanti.

Committenza ausiliaria: attività di supporto alla committenza.

Aggiudicazione ed esecuzione del contratto

L'aggiudicazione è la fase tramite la quale viene selezionato come vincitore della gara il migliore offerente.

L'aggiudicazione deve essere approvata entro 30 giorni dall'organo di controllo competente dopo aver verificato la regolarità delle procedure della gara. Anche nel caso in cui l'aggiudicazione venga approvata, l'accettazione dell'offerta non è automatica ma avviene solo in seguito alla verifica che il vincitore possegga tutti i requisiti richiesti e dichiarati.

Entro i sessanta giorni successivi deve essere stipulato l'accordo.

Una volta che il contratto è diventato efficacie può essere eseguito sotto la sorveglianza del Responsabile Unico del Procedimento o del direttore di esecuzione del contratto delegato dal RUP. Le competenze principali del direttore di esecuzione riguardano la direzione, la gestione e la vigilanza tecnico-contabile dell'esecuzione per assicurare la regolarità della procedura.

Ua volta terminata l'esecuzione del contratto è necessario ottenere una certificazione che dichiari che l'oggetto sia stato realizzato secondo i criteri stabiliti dal contratto e che sia stato sottoposto a collaudo (per i contratti di lavori) o a verifica di conformità (per i contratti di forniture e servizi) entro sei mesi dal termine delle prestazioni.

La certificazione di collaudo o conformità diventa cessa di essere provvisoria dopo due anni dalla sua emissione, assumendo carattere definitivo.

Il contenzioso

Il Codice disciplina anche gli strumenti giudiziali e stragiudiziali delle liti riguardanti i contratti pubblici, nella fattispecie:

- **L'accordo bonario:** un accordo raggiunto in seguito all'inserimento di riserve sui documenti contabili che permettono di modificare il valore dell'opera dal 5% al 15% rispetto a quello inizialmente indicato dal contratto.

- **Transazione:** nel caso di impossibilità di utilizzare altri metodi di risoluzione delle controversie, è possibile effettuare una transazione.

- **Arbitrato:** le controversie sui diritti soggettivi vengono sottoposte a un collegio arbitrale composto da tre soggetti nominati dalla Camera arbitrale.

- **Parere di precontenzioso:** una o più delle parti in controversia può decidere di presentare all'ANAC la questione, il quale fornisce entro 30 giorni un parere che ha carattere vincolante per le controparti.

Secondo il D. Lgs. 104/2010 tutte le controversie contrattuali fanno riferimento al giudice amministrativo.

Gli appalti per lavori pubblici

Il procedimento riguardante gli appalti per la realizzazione di opere pubbliche (lavori) trova un iter più minuzioso e complesso rispetto a quello per la fornitura di beni e servizi.

In particolare, la fase della progettazione comprende tre diversi livelli di approfondimenti tecnici:

- Progetto di fattibilità economica e tecnica;
- Progetto definitivo;
- Progetto esecutivo.

La fase di progettazione può essere eseguita, dopo la procedura di evidenza pubblica, in modo interno (da dipendenti pubblici) o esterno (da soggetti non facenti parte della P.A.)

Per la prestazione di lavori pubblici di valore superiore a 150.000 euro il Codice prevede che tutte le imprese esecutrici posseggano un certificato di qualificazione rilasciato da una Società Organismo di Attestazione. La certificazione attesta il possesso da parte dell'impresa di:

- Requisiti generali necessari per la non esclusione;
- Requisiti speciali di tipo economico-finanziario e tecnico-organizzativo;

- Certificazione di qualità sulla base della ISO 9000;
- Certificato del rating di impresa ottenuto dall'ANAC.

REATI E PUBBLICA AMMINISTRAZIONE

La pubblica amministrazione ha sempre il dovere di svolgere correttamente e nel rispetto delle leggi quelle che sono le sue funzioni in modo da garantire un buon funzionamento di tutti i suoi apparati, come è anche interesse dello Stato preservare l'integrità e l'imparzialità di tutti gli enti pubblici.

Per questo, se tali mansioni non sono svolte in ottemperanza alle leggi si configurano una serie di reati perseguibili penalmente. All'interno della macchina amministrativa le figure preposte al corretto svolgimento delle funzioni pubbliche vengono definite con la qualifica di pubblici ufficiali - o incaricati di pubblici servizi - ovvero, quei soggetti che svolgono un pubblico servizio e hanno mansioni sia legislative, che giudiziarie e amministrative, in relazione sempre al bene pubblico comune. I reati che riguardano la pubblica amministrazione, e perseguibili dal Codice penale, possono essere commessi comunque sia da soggetti facente funzione di pubblici ufficiali che da soggetti definiti privati.

I reati commessi da pubblici ufficiali

Il peculato (art. 3014, co. 1, cod. pen.)

Il peculato è un atto illecito che si commette quando il pubblico ufficiale si appropria di denaro o di altri beni materiali, appartenenti ad altri soggetti, di cui ha disponibilità in virtù del servizio che svolge all'interno dell'ente pubblico. **Questa disponibilità di tipo patrimoniale è il presupposto proprio del reato di peculato.** Quando il funzionario si appropria di denaro o di beni mobili altrui compie infatti un'azione incompatibile con la sua funzione ed è perseguibile a norma di legge.

La malversazione ai danni dello Stato (art. 316-bis cod. pen.)

Il reato di malversazione ai danni dello Stato si ha quando un soggetto estraneo alla pubblica amministrazione, dopo aver ottenuto sempre dallo Stato centrale ma anche da un altro ente pubblico o dall'Unione Europea dei contributi in forma di sovvenzione e finanziamento destinati allo svolgimento di iniziative, alla realizzazione di opere o attività di pubblico interesse, non li destina a tali scopi, quindi li utilizza in maniera indebita.

La corruzione e la concussione (art. 318-322 cod. pen.) (art. 317 cod. pen.)

Il reato di **corruzione** si configura all'interno di un accordo bilaterale, quindi fra due soggetti: l'incaricato del pubblico servizio e un privato (il cosiddetto pactum sceleris).

L'azione illecita da parte del funzionario pubblico si ha nel momento in cui lo stesso pubblico ufficiale, in cambio di un compenso o di un beneficio che non gli è dovuto, esercita un'attività inerente e conforme, ma anche contraria, alle sue mansioni all'interno dei pubblici uffici.

La **concussione**, invece, è un atto illecito che il pubblico ufficiale, o l'incaricato di un pubblico servizio, commette nel momento in cui abusa delle sue qualifiche e dei suoi poteri costringendo l'altro soggetto in questione a dare o a promettere in maniera indebita, sempre a lui o a un soggetto terzo, un beneficio, che può essere in denaro o in altri beni patrimoniali.

Abuso d'ufficio (art. 323 cod. pen.)

Il pubblico ufficiale, o l'incaricato di un pubblico servizio, commette il reato di abuso d'ufficio nel momento in cui, durante il normale esercizio e lo svolgimento delle sue funzioni, produce e arreca un danno alla pubblica amministrazione od ottiene un vantaggio patrimoniale, azioni che si configurano in tutto e per tutto in contrasto con le norme di legge.

Si tratta, in particolare, del compimento di un atto o di un fatto materiale in violazione dei doveri riguardanti l'ufficio a cui è preposto come funzionario; quindi, è la manifestazione di un utilizzo illecito di quelle che sono i poteri a lui conferiti in quanto pubblico ufficiale.

Rivelazione e utilizzo dei segreti d'ufficio (art. 326 cod. pen.)

Questo illecito si configura quando un pubblico ufficiale, o la persona incaricata di un pubblico servizio, violano e abusano dei doveri che concernono le loro funzione rivelando notizie d'ufficio che devono rimanere segrete o, comunque, ne agevolano la diffusione e la conoscenza all'esterno.

Questo reato si prefigura anche nel momento in cui il pubblico ufficiale si procura un beneficio patrimoniale avvalendosi di quelle informazioni che si trovano sotto un vincolo di segretezza. In questo caso il bene giuridico da tutelare è appunto il segreto delle notizie che sono di esclusiva proprietà della pubblica amministrazione e la condotta illecita consta, appunto, nel rivelare o agevolare in qualche modo la conoscenza di tali informazioni al di fuori degli uffici preposti.

Rifiuto e omissione in merito agli atti d'ufficio (art. 328 cod. pen)

Il rifiuto e l'omissione di atti d'ufficio prevede due tipologie di reato: nel primo caso l'atto illecito viene compiuto dal pubblico ufficiale, o dall'incaricato di pubblico servizio il quale, in maniera indebita, rifiuta un atto, **concernente il proprio ufficio di competenza** che, per ragioni di giustizia, sicurezza e ordine pubblico, ma anche di igiene e sanità deve essere compiuto a tempo debito, quindi senza ritardi; la seconda azione che configura questo reato si ha quando i funzionari pubblici non compiono l'atto relativo al proprio ufficio entro 30 giorni dalla richiesta avanzata dal soggetto interessato, oppure, non forniscono una risposta che giustifichi le ragioni di questo ritardo.

L'interruzione del pubblico servizio (art. 331 cod. pen.)

Tale illecito viene compiuto da un funzionario pubblico che esercita, in particolare, servizi di pubblica necessità o di pubblica sicurezza, nel momento in cui interrompe tale servizio; quindi, sospende il suo lavoro e le sue mansioni all'interno di uffici di enti o aziende inficiando in questo modo la regolarità dei servizi a cui è preposto.

Il reato si configura pertanto in **due principali condotte illecite**: sia nell'interruzione del servizio che nella sospensione dal lavoro. Tali comportamenti, infatti, andranno ad alterarne il buon funzionamento nel suo complesso, impedendone quindi il regolare svolgimento.

I reati commessi dai cittadini

Violenza o minaccia a pubblico ufficiale (art. 336 cod. pen.)

Questi tipi di reati si configurano quando un soggetto mette in atto delle condotte illecite in cui viene utilizzata sia la violenza che la minaccia nei confronti di un pubblico ufficiale o dell'incaricato di un pubblico servizio, per ottenere da questi il compimento di un'azione contraria ai doveri d'ufficio a cui è preposto, come anche la volontà di ottenere un'interruzione del servizio stesso. Queste azioni rappresentano in tutto e per tutto degli atti coercitivi sia contro i pubblici ufficiali ma anche verso i servizi che garantiscono il corretto funzionamento dell'amministrazione pubblica.

Resistenza e oltraggio a pubblico ufficiale (artt. 337-341bis cod. pen.)

Un soggetto **esercita un'azione di resistenza** al pubblico ufficiale nel momento in cui usa violenza o minacce in opposizione all'incaricato di pubblico servizio mentre svolge le proprie funzioni.

Il reato di oltraggio a pubblico ufficiale, invece, si ha nel momento in cui il soggetto reca un'offesa al funzionario durante il suo servizio in un luogo pubblico e aperto e alla presenza di altre persone, andando così a intaccare il prestigio del pubblico ufficiale che sta prestando il proprio servizio in nome del bene pubblico e di tutta la comunità.

Esercizio abusivo della professione (art. 348 cod. pen.)

La normativa vigente prevede e tutela il fatto che determinate professioni, in particolare quelle che richiedono precisi requisiti di competenza tecnica, debbano essere esercitate solo da quei soggetti che sono in possesso della qualifica necessaria a esercitare e che attesti le qualità tecniche e professionali richieste dalla legge.

Nel caso questi presupposti non sussistano ecco che si configura il reato di esercizio abusivo di una professione che, stando alla legge, viene punito con la reclusione da 6 mesi a 3 anni e il pagamento di una sanzione che va da 10000 a 50000 euro.

Danneggiamento o distruzione del patrimonio dello Stato (artt. 734-733 cod. pen.)

La **tutela del paesaggio**, come del patrimonio artistico e storico della Nazione, viene garantito innanzitutto dall'art. 9 della nostra Costituzione e, di conseguenza, la distruzione e il deturpamento delle bellezze naturali si configurano a tutti gli effetti come dei reati contro il bene collettivo.

L'azione illecita si ha quando un soggetto, attraverso sia la costruzione di edifici o demolizioni, o azioni analoghe, distrugge o altera le bellezze naturali, paesaggistiche, ma anche di interesse storico e artistico che sono soggette a vincolo da parte degli enti preposti, ad esempio la soprintendenza dei beni culturali che ne tutela l'integrità e il valore come bene collettivo.

GLI ATTI

Le deliberazioni

La **delibera** è l'atto tipico con cui il consiglio o la giunta prendono le decisioni nelle materie che sono di loro rispettiva competenza, lo **scopo** è il perseguimento dell'interesse pubblico, mentre **l'oggetto** dell'approvazione riguarda i bilanci, i regolamenti e gli strumenti di pianificazione.

La redazione consiste in una manifestazione di volontà che viene espressa dal collegio grazie alla votazione, in base a una proposta che viene approvata e quindi adottata quando vi è la maggioranza semplice. Tali procedimenti amministrativi si concludono con una deliberazione di un organo collegiale a seguire poi vi è una fase subprocedurale, la quale prende vita nelle seguenti fasi:

- Convocazione
- Verifica del quorum
- Votazione
- Verbalizzazione

Si inizia con **l'avviso di convocazione** dove i componenti vengono avvisati in merito al giorno, all'ora e a luogo dove si terrà la seduta. È necessario ai fini della validità ottenere un quorum, ovvero che ci sia la presenza di un numero minimo di persone che devono votare per far sì che tale votazione sia valida; pertanto, il consiglio ha il compito di stabilire un numero necessario minimo per la validità di tali sedute. In merito alla Giunta i regolamenti prevedono la presenza della metà più uno dei componenti. Le sedute sono sempre presiedute e ovviamente dirette dal presidente che ne assicura la regolarità. Vi sono però anche dei casi previsti dal decreto legislativo 267/2000, dove è richiesta una maggioranza qualificata, per far sì che la deliberazione sia approvata.

In particolare, per:

- Le modifiche statuarie
- La revisione del territorio
- La costituzione di un consorzio
- La modifica al regolamento o il suo l'ampliamento
- Il funzionamento del consiglio regionale
- L'istituzione di particolari commissioni di indagine
- La mozione di sfiducia.

Tutto quello che viene detto all'interno della seduta, viene poi verbalizzato tramite il **verbale di seduta,** che viene redatto dal segretario.

Il verbale deve indicare; l'organo che ha deliberato quindi se si tratta di un consiglio o della giunta, la data e luogo in cui è avvenuta la seduta, il numero della deliberazione (ogni deliberazione ha sempre un numero progressivo), l'oggetto della liberazione, se trattasi di una seduta pubblica o segreta, o di una seduta di prima o seconda coniugazione, la formalità della convocazione, l'elenco dei presenti non dimenticando anche quello degli assenti, l'attestazione della validità, i nominativi di chi si è occupato di fare lo scrutinatore, gli elementi salienti della discussione, l'esito a cui si è arrivati, la proclamazione e infine la sottoscrizione.

Per quanto riguarda i pareri di regolarità, va detto che su ogni proposta di deliberazione che viene sottoposta alla Giunta e al consiglio a patto che non sia un atto di indirizzo, è necessario il parere del responsabile del servizio e il parere del responsabile di ragioneria.

La votazione solitamente si applica in forma palese, dove ogni componente si esprime liberamente, tale votazione può anche avvenire in forma segreta nel caso in cui si tratti di elezioni di persone o cariche amministrative, inserendo il proprio voto nell'urna.

Il verbale ha una propria struttura che è composta dai seguenti elementi:

- L'intestazione dove viene indicato l'ente o comunque l'organo che ha adottato il provvedimento
- La data e la numerazione progressiva della deliberazione
- L'oggetto della deliberazione dove verrà fatta una descrizione molto sintetica del procedimento
- L'elenco dei componenti
- La parte narrativa
- L'esito
- La parte propositiva
- Le conclusioni
- La sottoscrizione.

Per quanto riguarda **la pubblicazione** l'articolo 124 del TUEL, ci dice che tutte le deliberazioni del comune o della provincia sono pubblicate grazie all'affissione all'albo pretorio per 15 giorni, questa pratica permette di dare conoscenza delle disposizioni di legge, le quali divengono effettive dal decimo giorno. **L'articolo 134 del TUEL** disciplina le disposizioni con carattere di urgenza che diventano eseguibili immediatamente.

SCHEMA DELIBERA CONSIGLIARE

COMUNE DI ESEMPIO
(Provincia di Esempio)

Oggetto:

APPROVAZIONE REGOLAMENTO RELATIVO ALLA DEFINIZIONE AGEVOLATA DELLE CONTROVERSIE TRIBUTARIE, AI SENSI DELL'ART. 6 DEL DECRETO LEGGE N. 119 del 2018

IL CONSIGLIO COMUNALE

Premesso che:
- l'art. 6 – "Definizione agevolata delle controversie tributarie" del decreto legge n. 119 del 2018, convertito con legge n. 136 del 2018, prevede la possibilità per i Comuni di disporre entro il 31 marzo 2019 la definizione agevolata delle controversie tributarie pendenti;
- le controversie definibili sono quelle non definite con sentenza passata in giudicato, pendenti in qualsiasi grado di giudizio, ivi compresa la Corte di Cassazione;
- l'adesione alla definizione agevolata comporta l'esclusione delle sanzioni e degli interessi ed il pagamento in una percentuale variabile dal 100% al 5% dell'imposta, in funzione dello stato del contenzioso e dell'esito delle sentenze emesse alla data del 24 ottobre 2018;

Considerato che:
- fino alla data di approvazione della presente delibera risultano pendenti i seguenti ricorsi:
    o Commissione tributaria provinciale: n. 00 ricorsi per un importo complessivo d'imposta accertata pari ad 000000 euro;
    o Commissione tributaria regionale: n. 00 appelli per un importo complessivo d'imposta accertata pari ad 000000 euro, di cui n.00 appelli proposti dal Comune, per un importo di euro……
    o Corte di Cassazione: n. 00 ricorsi per un importo complessivo d'imposta accertata pari ad 000000 euro, di cui n. 00 ricorsi proposti dal Comune, per un importo di euro…….

o non pendono ricorsi che abbiano ad oggetto esclusivamente gli interessi di mora o sanzioni non collegate al tributo.

Considerato inoltre che:
- è opportuno disciplinare le procedure di dettaglio in un apposito regolamento, anche al fine di rendere più chiaro il procedimento ed agevolare l'adesione da parte di tutti i debitori;
- la definizione agevolata rappresenta un'opportunità sia per il Comune, in quanto consente di ridurre il contenzioso in essere, sia per il debitore, considerata la possibilità di ottenere anche una riduzione significativa del debito grazie all'esclusione delle sanzioni, degli interessi, oltre che di una quota dell'imposta, a seconda dell'esito delle sentenze che risultavano depositate alla data del 24 ottobre 2018, data di entrata in vigore del Dl n. 119 del 2018;
- per importi superiori a mille euro è prevista una rateizzazione dei pagamenti in un massimo di 20 rate trimestrali, con scadenze delle rate successive alla prima fissate al 31 agosto, 30 novembre, 28 febbraio e 31 maggio di ogni anno e con applicazione degli interessi legali calcolati dal 1° giugno 2019 alla data del versamento.

Visto l'art. 52 del D.lgs. n. 446 del 1997 che disciplina la potestà regolamentare generale degli enti locali in materia di entrate.

Ritenuto di approvare l'allegato regolamento comunale disciplinante la definizione agevolata delle controverse tributarie pendenti.

Acquisito il parere favorevole dell'organo di revisione, verbale n... del .../.../2019, allegato al presente atto quale parte integrante e sostanziale, reso ai sensi dell'art. 239 del D.lgs. n. 267 del 2000;

Su proposta della Giunta;

Visto che la presente proposta di deliberazione è stata esaminata in data .../.../2019 dalla Commissione Consiliare ...., come risulta dal verbale trattenuto agli atti d'Ufficio;

Visto lo schema di proposta predisposto dal Responsabile del Procedimento, dott. ....

Visto l'allegato parere di regolarità tecnica espresso dal Dirigente di Settore, dott. ...., ai sensi dell'art. 49, comma 1, del D.lgs. n. 267 del 2000;

Visto l'allegato parere di regolarità contabile espressa dal Responsabile del Servizio di Ragioneria, dott. ...., ai sensi dell'art. 49, comma 1, del D.lgs. n. 267 del 2000;

Con voto/i _____, reso/i per alzata di mano, proclamato/i dal Presidente;

DELIBERA

1. di approvare l'allegato Regolamento comunale disciplinante la definizione agevolata delle controversie tributarie pendenti;

2. di dare atto che la presente deliberazione sarà inviata al Ministero dell'economia e delle finanze, Dipartimento delle finanze, entro trenta giorni dalla data in cui diventa esecutiva, ai sensi dell'art. 13, comma 15, del Dl n. 201 del 2011 e dell'art. 52, comma 2, del D.lgs. n.446 del 1997.

Su proposta del Presidente, con voti favorevoli n.00, contrari n.0, nessuno astenuto, resi per alzata di mano, proclamati dal Presidente stesso, delibera altresì di dichiarare, ai sensi dell'art. 134, comma 4, del D. Lgs. n. 267 del 18 Agosto 2000, immediatamente eseguibile il presente atto, considerato che dalla data di esecutività della presente deliberazione e fino al 31 luglio 2019 sono sospesi i termini di impugnativa delle sentenze, sia per il Comune che per il contribuente.

Le determinazioni

Le determinazioni sono degli atti amministrativi con cui i dirigenti portano avanti l'attività di gestione amministrativa, tecnica e finanziaria dell'ente che presiedono. Tali determinazioni hanno una duplice valenza perché dà un lato rappresentano dei provvedimenti amministrativi, mentre dall'altro costituiscono degli atti di pura gestione. L'articolo 107 del TUEL attribuisce ai dirigenti tutti i compiti di attuazione in merito alle determinazioni secondo queste modalità e regolamenti stabiliti.

- La presidenza delle commissioni di gara e di concorso
- La responsabilità delle procedure
- La stipulazione dei contratti
- Gli atti di gestione
- Gli atti di amministrazione
- I provvedimenti di sospensione, attestazione e certificazione.

La disciplina generale in merito alle determinazioni ci dice che queste comportano **impegni di spesa; pertanto,** devono essere trasmesse al **responsabile del servizio finanziario** e diventano esecutive con il visto di regolarità contabile. Tale visto deve attestare la copertura finanziaria, pertanto, l'efficacia delle determinazioni che prevedono o comportano degli impegni specifici di spesa, è sempre subordinata dall'ottenimento del visto di regolarità contabile, ovvero ci devono essere i soldi a copertura. Sempre l'articolo 183 del TUEL, ci dice che l'impegno costituisce la prima fase di questo procedimento, il quale verrà perfezionato grazie alla determina della somma da pagare.

Grazie alla procedura di accertamento, alla documentazione e alla verifica del credito, vengono fissate le scadenze.

Si distinguono in questo ambito anche le **liquidazioni**, ovvero una somma certa da pagare nei limiti dell'ammontare, quindi c'è un impegno assunto.

Ci sono poi le **determinazioni a contrarre** nelle quali si esplica la volontà dell'amministrazione di procedere alla selezione del contraente, che deve portare poi a una conclusione del contratto.

Vi sono poi le **determinazioni prive di implicazioni contabili**, queste sono puri atti di natura gestionale, che non prevedono una spesa o comunque sia anche un'entrata, un esempio di questo tipo di atti è il subappalto o la proroga di un lavoro, sempre in questa categoria rientrano gli atti di organizzazione e quelli di gestione del personale.

Per quanto riguarda l'efficacia, sempre l'articolo 183 del TUEL, ci dice che tutti i provvedimenti che prevedono impegni di spesa sono trasmessi al responsabile del servizio finanziario, e divengono poi esecutivi con le apposizioni del visto di erogabilità contabile, il quale attesta la copertura finanziaria.

Vi è poi il caso della determinazione che comporta una limitazione della sfera giuridica dei privati, in questo caso diventerà efficace nel momento in cui verrà resa nota al destinatario.

Vengono poi effettuati anche dei controlli di regolarità amministrativa e contabile a seguire vi è la pubblicazione delle determinazioni. La pubblicazione non comporta una fase integrativa dell'efficacia, in quanto come abbiamo detto diventano esecutive nel momento in cui vengono emanate o nel momento in cui viene posto il visto di regolarità.

Vediamo adesso in sintesi la struttura formale delle determinazioni, a capo vi è l'intestazione dove si specifica l'organo che ha emanato il provvedimento, a seguire vi è la data e la numerazione progressiva, l'oggetto, la parte narrativa, la parte dispositiva, la sottoscrizione da parte del dirigente o comunque del responsabile di servizio, e in ultimo vi è la formula che viene utilizzata per richiamare gli elementi che vanno a marcare la volontà di adottare la tale decisione.

Amministrazione

Prot. n. ...../00/20
OGGETTO: determina a contrarre per la fornitura di: _____
SMART CIG:........

IL DIRIGENTE/RESPONSABILE DEL SETTORE

VISTO	il d. lgs n. 267/2000 e s.m. ed integr., recante il testo unico sull'ordinamento degli Enti locali
VISTO	il d. lgs. 30 marzo 2001, n. 165, recante "Norme generali sull'ordinamento del lavoro alle dipendenze delle Amministrazioni Pubbliche" e ss.mm.ii.
VISTA	la legge 7 agosto 1990, n. 241, "Norme in materia di procedimento amministrativo e di diritto di accesso ai documenti amministrativi"
VISTO	il d. lgs. 18 aprile 2016, n. 50 (Codice dei Contratti Pubblici)
VISTO	lo Statuto ed il regolamento per le attività negoziali finalizzate all'acquisizione di lavori, servizi e forniture
VISTO	l'atto di programmazione per l'acquisizione di beni e servizi, per l'anno
RAVVISATA	la necessità di provvedere all'acquisizione della fornitura in oggetto, al fine di garantire il regolare svolgimento dell'attività istituzionale
VISTO	l'art. 1, comma 502, della l. n. 208/2015 (legge di stabilità 2016)
RILEVATA	l'assenza di Convenzioni CONSIP attive, per la fornitura in oggetto, come da documentazione in atti
RITENUTO	di procedere per l'acquisizione della fornitura in oggetto, ai sensi dell'art. 36, comma 1, lett. a), del d. lgs n. 50/2016, nel rispetto dei principi di economicità, efficacia, tempestività, correttezza, libera concorrenza, non discriminazione, trasparenza, proporzionalità, pubblicità e rotazione e in modo da assicurare l'effettiva possibilità di partecipazione delle microimprese, piccole e medie imprese
TENUTO CONTO	che, alla luce dell'istruttoria svolta e della relazione agli atti, l'importo della fornitura è ricompreso nel limite di cui all'art. 36, comma 2, **lett. a)**, del d. lgs. n. 50/2016
ATTESO	che la determinazione della spesa massima stimata per la fornitura in esame risulta finanziariamente compatibile con l'effettiva capienza del bilancio annuale e.f.

Richiamate le Linee Guida dell'ANAC n. 4 del 26 ottobre 2016, come modificate con deliberazione n. 206 del 1 marzo 2018, rese ai sensi e per gli effetti dell'art. 36 del d. lgs. n. 50/2016.

Evidenziato che, nel rispetto del principio di rotazione, l'affidamento in esame deve riguardare un operatore economico non beneficiario di altra analoga commessa (_specificare e motivare una diversa circostanza, ad esempio, tenendo conto dell'accertata **documentata assenza** di alternative in relazione al settore merceologico di interesse oltre che delle condizioni vantaggiose proposte dal precedente affidatario e dall'elevato grado di soddisfazione derivante dalla prestazione eseguita_);

Precisato che il bene da acquisire corrisponde, sul piano quali-quantitativo, a quanto necessario per lo svolgimento delle attività istituzionali e non presenta caratteristiche inidonee, superflue o ultronee rispetto a quello proposto dal convenzionato Consip;

Precisato, altresì, che in capo all'affidatario non dovranno sussistere motivi di esclusione di cui all'art. 80 del d. lgs. n. 50/2016;

Evidenziato, infine, che l'operatore economico dovrà essere iscritto presso la Camera di Commercio nel settore di attività (o in quello analogo) concernente il bene da fornire e dovrà possedere l'idonea capacità economico-finanziaria e tecnico-professionale (_ove necessarie in relazione alle caratteristiche ed agli importi previsti_);

tutto ciò premesso e considerato, visto gli artt. 32 e 36 del d. lgs. n. 50/2016

DETERMINA

1. di procedere all'acquisizione della fornitura in oggetto mediante affidamento diretto, ai sensi dell'art. 36, co. 2, lett. a), del d. lgs. n. 50/2016;

2. di avviare, tal fine, un'indagine di mercato, mediante la consultazione dei cataloghi elettronici di beni/servizi presenti sulla piattaforma MEPA (in mancanza, specificare la fonte dei cataloghi consultati), ovvero richiedendo almeno due/tre preventivi, ovvero verificando la presenza di altre analoghe forniture disposte da altre PPAA, onde ponderare la **congruità** del prezzo da corrispondere per la fornitura, anche in relazione alle caratteristiche del bene;

3. di indicare il CIG (SMRAT CIG) n. _____ relativo alla fornitura in oggetto in tutte le fasi relative alla presente procedura d'acquisto;

4. di stipulare il contratto, con la ditta affidataria, mediante scrittura privata ovvero corrispondenza secondo l'uso del commercio consistente in un apposito scambio di lettere, anche mediante posta elettronica certificata (ai sensi dell'art. 32 del d. lgs. n. 50/2016), sulla base di apposita autodichiarazione resa dall'affidatario e concernenti i requisiti morali e professionali all'uopo necessari e salvo le **verifiche obbligatoriamente** previste dalle citate Linee Guida[1];

5. di prenotare, a tal fine, la somma di € 0.000,00, IVA inclusa, a carico del ....;

6. di precisare, sin da ora, che:
- il Responsabile Unico del Procedimento, come individuato ai sensi dell'art. 31, d. lgs. 50/2016 e dell'art. 5 della l. n. 241/90, è _____;
- la ditta affidataria dovrà assumere tutti gli obblighi di tracciabilità dei flussi finanziari di cui alla Legge 136/2010, con individuazione del "conto dedicato" su cui utilmente poter disporre il bonifico per il pagamento, le generalità ed il codice fiscale delle persone delegate ad operare sullo stesso, con l'impegno a comunicare ogni modifica relativa ai dati trasmessi;
- il controllo dei requisiti in capo all'affidatario (inclusi quelli di capacità, ove previsti) avverrà ai sensi e secondo le modalità di cui all'art. 86 del d. lgs. n. 50/2016 e del relativo Allegato XVII;
- in sede di contratto (la cui stipula potrà avvenire anche prima del decorso del c.d. *stand still*, come previsto dall'art. 32, comma 10, del d. lgs. n. 50 del 2016) sarà prevista un'espressa clausola risolutiva (ovvero la previsione di apposite penali da irrogarsi) in caso di esito negativo dei controlli.

IL DIRIGENTE/RESPONSABILE DEL SETTORE

Firma autografa sostituita a mezzo stampa
ai sensi dell'art. 3, co. 2, D. L.vo 39/1993

---

[1] Secondo le quali:

a. per importi fino a 5.000,00 euro, sussiste la facoltà di procedere alla stipula del contratto sulla base di un'apposita autodichiarazione resa dall'operatore economico. La stazione appaltante procede comunque, prima della stipula del contratto, alla consultazione del casellario ANAC, alla verifica del documento unico di regolarità contributiva (DURC), nonché della sussistenza dei requisiti speciali ove previsti e delle condizioni soggettive che la legge stabilisce per l'esercizio di particolari professioni o dell'idoneità a contrarre con la P.A.;

b. per importi superiori a 5.000,00 euro e non superiore a 20.000 euro, sussiste la facoltà di procedere alla stipula del contratto sulla base di un'apposita autodichiarazione resa dall'operatore economico. la stazione appaltante procede comunque, prima della stipula del contratto alla consultazione del casellario ANAC, alla verifica della sussistenza dei requisiti di cui all'articolo 80, comma 1, 4 e 5, lett. b), del Codice e dei requisiti speciali ove previsti, nonché delle condizioni soggettive che la legge stabilisce per l'esercizio di particolari professioni o dell'idoneità a contrarre con la P.A. in relazione a specifiche attività;

c. per importi superiori a 20.000,00 €, si procede alle verifiche di rito prima della stipula del contratto.

Le ordinanze e i decreti

Con il termine ordinanza ci si riferisce all'atto o comunque al provvedimento formale dove la pubblica amministrazione esprime il suo potere autoritativo, il quale va a determinare particolari divieti o obblighi, imponendo anche degli ordini.

Le ordinanze gestionali si collocano come dei provvedimenti amministrativi, il cui obiettivo è quello di applicare in forma dispositiva delle norme di legge o comunque sia di regolamento, la competenza di tali atti è propria dei dirigenti o dei responsabili del servizio.

A disciplinare le ordinanze urgenti vi è l'articolo 50 del TUEL, dove si dispone che il sindaco essendo il rappresentante della comunità, può adottare delle ordinanze di carattere urgente quando vi è un'emergenza sanitaria, di igiene pubblica o comunque di carattere esclusivamente locale. Il fine di tali ordinanze è quello di prevenire o comunque sia di eliminare dei pericoli che possono minacciare l'incolumità pubblica e la sicurezza urbana. Un esempio di queste ordinanze può essere la chiusura delle scuole quando è prevista un allerta meteo.

Le ordinanze hanno anche dei presupposti, nello specifico sono; l'urgenza, la contingibilità e l'impossibilità di provvedere altrimenti.

Le ordinanze hanno una propria struttura solitamente sono composte dai seguenti elementi, ovvero: l'intestazione, la data, la numerazione progressiva, l'oggetto dove si andrà a sviluppare una descrizione sintetica dell'ordinanza, una parte narrativa, la motivazione, la parte espositiva e la sottoscrizione.

Per quanto riguarda i decreti sia il sindaco che il presidente della provincia possono adottare degli atti nell'esercizio delle proprie competenze, i quali non hanno il contenuto tipico delle ordinanze, questi decreti sono volti a nominare o revocare dei componenti degli organi di governo; quindi, possono essere decreti di nomina o di revoca in merito agli incarichi.

La struttura formale del decreto è composta; dall'intestazione, dalla data, dalla numerazione progressiva, dall'oggetto del decreto, da una parte narrativa, da una parte espositiva e in ultimo dalla sottoscrizione.

Ordinanza di demolizione di fabbricato

COMUNE DI _____
Provincia di _____

Ordinanza n. _____ del _____

IL SINDACO

RILEVATO che in conseguenza del recente evento _____ verificatosi in data _____, che ha colpito il territorio comunale in località _____ si è determinata una situazione di grave pericolo per la popolazione ivi residente, causata dalla lesione e dal danneggiamento di infrastrutture pubbliche e di fabbricati privati situati nel territorio interessato, che comportano un consistente rischio di distacchi e/o di crolli sulle aree pubbliche o private con pericolo di compromissione della pubblica incolumità;

PRESO ATTO
Delle segnalazioni ricevute da proprietari e cittadini, riguardanti una situazione di particolare rischio di crollo localizzata presso il fabbricato posto al n. civico ___ di via _____, contraddistinto catastalmente al Fg. ___ Mp.___, di proprietà del sigg. _____, nato a _____ il _____ e residente in _____;

VISTA la relazione appositamente redatta dai tecnici incaricati/vigili del fuoco della verifica delle condizioni statiche e di sicurezza strutturale e degli impianti, relativi all'immobile interessato dall'evento e oggetto delle segnalazioni di pericolo, e le relative conclusioni in ordine ai provvedimenti ritenuti più idonei ai fini della prevenzione, da attuarsi a carico del (di alcune parti del) fabbricato;

RAVVISATA
l'opportunità e l'urgenza di provvedere in merito, anche e soprattutto al fine di scongiurare evidenti pericoli per la circolazione e l'incolumità dei passanti, mediante il transennamento e l'abbattimento d'ufficio e senza spese a carico dei proprietari dei seguenti immobili, per i quali, alla luce delle verifiche attuate, resta esclusa qualsivoglia possibilità di ripristino.

VISTO il vigente piano comunale di protezione civile

VISTI gli articoli n. _____ dell'Ordinanza n. _____, emanata dal Presidente del Consiglio dei Ministri in data _____;

VISTI
- l'articolo 15 della legge 24.2.1992, n. 225
- l'articolo 54 comma 2 del D.Lgs. 18.8.2000 n. 267

ORDINA

1) Il transennamento immediato e l'abbattimento d'ufficio, senza spesa alcuna a carico degli interessati, dei sopraelencati immobili di proprietà delle persone ivi indicate e per le finalità sopra descritte, da effettuarsi a cura di Vigili del Fuoco / U.T.C. / Ditta Incaricata

2) All'Ufficio Tecnico di procedere all'esecuzione della presente ordinanza secondo la seguente procedura:
a) Redazione immediata di un verbale con lo stato di consistenza del manufatto da demolire, corredato da fotografie e da una relazione tecnica che indichi e precisi se del caso le singole parti di edificio da demolire.
b) Convocazione tempestiva del proprietario sul luogo della demolizione, per l'assistenza alla redazione del verbale stesso e alla conseguente attività di demolizione
c) In caso di eventuale assenza del proprietario, la redazione del verbale di consistenza di fronte a due testimoni, e la immediata conseguente demolizione.

3) L'U.T.C. è incaricato della immediata esecuzione della presente Ordinanza.

```
Il Comando di Polizia Municipale è incaricato della notificazione

4) Responsabile del procedimento è il Sig. _____ presso
l'Ufficio Tecnico Comunale.

5) Contro la presente Ordinanza sono ammissibili
- ricorso al T.A.R. entro 60 gg, ovvero
 - ricorso straordinario al Capo dello Stato entro 120 gg.,termini tutti
decorrenti dalla data di notificazione o della piena conoscenza del presente
provvedimento.

Dalla Casa Comunale, li _____

                                                          IL SINDACO
```

Gli Atti amministrativi

Per quanto riguarda gli **atti amministrativi** va detto che riguardano una cospicua parte dell'attività degli uffici degli enti locali, in quanto questi atti vengono elaborati per effettuare diverse proposte facenti parte della normale amministrazione degli organi.

Per elaborare questi atti bisogna seguire una serie di regole e indicazioni, ovviamente un funzionario non potrà redigere questi atti come gli pare, ma dovrà seguire delle precise disposizioni perché nella pubblica amministrazione c'è una regola implicita di standardizzazione, in modo tale che tutti li comprendano.

Il primo punto riguarda l'uso efficace del linguaggio, infatti, deve essere semplice nei testi amministrativi proprio per il fatto che la finalità è quella della comprensione.

Lo stile deve essere essenziale con l'assenza di espressioni ridondanti, i periodi devono essere brevi, si devono utilizzare i connettivi perché danno una maggiore coerenza al testo e bisogna preferire le frasi affermative rispetto a quelle negative o con doppia negazione. L'uso dei verbi va limitato come del resto la forma passiva e impersonale. Anche le forme discriminatorie vanno eliminate con l'uso corretto del genere quando e dove è necessario.

Vediamo adesso la struttura dell'atto amministrativo, vi è una parte iniziale dove viene denominato l'atto, una parte centrale narrativa dove è spiegato il contenuto e una parte conclusiva. Quindi questa tipologia di documenti ha tre parti distinte.

COMUNE DI VILLASIMIUS
PROVINCIA DI CAGLIARI

SETTORE CULTURA, PUBBLICA ISTRUZIONE, SERVIZI SOCIALI

PROPOSTA DI DELIBERAZIONE ← denominazione dell'atto

OGGETTO: Utilizzo locali nella nuova ala della sede comunale per attività del gruppo anziani. ← oggetto

IL RESPONSABILE DEL SETTORE ← organo

Considerato che i locali del Centro culturale in Piazza Giovanni XXIII sono sin dall'ultima stagione invernale utilizzati da persone anziane residenti, denominate nel seguito come "gruppo anziani", per attività di socializzazione e che i locali sono stati utilizzati nella fascia oraria pomeridiana lungo tutto l'arco settimanale compatibilmente con le necessità d'uso istituzionali;

Considerata la necessità insorgente di utilizzare il Centro senza soluzione di continuità per le finalità istituzionali di diversa natura ricorrenti nella stagione estiva;

Valutata allo stesso tempo l'ulteriore esigenza di assicurare continuità alla finalità puramente istituzionale di tutela degli interessi sociali collettivi e in modo particolare delle fasce di popolazione che necessitano di particolare cura sui propri bisogni;

Considerato che nella nuova ala della sede comunale, con ingresso dalla Via Vittorio Emanuele, sono attualmente disponibili i locali ora inutilizzati e precedentemente occupati dal servizio Ufficio Relazioni con il Pubblico, che si presentano adeguati e confortevoli per le attività sinora svolte dal gruppo anziani nel Centro culturale;

Visto il Regolamento per l'affidamento e l'utilizzo dei beni immobili comunali per attività prive di rilevanza economica, nel seguito denominato per brevità "Regolamento";

Visto l'art. 9, c. 3 del Regolamento, che stabilisce la possibilità per la Giunta Comunale di "eccezionalmente deliberare in merito all'affidamento gratuito dei beni per ragioni di opportunità istituzionale, solidaristica, sociale e culturale";

Ritenuto di poter concedere, mantenute comunque prioritarie le esigenze istituzionali proprie, l'uso di questi locali al gruppo anziani senza nessun costo per i destinatari, in quanto l'uso è finalizzato ad attività sociale ed è coerente con il principio di sussidiarietà orizzontale;

Visto il D.Lgs. 18/8/2000, n. 267;

← premessa

PROPONE ← predicato

1. Di prendere atto della premessa;

2. Di consentire alle persone anziane residenti l'utilizzo dei locali precedentemente occupati dal servizio Ufficio Relazioni con il Pubblico nella nuova ala della sede comunale con ingresso dalla Via Vittorio Emanuele, che si presentano adeguati e confortevoli per le attività sinora svolte dal gruppo anziani nel Centro culturale;

3. Di demandare al Responsabile del Settore Cultura, Pubblica Istruzione, Servizi Sociali per i provvedimenti di propria competenza, compresa l'apertura e chiusura dei locali sopra specificati.

← dispositivo

Il Responsabile del Settore

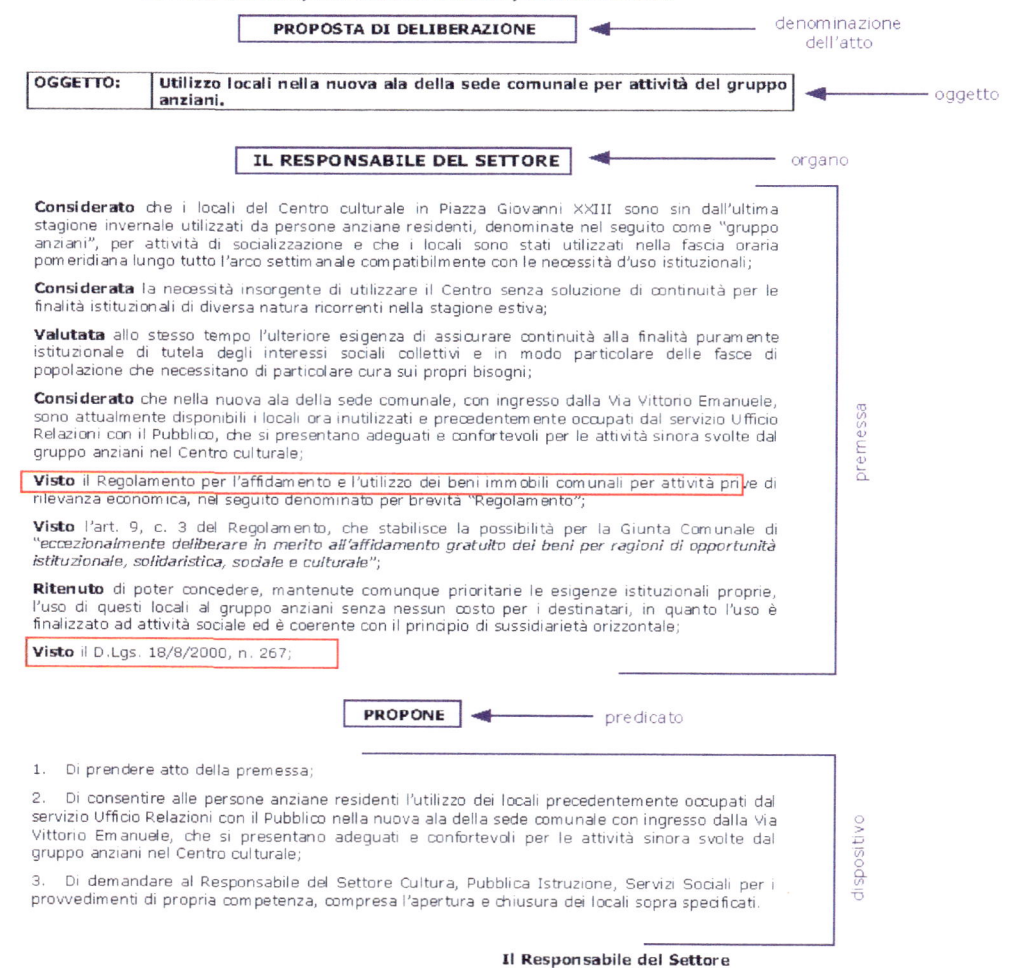

L'esempio semplificato di atto amministrativo che riportiamo si riferisce a una proposta di deliberazione all'esame della Giunta Comunale. Negli atti amministrativi è possibile osservare alcuni elementi che, di norma, si ripetono; sono immediatamente individuabili:

- la denominazione dell'atto: può trattarsi di una "proposta", di una "deliberazione", di una "determinazione", di un'"ordinanza" o altro ancora;

- l'organo che propone o adotta l'atto: può trattarsi di un organo politico, di un dirigente, del segretario comunale, del commissario prefettizio o altro;
- la premessa: è un insieme di considerazioni e motivi con i quali l'Amministrazione rende conto dei presupposti di legge e di fatto che portano alla decisione, contenuta poi nel dispositivo;
- il predicato: è una voce verbale che, secondo il tipo di atto, può essere "Propone", "Delibera", "Determina", "Ordina" o altro;
- il dispositivo: è un insieme di periodi che esprimono le conclusioni e le decisioni dell'organo che sta emanando l'atto.

Nella premessa dell'atto in esempio è possibile osservare come siano evidenziati anche un Regolamento comunale e una legge dello Stato (il decreto legislativo n. 267 del 2000), che in questo caso sono inclusi tra i presupposti che consentono di prendere la decisione espressa nel dispositivo dall'organo competente.

Una delle condizioni sempre necessarie perché l'atto sia valido è che la premessa e il dispositivo non siano tra loro in contraddizione. La premessa è infatti l'insieme di considerazioni e motivi che conducono l'Amministrazione a concludere e a decidere quanto viene poi espresso nel dispositivo.

Come detto in precedenza, esistono varie tipologie di atti che possono essere emanati dalla pubblica amministrazione e gli organi emanano gli specifici atti che la legge ha stabilito per loro. L'organo che emana o sottoscrive l'atto – nel nostro esempio, un Responsabile di settore - deve dunque effettivamente possedere la competenza per poter agire con quell'atto specifico; non sarebbe dunque ammissibile, ad esempio, una deliberazione emanata da un dirigente, in quanto la deliberazione è una tipologia di atto che compete ad alcuni organi collegiali – ossia costituiti da un'assemblea di più persone – o politici, quali il Consiglio o la Giunta comunali.

Printed by Amazon Italia Logistica S.r.l.
Torrazza Piemonte (TO), Italy